JN025406

水戸学事始

松﨑哲之［著］

ミネルヴァ書房

はじめに

本書は常磐大学総合講座教養科目「思想史」の遠隔授業の際に学生に配布した講義録がもとになっています。その講義録は対面授業を想定して執筆したため、学生に対する講義調になっています。まずは、その点、ご了承ください。

「思想史」は水戸の大学に通うにあたって、地元のことを知ってもらおうと、水戸学に焦点を当てて開講したものです。多くの学生は、弘道館、偕楽園などが近くにあるにもかかわらず、四年間、見学することもせず、ただ通り過ぎるだけで卒業してしまいます。また、茨城県は魅力度ランキングで、毎年、最下位を争い、茨城県には魅力があるものは何もないとちょっと卑屈になっている人もいます。確かに、水戸は茨城県の県庁所在地にもかかわらず、その市街地は日曜日になると歩く人もまばらで活気がありません。歩いたところで何もおもしろいものはないといえなくもありません。しかし、水戸はかつて時代を動かした水戸学を生み出したところであり、それに関する多くの史跡が残されています。ただ知らないだけで、水戸にはたくさん魅力があります。そこで、少しでも地元のことに興味関心を持ち、水戸に誇りを持ってもらおうと、授業を構成しました。そのため、本書は地元目線で執筆しているところも多々有ります。その点もご了承ください。

とはいえ、本書は既存の概説書をまとめたものではありません。筆者の研究をもとにして構成しています（出所の記載がない図版は筆者が作成・撮影したものになります）。『大日本史』の編纂過程で生じた水戸学は、江戸時代の様々な思想の影響を受けて形成されています。そのため、一見、捉えがたい思想と受け取られがちです。しかし、その根幹は『大日本史』の編纂にあり、その思想の基礎にあるのは、中国の歴史思想になります。中国の歴史思想の根幹を築いているのは、儒教の創始者孔子が編纂したとされる『春秋』であり、『春秋公羊伝』に端を発する春秋学になります。そこで、本書では、『春秋公羊伝』を中心にした春秋学をひとつの軸としております。

また、人の行動を規定するのは学問だけではありません。むしろ、人の行動を本質的に規定し行動を起こさせるのは、宗教、つまりは神に対する行動だともいえます。水戸学は日本神話をその基礎に置いています。しかし、神話だけでは現実との接点が希薄になってしまいます。神話と現実とを結びつける何かが必要なのです。水戸学において、神話と現実世界とを結びつけているのは、祖先に対する儀礼、祖先祭祀であるのではないかとして祖先祭祀をもうひとつの軸としています。

本書では、この二つを軸として、水戸学がどのように形成され、なぜ幕末期に水戸学が受容されたのかを検討しています。本書の試みが成功したか否かは分かりませんが、水戸学事始として、これを機に水戸学に対して興味を持ち、さらには言えば、水戸学について研究してみようと思っていただけると幸いです。

水戸学事始

目次

第Ⅳ部　「我が東照宮、撥乱反正、尊王攘夷」

序章　水戸市内に残る水戸学の跡

皆さん、水戸学というとどのようなイメージを持つでしょうか。戦前、日本を軍国主義に導いたちょっと危険な香りのする思想、幕末に尊王攘夷《そんのうじょうい》運動を生み出した思想、名前くらいは知っている、え、そんなのあるの、などなどでしょうか。

確かに、水戸学は皇国史観のもとになった学問のひとつでもあり、戦前はけっこうもてはやされていて、様々に研究がなされていましたが、それがために第二次世界大戦の敗戦に伴い、水戸学は戦犯あつかいとなり、しばらくは研究すらなされない状況がありました。多くの人が水戸学についてあまり興味を持たないのは、その影響かも知れません。しかし、水戸学は幕末期にあっては、日本を動かす原動力となった思想であり、日本を西洋列強から守り、明治維新に導いたともいえます。その時代にあっては、重要な役割を担っていたのです。

そのような水戸学ですが、実はその実体はよくわかっていません。朱子学的に語られたり、山崎闇斎《やまざきあんさい》、伊藤仁斎《いとうじんさい》、荻生徂徠《おぎゅうそらい》の学問の影響があるとしたり、様々に語られています。確かに、水戸学は様々な学問を受容しつつ発展したものであり、その実像を理解することは簡単ではありません。本書では水戸学の淵源から説き起こし、どのように展開してきたのか検討することで、その実像の一端を明らかにしていこうと思っております。皆さんも一緒に考えていきましょう。

幕末における水戸学

ところで、皆さん、幕末は好きでしょうか。大河ドラマでは戦国時代とともに幕末は人気があり、視聴率も軒並みあがるそうです。そこでは、必ず尊王攘夷という言葉が登場します。簡単にいうと、天皇を尊び、夷狄《いてき》（外国）を追い払おうという意味ですが、幕末を描いたドラマでは、その言葉をスローガンにして討幕運動が展開し、ついには幕府が瓦解、明治維新が始まったというような流れが描かれるのではないでしょうか。実は、その言葉は御三家である水戸藩の藩校**弘道館《こうどうかん》**（図1）の設立理念である「**弘道館《こうどうかん》記《き》**」にはじめて使われ、日本中に広まったのです。

図1　弘道館正門

ちょっと、中学や高校時代の歴史の授業を思い出してみてください。一八五三（嘉永六）年にペリーが浦賀に来寇し、日本に開国を要求しました。幕府は開国するか鎖国を継続するか、揺れに揺れ、結局、翌一八五四（嘉永七）年、**日米《にちべい》和親《わしん》条約《じょうやく》**が締結され、日本は開国することになりました。するとどうでしょう、それまで全国の大名に君臨していた徳川将軍の権威が揺らぎ、室町時代以降ほぼ権力を失っていた天皇にスポットライトがあたるようになります。日米和親条約では、貿易については触れられていなかったのですが、アメリカはさらなる開港と貿易を幕府に要求しました。すると、幕府は**勅許**《ちょっきょ》（天皇の許可）を求めることにしたのです。鎖国をした時は勅許など求めていません。鎖国時は幕府の権力は絶大であり、天皇の存在などないに等しかったのです。

この時、勅許を求めたのは、江戸時代後期には、将軍よりも天皇の方が上位にあるという考えが日本中に広まっていたからであり、勅許を得ることによって開国を拒否する勢力を押さえ込もうとしたからなのです。しかし、幕府の意に反して、天皇は勅許を与えませんでした。それでも、一八五八（安政五）年、大老**井伊**《いい》**直弼**《なおすけ》は**日米**《にちべい》**修好**《しゅうこう》**通商**《つうしょう》**条約**《じょうやく》を結んでしまったのです。

このため反対勢力は怒りに震えます。それを押さえ込もうと井伊直弼はいわゆる**安政の大獄**を起こし、反対派を力で押さえ込みました。多くの者が投獄され、処刑されました。水戸藩でも前藩主**徳川**《とくがわ》**斉昭**《なりあき》（烈公）（図2）は永蟄居となり、多くの処刑者を出しています。

図2　徳川斉昭像
（水戸城大手門）

このような混乱の最中、一八六〇（安政七）年に起こったのが**桜田門外の変**でした。白昼堂々、幕府大老井伊直弼が暗殺されたのです。この時に中心となったのが脱藩水戸浪士でした。それは、水戸藩では尊王攘夷思想が深く根付いていたからなのです。

そして、これがひとつの契機となって全国的に、天皇のもと一致団結して外国から国を守ろうと、全国で尊王攘夷運動が起き、それが倒幕運動へと発展していきます。倒幕運動の中心は薩摩、長州、土佐などの雄藩であり、そこで**西郷隆盛**《さいごうたかもり》、**大久保利通**《おおくぼとしみち》、**吉田松陰**《よしだしょういん》、**高杉晋作**《たかすぎしんさく》、**桂小五郎**《かつらこごろう》（**木戸孝允**《きどたかよし》）、**坂本龍馬**《さかもとりょうま》などが活躍したことは、幕末好きではなくても、歴史の授業で習って知っていると思います。確かに、討幕運動の中心となって活躍したのは彼らになります。しかし、彼らの行動には、実は水戸藩が生み出した尊王攘夷思想が強い影響を与えていたのです。

このように討幕運動の精神的支柱のひとつには水戸藩の思想がありました。その一方で幕府においても、徳川斉昭の子である**徳川慶喜**《とくがわよしのぶ》が第十五代将軍に就任したのです。水戸藩出身の人物が将軍になるのは、前代未聞の出来事でした。当然、慶喜もみっちりと水戸藩の思想を身に付けています。倒幕の側、幕府の側、相対立する者達が水戸藩由来の尊王攘夷の思想を持っていたのです。なかなかおもしろいでしょう。

そして、この混乱を打開するため、慶喜が断行した起死回生の一手が**大政奉還**《たいせいほうかん》でした。これは政治の実権を朝廷に返上するということです。それは政治の実権は本来は朝廷すなわち天皇にあるという考えがあったからであり、それもやはり水戸の思想が影響を与えています。

では、本当に慶喜は政治の実権を天皇に返上しようとしたのでしょうか。そんなことはありません。朝廷は、政治の実権を失って、長い時を経ています。そんなものを突然返されても国を運営することなどできるはずもありません。慶喜は大政奉還をすることによって討幕運動の気勢を挫き、朝廷にあって実権を握ろうとしたのです。

しかし、薩摩、長州、土佐藩の軍隊は、天皇の旗印である錦の旗をかかげ、天皇を戴いた新政府軍として、幕府に戦いを挑んだのです。それが、**鳥羽伏見《とばふしみ》の戦い**に端を発した**戊辰《ぼしん》戦争**です。新政府軍は最新の武器を備えていたとはいえ、幕府は圧倒的な兵力を持っていました。気合いをいれて戦えば、それなりの戦はできたはずです。それにもかかわらず、慶喜は新政府軍と戦うことはせず、大坂から逃亡し、ひたすら謹慎してしまいます。この行為によって、幕府はあっけなく瓦解し、天皇を頂点とした明治国家が樹立することになったのです。慶喜のこの行動もまた水戸の思想を身に付けていたからであり、明治政府がわりと短期間に樹立したのは、慶喜が身に付けていた思想がひとつの原因にあるといえるです。

図３　徳川光圀像（千波湖）

こうして、明治は天皇を中心とする国家が成立したのですが、実は天皇を頂点とする国家は、水戸藩第二代藩主**徳川光圀《とくがわみつくに》**（義公）（図３）が『**大日本史《だいにほんし》**』の中で描いた理想の国家であり、水戸藩の学問の理想が実現されたともいえるのです。

この明治政府の到来を準備したともいえる水戸の学問は、水戸藩第二代藩主徳川光圀が一六五七

（明暦三）年にはじめた『大日本史』編纂事業に端を発します。ちなみに『大日本史』という書名は光圀の死後につけられたものになります。この編纂事業は実に長い年月を要し、江戸時代もすでに過去のことになった一九〇六（明治三十九）年にようやく終わります。実に約二百五十年間、水戸の人々は徳川光圀がはじめた『大日本史』の編纂事業に関わっていました。この事業が水戸の学問、そしてその思想形成に強い影響を与えたのです。

徳川光圀の『大日本史』編纂事業に起因する水戸の学問は、江戸時代後半になると、いわゆる水戸学という独自の学問に変容していきます。『大日本史』では、天皇を頂点とする秩序が理想とされ、そこから水戸学はそのような国家を理想とし、その理想を実現化しようと尊王攘夷という言葉を編み出し、幕末の志士達に強い影響を与えたのです。

水戸藩では**藤田幽谷**《ふじたゆうこく》（一正《かずまさ》）、**藤田東湖**《ふじたとうこ》（彪《たけき》）、**会沢正志斎**《あいざわせいしさい》（安《やすし》）など著名な学者が輩出され、その学問の中心として水戸藩藩校の弘道館が建設されました。そして、そこで教えられる水戸の学問を勉強するために、水戸藩には全国から多くの志士達が留学に来ていたのです。ちなみに松下村塾を主宰し、多くの幕末の志士を育てた吉田松陰もわざわざ水戸まで学びに訪れています。水戸の学問がなければ、明治維新はなかったかもしれません。

このように歴史の中では、一世を風靡していた時代が水戸にはあったのです。水戸の誇るべき歴史といってよいでしょう。

水戸の史跡

水戸というと魅力度ランキング最下位常連の茨城県の県庁所在地です。かつて、県庁は旧水戸城三の丸にあり、水戸市役所もその近所にあって、水戸駅北口一帯の旧水戸城地域は水戸市街としてたいへん賑わっていたそうです。しかし、水戸市役所が水戸駅南口方面に移転し、さらに茨城県庁が水戸市郊外の笠原町に移ってからは、旧市街地というような雰囲気となり、以前、そこが賑わっていたような面影はありません。「夏草やつわものどもが夢のあと」とまではいいませんが、江戸時代の水戸の中心街であった中町・大町（四七頁、図15参照）付近は、現在、駐車場ばかりであり、シャッター通りというのも憚られてしまいます。

図４　偕楽園

しかし、水戸には誇るべき歴史の跡が多く残されています。まずは、そこから振りかえってみましょう。

水戸といって、まず挙げられるのが**偕楽園**《かいらくえん》（図４）ではないでしょうか。偕楽園は岡山の後楽園《こうらくえん》、金沢の兼六園《けんろくえん》とならぶ日本を代表する庭園であり、三大名園のひとつに数え上げられています。

二〇二二（令和四）年現在、金沢兼六園の入園料は大人三百二十円、岡山後楽園は四百十円です。それに対して偕楽園の入園料は茨城県民は無料です。以前は、県外の人も無料だったのですが、残念ながら、二〇一九（令和元）年十一月から大人三百円の利用料金がかかるようになってしまいました。茨城県民も、梅まつりの時期は有料になっています。

偕楽園が無料だったのは、実はそれを建設した水戸藩第九代藩主徳川斉昭以来の方針でした。偕楽園は一八三三（天保四）年に造園が決定され、一八四二（天保十三）年に開園しました。「偕楽園」という名称は『孟子』梁恵王上の「**古**《いにしえ》**の人**《ひと》**は民**《たみ》**と偕**《とも》**に楽**《たの》**しむ、故**《ゆえ》**に能**《よ》**く楽**《たの》**しむなり**」に由来しています。偕楽園は民とともに楽しむために造園されたのです。そのため、限定的ではありましたが、庶民にも開放されていました。

偕楽園には開園以来、多くの梅が植えられ、梅の名所となっています。梅まつりの季節は、偕楽園駅が臨時に開設され特急が停車するなど、多くの観光客が水戸を訪れます。おそらく、水戸の観光客のほとんどはこの時期に訪れるのではないでしょうか。

ところで、梅の花は美しくもちろん目でも楽しめます。しかし、梅といえば香りです。これは和歌でもしばしば歌われています。国語の時間に、

春の夜の　闇《やみ》**はあやなし　梅の花　色こそ見えね　香やはかくるる**（春の夜というものは、たとえ暗闇であっても闇夜の役目をしないものだ。暗闇に咲く梅の花は、目にこそ見えはしないが、隠れようもない香気のお陰で、そこにあることが一目瞭然である）（小沢正夫校注・訳『古今和歌集』七十五頁）

という、凡河内躬恒《おおしこうちのみつね》の和歌を習った人もいるのではないでしょうか。偕楽園でもぜひ梅の花と香りを楽しんでみて下さい。梅の花と香りを楽しむのは早朝がおすすめです。出店が開店する時間になると別の香りもして、お腹もすいてきてしまいます。

確かに梅の時期は偕楽園の見どころですが、それ以外の季節でも、高台からは千波湖が一望でき、観光客も少なくのんびりと過ごすにはとても気持ちがいいです。現在は偕楽園を含めて、千波湖一体は「偕楽園公園」として整備されています。どうやら、都市公園としては、ニューヨークのセントラルパークに次ぐ規模になるのだそうです。観光地として、観光客を楽しませるものはあまりありませんが、子どもと一緒に遊んだり、マラソンをしてみたり、様々なイベントがあったり、人を怖がらない白鳥がいたりと、水戸市民の憩いの場になっています。斉昭の精神が息づいているといえるでしょう。

ちなみに明治時代の偕楽園の名称は常磐公園《ときわこうえん》、となりには徳川光圀と斉昭が合祀された常磐神社もあります。すぐ近所にある大学は常磐大学です。偕楽園付近の地名は今でも常磐ですが、そこに隣接する地域は明治から昭和初期にかけては常磐村でした。実は、常磐は水戸よりも古くからあった水戸地域の名称になります。常磐はまたあとで出てきますので、覚えておいて下さい。

次に挙げられる水戸の名勝は、「近世日本の教育遺産群——学ぶ心・礼節の本源」として日本遺産に指定された弘道館になるでしょう（図5）。弘道館は、斉昭が一八二九（文政十二）年、藩主就任時に建設を宣言した水戸藩の藩校であり、一八四一（天保十二）年に仮開館式が行われ開学し、一八五

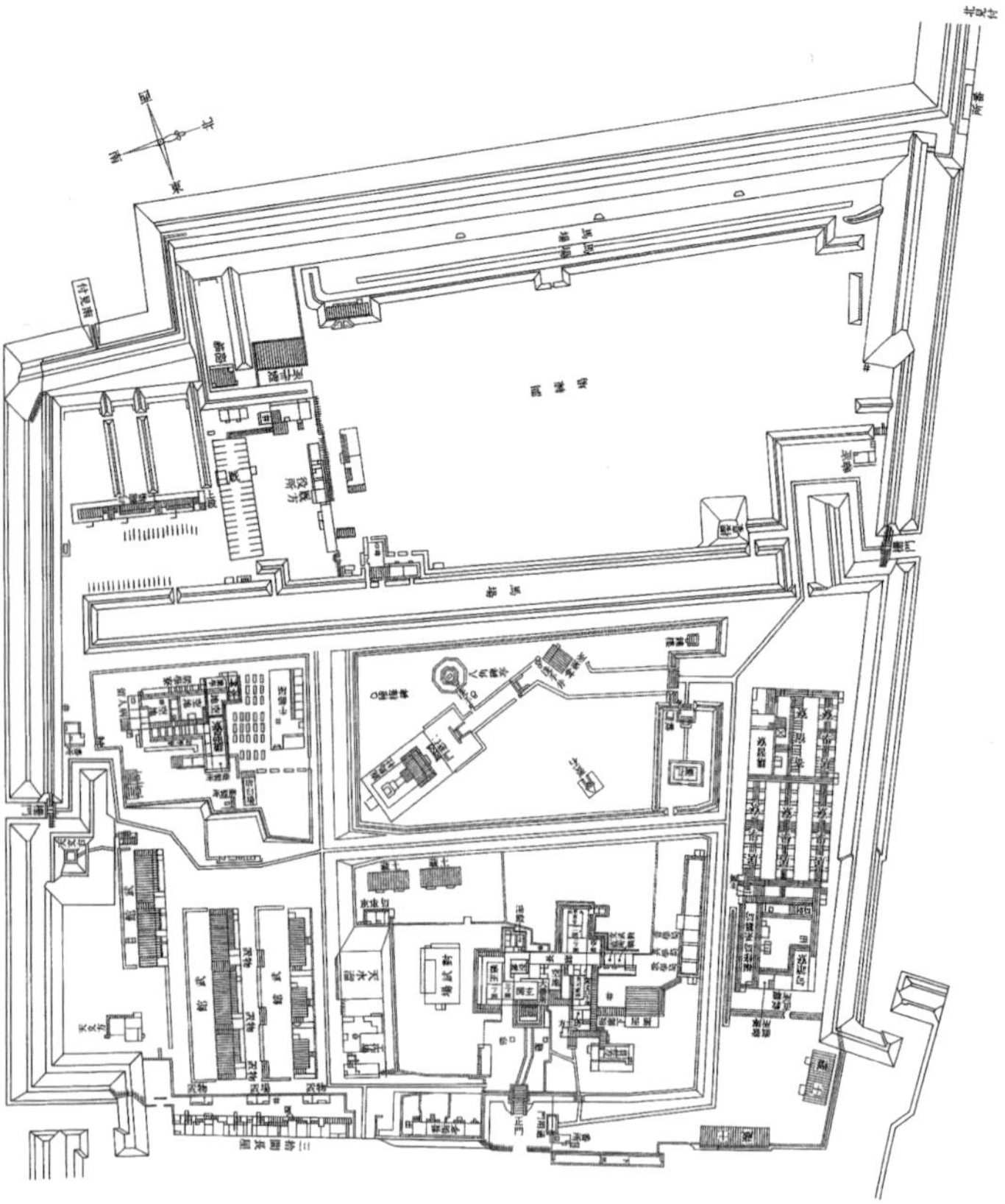

図5　弘道館図

注：上方が調練場，中央の空間が聖域とされる場所であり，八角形の建物が八角碑亭（八卦堂），西北方向に向いている建物が鹿島神社，北よりにあって上方に向いている建物が孔子廟，聖域の下の空間にある建物が現存する正庁である。

出所：『水戸藩史料　別記下』（吉川弘文館，1970年）。

七（安政四）年に本開館式が挙行されました。弘道館の初代教授頭取は水戸を代表する学者会沢正志斎、および青山拙斎《あおやませっさい》（延于《のぶゆき》）が務めました。

実は弘道館と偕楽園とはセットになって建設されたのです。偕楽園の設立理念を示した「偕楽園記」には、「一張一弛《いっちょういっし》」「屈伸緩急《くっしんかんきゅう》」とあり、弘道館では緊張して学問にのぞみ、偕楽園では伸び伸びと芸に楽しみ、性命を養うことが意図されていたのです。

図6　八卦堂

弘道館の中心には**八卦堂**《はっけどう》（図6）が建てられており、その中には弘道館開学の精神である「弘道館記」を刻んだ石碑が設置されています。八卦堂と石碑は、太平洋戦争末期の水戸空襲で被災し、その後、八卦堂は再建され、石碑は修復されました。しかし、先の東日本大震災の際、石碑は倒れて粉々になってしまいました。ほとんど修復不可能に見えました。しかし、関係者の努力によって元のままとはいえませんが、ほぼ修復されています。普段は見ることはできませんが、年に数回、見られる機会があります。

その石碑に刻まれている「弘道館記」は徳川斉昭の名で世に出されたものですが、その草稿はこれも水戸を代表する学者である藤田東湖が書いたものです。そこにかの有名な「尊王攘夷」の言葉があるのです。弘道館では、彼らに代表される水戸で形成された学問が

図7　水戸城大手門

教えられていました。これを一般には水戸学と言っています。本書では、この水戸学の形成について、追々と解説していきます。

弘道館は水戸駅北口を出て、京成ホテルの脇を歩いて行けばすぐにあります。現在の弘道館の敷地内にある**正庁《せいちょう》・至善堂《しぜんどう》**の他、隣接する三の丸小学校、茨城県立図書館、茨城県庁三の丸庁舎、**鹿島神社**、八卦堂、**孔子廟《こうしびょう》**に当たる部分は、すべてかつての弘道館の敷地であり、弘道館は江戸時代最大規模の藩校でした。正庁・至善堂に入るには入場料がかかりますが、その他は無料で見学できます。日曜日にはガイドさんもいますので、話を聞くのもよいでしょう。

弘道館に行ったならば、**大手門**（図7）から**二の丸**、**本丸**と続く旧水戸城を見学してみてください。残念ながら新型コロナウイルス感染症拡大の影響であまり報道されませんでしたが、大手門は二〇二〇（令和二）年の四月に復元されたばかりで、とてもきれいで迫力があります（図7）。大手門をくぐると、二の丸になり、そこからは学校が林立する文教地域となっており、茨城大学附属小学校、水戸二中、水戸三高があります。

二の丸は江戸時代、**二《に》の丸《まる》御殿《ごてん》**、および天守に匹敵する**三階櫓《さんがいやぐら》**、『大日本史』を編纂した**彰考館《しょうこうかん》**、さらには水戸藩代々の藩主を祀った御廟などがあったところであり、そこが水戸藩の政治の中心でした。当時の建築物はほぼありませんが、今は当時を模した白壁と櫓が再現されています。

そして、さらに歩き、橋を渡ると、**本丸**となり、現在は水戸一高が建てられています。そこには徳川家以前に水戸を支配していた佐竹氏の時代の建築物とされる薬医門が移築されています。弘道館からそこまで散歩してゆったりとした時間を過ごし、当時のことを偲ぶとよいと思います。

さらに二の丸から駅方面にくだっていくと、水戸藩第二代藩主徳川光圀の生誕地である**義公祠堂**《ぎこうしどう》（水戸黄門神社）があります。マンションの一角にある小さな神社です。ここは水戸藩家臣の三木之次《みきゆきつぐ》の屋敷があった場所ですが、堕胎を命じられ、この世に生を得るはずのなかった光圀が、ひそかにここで誕生したことによって、現在の日本があるともいえます。ちょっとおおげさですが、光圀の業績はそれほどのインパクトがあったものなのです。それが何なのかは、本書を読み進める中で追々知ってください。

また水戸駅北口から国道五十号方面に歩いていくと、左側に**水戸東照宮**があります。弘道館を見学するならば、その前に立ち寄ると便利です。徳川家康は**日光東照宮**に葬られていますが、**徳川家康**（**東照大権現**《とうしょうだいごんげん》）を祀った東照宮は全国にあり、水戸東照宮はその中でも由緒正しいものになります。東照宮は家康の懐刀の**天海**《てんかい》が建設に携わり、山王一実神道《さんのういちじつしんとう》という神仏混合の神社であり、お寺でした。しかし、現在は純粋な神社になっています。それは、斉昭の命によるものです。しかし、寺としての名残である山号があり、それは**常葉山**（**常磐山**）といいます。もとはここも常磐とされているのです。東照宮がなぜこの地に建てられたのか、また、なぜ常葉山なのか、これも後にまた出てきますので覚えておいてください。

水戸市内の銅像

また、水戸の市内を歩くと、ところどころに銅像や石像を見つけることができます。水戸駅北口を出ると、すぐに水戸黄門・佐々木助三郎・渥美格之進の像が迎えてくれます。これはテレビドラマ『水戸黄門』をモチーフにした像となります。『水戸黄門』の放映はすでに終わってしまいましたが、水戸黄門こと徳川光圀が助さん、格さんを引き連れて、全国を行脚し、悪人をやっつけたことは知っていると思います。でも、徳川光圀が全国を行脚したことは歴史的事実ではありません。ご注意ください。

しかし、徳川光圀は、名君とされていたことは事実です。おそらく徳川光圀が水戸の一番の有名人ではないでしょうか。そのためか、水戸市内には徳川光圀の像はいたるところにあります。いったいいくつあるのか、探してみるのもおもしろいと思います。

助さん、格さんも、それぞれ**佐々宗淳**《さっさむねきよ》（**十竹**《じっちく》）、**安積覚**《あさかさとる》（**澹泊**《たんぱく》）という実際の人物をモチーフにしています。彼らは光圀の時代に『大日本史』編纂事業に携わり、彰考館総裁として活躍した人物です。安積覚の銅像は二の丸の水戸二中の前にあります。残念ながら、佐々宗淳の像は水戸市内にはありません。

また、国道五十号線沿いには、徳川斉昭とさきほど述べた会沢正志斎（図8）、最後の将軍の徳川慶喜、徳川光圀の像があります。五十号から少しはなれますが、銀杏坂《いちょうざか》を登り切って、南町一丁目の信号を左折し協同病院方向に行くと、藤田東湖の像（図9）があります。ここは藤田東湖生誕の地になります。その近くには安積覚の屋敷跡があり、石碑が建てられていたはずなのですが、今はなくなってしまいました。藤田東湖の父幽谷は、後期水戸学の実質的創始者であり、『大日本史』の論賛の部分を削ることを主張した人物です。その論賛は安積覚が心血を注いで書いたものになります（詳しくは百十四頁を参照してください）。もし二人が同時代に生きていたら、安積は藤田にキレまくったろうなと思ってしまいます。想像力をたくましくするとおもしろいのですが、それを知らないと単なる石碑にしかすぎません。幽谷が論賛を削ることを主張した経緯も後にふれます。

図８　会沢正志斎像

図９　藤田東湖像

藤田東湖、安積覚の石像、屋敷跡を見学したならば、彼らのお墓を訪れるのもいいかもしれません。彼らのお墓は、水戸市松本町にある**常磐共有墓地**にあります。そこには藤田幽谷・東湖の他、著名な水戸藩藩士の墓もあります。さらにその隣には、**天狗党《てんぐとう》の乱**の際、金沢で天狗党の人々が幽閉された鰊《にしん》小屋が移築されています。天狗党の乱では、最後に金沢の地で降服したにも拘わらず、三百名以上の人々が処刑されました。

その他、水戸には多くの銅像や、たくさんの史跡があります。なぜ彼らが銅像となっているのでしょうか。それはしかるべき業績を残したからこそ、銅像になったのです。また、水戸の史跡もそれなりの価値を有するからこそ、史跡に指定されているのです。全部は紹介できませんが、それらのいくつかは本書の中で触れていきます。

そして、本書を通して、水戸学が幕末の日本に大きな影響を及ぼしたことを説明できるようになればよいと考えております。まあ、お酒の席ででも、水戸の自慢話として話ができるくらいになっていただければいいかなと思っております。それくらいのつもりで読んでください。

第Ⅰ部　水戸学のはじめのはじめ

――儒教の歴史と水戸藩の成立

第一章　儒教小史

本書は幕末に全国の志士たちに影響を与えた水戸学の形成過程について検討していきます。水戸学は江戸時代に統治理念として用いられていた儒教がその根本にあります。水戸学を知るには儒教を知っておかなければなりません。

皆さん、儒教に対してどのようなイメージを持っているでしょうか。中学・高校の国語の時間には『論語』や『孟子』を習ったはずです。また、高校の世界史や倫理の時間にも儒教について勉強した人もいるかと思います。そこから、儒教というと、孔子や孟子、**仁**や**礼**、**性善説**や**性悪説**などの言葉が浮かぶのではないでしょうか。頑張って取り組んだ人は、**性即理**《せいそくり》や**格物致知**《かくぶつちち》、**大義名分論**《たいぎめいぶんろん》などの語句がでる人もいるでしょう。でも、それらの言葉の意味内容についてよくよく考えたことのある人はあまりいないと思います。または、儒教なんて古くさい前近代の学問であって、今を生きる我々にはあまり関係がない、勉強する意味なんてないと思っている人もいるかもしれません。しかし、儒教は案外、現在の日本の生活にも多くの影響を及ぼしています。そこで、まずは身近にある儒教から考えていきましょう。

学習の意味

儒教は春秋時代の中国において、孔子が創始した教えであり、孔子と弟子の言行録が『論語』であることは学習したはずです。また、その『論語』の冒頭学而篇《がくじへん》の言葉である**「子曰《しいわ》く、学《まな》びて時《とき》に之《これ》を習《なら》う。亦《また》説《よろこ》ばしからずや」**は中学・高校の国語の教科書には必ず載っています。忘れている人もいるかと思いますが、おそらく目にしているはずです。この言葉は、皆さんがふだん使っている「学習」の出典《しゅってん》（でどころ）になります。

その時「学習」の意味はちゃんと習いましたか。「学」と「習」のそれぞれの意味を考えさせられたでしょうか。多くの人が、学習って勉強のことじゃないのと思うかもしれません。確かにそれはそれでまちがっていないのですが、実は「学」と「習」にはそれぞれ違う意味が込められているのです。いろいろな説がありますが、ひとつ紹介しておきましょう。「学」には「まねる」いう意味があります。「習」には、「羽」という漢字が含まれていますね。鳥は飛ぶときに羽をバタバタと何度もはばたかせます。そこから「習」には、「繰り返してなれる」という意味が出てきます。

また、「学」は訓読みで「まなぶ」、「習」は「ならう」ですね。「まなぶ」の語源が「まねる」であり、「ならう」が「なれる」になります。昔の日本人はちゃんと「学」と「習」との意味を別々に読み取っていたのです。すると、この言葉の意味は、「先人が生み出した知識をまねて、常日頃から何度も繰りかえし熟成させていく。なんとよろこばしいことではないか」となります。「まねてくりかえしてなれる」、学習にはそのような意味が込められているのです。

小学生の頃は、漢字ドリルや計算ドリルなど何度も繰り返して憶えたのではないでしょうか。あれがまさしく学習になります。小学生の頃は繰り返しができるのですが、成長するにつれて、こんなことやって意味があるのとか、面倒くさいとか、言い訳して繰り返しができなくなってしまいます。一回で憶えられる人は、まずはいません。学習の基本は、まねて繰り返すです。頑張って繰り返しましょう。

この言葉が『論語』の冒頭を飾っているのは、孔子が学習を重視していたからであり、そのため、儒教は学習を重視した教えとなっているのです。東アジアの人々が勉強を重視しているのは、この影響が色濃く残っているからなのです。本来はそのことを勉強するために、この言葉が教科書に記載されているのですが、その他、多くのことを学ばなければいけないので、中学・高校では、なんとなく通り過ぎた人が多いと思います。せっかくですから、知っておいて下さい。

敬語と儒教

さらに身近な例を紹介しましょう。皆さん、年上の人に使う言葉は同級生の友達に使う言葉と同じでしょうか。誰ともため口で話します、という人はいるでしょうか。おそらく、年上の人には敬語を使い、年下の人からは敬語を使われているのではないでしょうか。学校では、人は自由で平等だと教えられたはずなのに、なぜ、少し早く生まれたあの人に敬語を使わなくてはいけないのかと思ったことはありませんか。中学生の時にはなんとなく疑問に思っていても、長年使っているうちに慣れてしまい、そんなの当然だと思っているかもしれません。

　このように、人と人とを年齢で区別するのも、儒教による影響になります。『論語』学而篇には、次のような言葉があります。


子《し》曰《いわ》く、弟子《ていし》、入《い》りては則《すなわ》ち孝《こう》、出《い》でては則《すなわ》ち弟《てい》。謹《つつし》みて信《しん》あり。汎《ひろ》く衆《しゅう》を愛《あい》して、仁《じん》に親《した》しみ、行《おこな》いて余力《よりょく》有《あ》れば、則《すなわ》ち以《もっ》て文《ぶん》を学《まな》ばん。（孔子は言われた。「弟・子は家の中では孝（親に仕え敬うこと）、外に出ると弟（年長者に仕え敬うこと）を実践する。行動には常軌があり、言葉には嘘がなく、人から信頼され、多くの人を愛し、仁者に近づき親しみ、それらを行って時間があれば学問をすればよい」）（筆者訳、以下、ことわりのないものは同じ）

　漢文訓読もぜひ読んでほしいのであげています。難しいからと無意識に読み飛ばしてしまう人もいると思うので、読み仮名をふり、太字にしました。意味は分からなくても、声に出して読んでみてください。でも、読めたところで意味はなんとなくしか分かりません。安心してください。皆そうです。まあ、とりあえず頭の中に言葉をいれて、じっくり時間をかけて考えてみるのが古典の楽しみ方です。それでは時間がかかってしまいますので、読み進めるには、現代語訳から読んでみてもよいでしょう。以下の訓読文を掲げたところも同じです。

　ここでは親に仕え敬うことを**孝**、兄を敬うことから発展させ、年長者に仕え敬うことを**弟**とし、親や目上の人にしっかりと誠実に仕えて、余力があれば学問をしなさいとあります。儒教には「長幼の序」という言葉もあるように、年上の人が偉いとする考え方があり、年少者は年長者を敬い仕えなくてはならないとし、それこそが学問以前にあるとするのです。兄弟でも兄の方がなんとなく偉い、家を継ぐのは兄で、将来親の面倒を見るのも兄だなんて、なんとなく思っているのではないでしょうか。それはまさしく儒教の影響なのです。目上の人が偉いという考え方は世界中にあります。儒教はそれに根拠を与えて理論化し、年齢によって秩序をつけ、安定した社会を構築しようとしているのです。このことはまた後で述べます。

儒教における掃除

また、小学校から高校にかけて、教室の掃除は誰がしましたか。大学では業者が掃除を担当していますが、高校までは恐らくそのようなことはなかったはずです。多くの人は、小学校から高校までは、自分たちで掃除をした思い出があると思います。学校で掃除をするのもまた当たり前だと思っているのではないでしょうか。しかし、欧米の人からするとそれはあり得ないことなのです。児童・生徒が掃除している様子を彼らが見て驚愕している場面がしばしばテレビで放映されます。彼らにとって、学校はあくまでも勉強する場であって、掃除は児童・生徒たちのすることではなく、労働者の仕事であると思っているからなのです。

実は日本の学校で児童・生徒が掃除をするのも、ひとつは儒教の影響です。『論語』子張《しちょう》篇には、次のような言葉があります。

子游《しゆう》曰《いわ》く、子夏《しか》の門人小子《もんじんしょうし》、洒掃応対進退《さいそうおうたいしんたい》に当《あ》たりては、則《すなわ》ち可《か》なり。抑《そもそ》も末《すえ》なり。之《これ》を本《もと》づければ則《すなわ》ち無《な》し。之《これ》を何如《いかん》。子夏《しか》、之《これ》を聞《き》きて曰《いわ》く、噫《あ》あ、言游《げんゆう》、過《あやま》てり。君子《くんし》の道《みち》は孰《いず》れをか先《さき》にし伝《つた》え、孰《いず》れをか後《のち》にし倦《う》まん。（子游は言う。「子夏の弟子達は、掃除や客の応対、身の振る舞いについては、まあまあだが、それはそもそも小学の末事であり、深遠な物事の根本（道理）を考えるような学問をしているわけではない。何をやっているのだろうか」と。子夏はこのことを聞きつけて言った。「ああ、言游（子游）は間違っている。君子が道を教えるのは、身近にある小さなことを先に伝えるのであり、深遠で大きなことを後回しにして教えないということではない。教育には、順序次第があるのだ」）

これは孔子の弟子のひとりである子游が、これも孔子の弟子である子夏の門人達のことを批判し、それに対して子夏が反論している場面になります。子游は、掃除や立ち居振る舞いなど身の回りの物事を末事とし、物事の根本を考えることが重要だとして、掃除などを重視する子夏の教育を批判しています。それに対して、子夏は、子游の考えはまちがっているとし、まずは身近なことがらから始め、いきなり深遠なものを追求すべきではないとするのです。それは、すべての物事には一貫した道理が貫かれているとしたからです。

同じく子張篇に、子夏は次のようにも言っています。

子夏《しか》曰《いわ》く、博《ひろ》く学《まな》びて篤《あつ》く志《こころざ》し、切《せつ》に問《と》いて近《ちか》く思《おも》わば、仁《じん》、其《そ》の中《なか》に在《あ》り。（子夏が言う。「博く学び、篤く志し、自身に差し迫ったことを疑問に掲げ、身近なところから考えていく。仁はその中にあるのだ」）

子夏は、ひろく学んで、やる気を持ち、自分自身に切迫した問いを掲げ、身近なことから考えていく、その中にこそ仁はあるのだと言っています。仁は、ここでは道理、物事の根本と考えておいてください。学問の目的は、物事の根本である道理を追い求めることとされていました。その道理はすべての物事に貫かれており、身近な物事にも含まれているとするのです。そのため、子夏は、礼儀や掃除などの身の回りのことから始めることを重視したのでした。掃除もまた道理を学ぶための教育だとしたのです。

このことは江戸時代に採用されていた朱子学《しゅしがく》でも重要視され、その初級教科書として編纂された『小学《しょうがく》』には、その冒頭に次のような言葉が掲げられたのです。

古《いにしえ》は小学《しょうがく》、人《ひと》を教《おし》うるに灑掃《れいそう》・応対《おうたい》・進退《しんたい》の節《せつ》、親《おや》を愛《あい》し、長《ちょう》を敬《けい》し、師《し》を隆《とうと》び、友《とも》に親《した》しむの道《みち》を以《もっ》てす。皆《みな》、脩身《しゅうしん》・斉家《せいか》・治国《ちこく》・平天下《へいてんか》の本《もと》と為《な》す所以《ゆえん》にして、必《かなら》ず其《そ》れをして講《こう》じて、之《これ》を幼稚《ようち》の時《とき》に習《なら》わしむ。（古（夏・殷・周三代）の小学では、人に子弟としての生活に必要な掃除、人との応対、行動の作法、肉親を愛し、長上を敬い、師をたっとび、友人に親しむ道を教えた。これらはみな（士としては）一身を修め、（大夫としては）家を斉え、（諸侯としては）国を治め、（天子としては）天下を平らかにする根本をつくるわけで、また必ずこれらの作法なり徳行なりを少年の時に講習させた）
（宇野精一『小学』五頁、仮名遣いは、本書の体裁に合わせて現代仮名遣いにした。以下同じ）

ここで、一番最初に教える項目として掲げられたのが掃除なのです。これによって、日本では、江戸時代に、教育の場で掃除をすることが一般的になり、それが、今にまで引き継がれているのです。また、授業の最初と最後には礼をしたと思いますが、それもこの影響です。

このように儒教の影響を挙げればきりがありませんが、中国で生まれた儒教が何故日本に定着しているのでしょうか。儒教は六世紀に厩戸皇子《うまやどのおうじ》（聖徳太子）が大陸文化を本格的に導入して以来、長い年月をかけて日本に定着してきたのです。ここで皆さんが読んでいる文字を眺めてみても、漢字はもともとは中国のものです。漢字を発明したのは、"Japanese people"ではないことは皆知っていますよね。漢字を使っている以上、すでに中国で発明された概念で物事を考えているのです。それは儒教によるものばかりではありませんが、多くはその影響下にあります。あまりに当たり前過ぎてわかりにくいかもしれません。でも、純粋な「やまとことば」だけで物事を考えることはどれだけできるでしょうか。ここで漢字、特に熟語を使ってはいけないとされてしまったならば、お手上げです。チョコチップクッキーの「カントリーマアム」を「ふるさとのははぎみ」に変換するようなセンスは筆者にはありません。

漢唐訓詁学

日本は漢字を中国から輸入し、言葉つまり思考の段階で、すでに中国文化の影響を色濃く受けています。その大きな部分を占めているのが儒教ですが、日本に影響を与えた儒教には、大きく分けてふたつの段階があります。

厩戸皇子が本格的に中国文化を導入し、国の制度を整えるために儒教を利用した奈良・平安時代にかけての段階と、下剋上の混乱した戦国時代を承けて安定した秩序を整えるための政治理念として儒教を利用した江戸時代の段階です。奈良・平安時代に日本に影響を与えた儒教は**漢唐訓詁学**《かんとうくんこがく》といわれるものであり、江戸時代のそれは朱子学といわれるものになります。同じ儒教であっても性格が異なっているのです。

漢唐訓詁学は漢代から唐代にかけての儒教であり、中国においても国家制度の整備に主に利用されました。いわゆる礼を重視した儒教になります。礼といっても日常的な礼ではありません。今の感覚からすると法に近いものです。官僚制度や律令など政治制度全般はすべて礼とされています。

秦は法家の思想を採用して中国を政治的に統一した最初の王朝です。秦は法の有用性を証明したのですが、また、法の害悪も証明してしまいました。巨大帝国を統治するには、法は有用なのです。しかし、『韓非子』備内篇《びないへん》に**「人主《じんしゅ》の患《うれ》いは、人《ひと》を信《しん》ずるに在《あ》り。人《ひと》を信《しん》ずれば人《ひと》に制《せい》せらる」**（人主の患いは、人を信用することにある。人を信用すると人に支配されてしまう）と、法家は人を信用することを否定し、人を社会のひとつの部品とみなしました。しかし、それでは、心を持つ人を統治することはできなかったのです。そのため、中国における最初の大規模な農民反乱である陳勝《ちんしょう》・呉広《ごこう》の乱を招き、それがきっかけとなってあっけなく滅んでしまいました。

漢はそのような秦を承けました。法の必要性は認めつつ、それを安易に利用することはできません。そこで、第七代皇帝武帝の時代に董仲舒《とうちゅうじょ》が儒教によって国を統治することを提案したのです。いかにして儒教によって国を統治すべきなのか、五経博士《ごきょうはかせ》という博士官が設立され、易《えき》・書《しょ》・詩《し》・礼《れい》・春秋《しゅんじゅう》の五経といわれる儒教経典の整理をしつつ、いかにしてそれらを活用すべきなのか、その研究がなされました。そして、前漢末から後漢にかけて本格的に儒教による統治が行われるようになったのです。

儒教によって国が統治されるようになったとはいえ、法家の考えが完全に否定されたわけではありません。法家の考えと儒家の考えを折中したシステムが考案されたのです。法家の考えを儒家の考えがくるんで、法が表に出ないようにしたともいえます。

礼は現在の行政法に相当するものも含まれますが、国家制度は礼によって整備されました。また、日常の規範も礼とされますが、それに従った行動を求めるのは、教育を受けた支配階級のみであり、彼らには法による罰は適用しません。逆に、被支配者階級には礼に従った行動は求めず、法によって管理するというものです。今の日本は法治国家であって、すべての人は法の下にあります。最近、上級国民などという言葉で、高級官僚は法から免れているのではないか、ということも言われていますね。あの感覚に近いものです。ただし、本来は、礼に反した行為をすれば、その後は自分で自分の処置をしなくてはなりません。

礼も法も外から人を規制するという点は同じです。ちがうのは、法は罰によって人を外部からの力によって制御しますが、礼は恥、すなわち人の心によって、自らの行動を律することに委ねられているところになります。もちろん、支配者階級にも法は適用されたのですが、日常の行動規範は礼にあったのです。

漢から唐にかけてはこのような礼を重視する儒教によって、国家の制度が整えられました。その時代の中国文化を輸入して政治制度を整えた日本もその影響を受けています。日本は厩戸皇子以降、**遣隋使・遣唐使**を何度も派遣し、中国文化を学び国家制度を整えました。六〇三（推古十一）年の**冠位十二階**、翌年の**十七条憲法**からはじまり、七〇一（大宝元）年に**大宝律令**《たいほうりつりょう》、七五七（天平宝字元）年に**養老律令**《ようろうりつりょう》などが制定され**律令制度**が整えられたことを思い出してみて下さい。それは儒教によって政治制度を整えたのです。

しかし、国を統治するためには政治制度だけを整えればよいというものではありません。人々の心のケアをしなくてはならないのです。儒教は外面的な礼ばかりではなく、内面的な心（仁）を重視するものであり、本来はその両方が相互に補完して成り立つものでした。しかし、漢唐訓詁学では国家制度を整えるために礼が重要視され、人々の心の面はおざなりにされてしまっていたのです。

そのような状況下にあった後漢の時代に、仏教がインドから流入し、老子の教えをもとにして道教が生まれました。そのため、後漢から唐代にかけては、道教や仏教が流行し、人々の心の面を救済していたのです。

唐代の儒教を輸入した日本でもそれは同じであって、政治制度は儒教によりましたが、精神面は主に仏教が担っていました。厩戸皇子が**法隆寺**《ほうりゅうじ》を建設したり、奈良時代には**東大寺**や大仏（盧舎那仏《るしゃなぶつ》）が建てられたことを思い出してください。まずは鎮護国家の仏教として利用されますが、徐々に個人の信仰として広まっていくことになったのです。

朱子学における『孟子』

宋代になるとこの状況に変化が見られます。唐は巨大な領域を誇り、多くの民族が入り混じった世界帝国であり、様々な文化が受容されていました。しかし、唐の勢力が徐々に衰えると、周辺諸民族が独立を目指し、五代十国の混乱を経て成立した宋は漢民族中心の国家となっていました。

宋は遼や西夏などの周辺諸民族からの圧迫を受けるようになったのです。そのため、宋は漢民族の文化を重視する国粋主義的な傾向になり、漢代以来軽視されていた心の面も儒教が担い、精神面から倫理、政治に至るまで儒教に担わせようとしたのです。

そこで、白羽の矢が立ったのが『孟子』であり、『礼記』の一篇であった『大学』『中庸』でした。『孟子』は心を重視しており、『大学』『中庸』は、学問によって心を修養し身を確立した人物が政治に携わり、太平をもたらすことを説いていました。

南宋の**朱熹**は、これらに以前から重視されていた『論語』を含めて、**四書**《ししょ》とし、独自の注釈をつけて学問の根底に据えたのです。これが『大学章句《しょうく》』『中庸章句』『論語集注《しっちゅう》』『孟子集注』からなる『四書集注』になります。元代以降、科挙《かきょ》（国家公務員試験）にもその解釈が利用され、東アジア一帯で広く読まれることになりました。これが江戸時代に統治理念として利用された朱子学になります。

ほとんどの国語の教科書に『孟子』が載っているのはそのためです。国語や倫理、世界史の時間に、孟子は性善説を唱えたと習ったと思います。では、孟子は眼前の人はすべて善であると捉えていたのでしょうか。実はそんなことはありません。むしろ、孟子は眼前の人々の多くは悪だと捉えているのです。それは荀子と同じです。ただ、本来の性は善であり、それを人々は見失っているというのです。次の『孟子』告子上の文章も多くの国語の教科書に採用されています。読んだことのある人もいるかもしれません。

孟子《もうし》曰《いわ》く、仁《じん》は人《ひと》の心《こころ》なり。義《ぎ》は人《ひと》の路《みち》なり。其《そ》の路《みち》を舎《す》てて由《よ》らず、其《そ》の心《こころ》を放《ほう》して求《もと》むるを知《し》らず。哀《かな》しいかな。人《ひと》、鶏犬《けいけん》の放《ほう》すること有《あ》れば、則《すなわ》ち之《これ》を求《もと》むるを知《し》る。心《こころ》を放《ほう》すること有《あ》りて求《もと》むるを知《し》らず。学問《がくもん》の道《みち》は他《た》無《な》し。其《そ》の放心《ほうしん》を求《もと》むるのみ。（孟子のことば「仁は人の本心であり、義は人の正路である。しかるにその正路を捨ててそれによらず、その本心を放失しても探し求めようとしないのは、まことに嘆かわしい。人は自分の飼っている鶏や犬が逃げ出すと、それを探すことは知っているが、かんじんの本心を放失しても、探すことを知らないのだ。学問の道は、ほかでもない、ただ自分の放失した本心を探求するだけのことである」）（宇野精一『孟子』三九八・三九九頁）

孟子は「仁は人の心なり」と説き、仁は生まれながら人に備わる心であり、仁に従った行動が正しい行動であり、義であるとします。しかし、人は本来の心を見失ってしまい、正しく生きることができない状況に陥っている。本来であれば、自分は一体何者なのか、それを自ら探さなくてはならないのに、多くの人々は自分の心を見失っており、そのことにすら気づいていない。眼前の人々は、本来の心を見失っていて、善を発揮できてない、そのように孟子は見ているのです。

シンガーソングライターの米津玄師は「心から震えたあの瞬間にもう一度出会えたらいいと強く思う」（日本音楽著作権協会（出）許諾第二二〇八一二三一－二〇一号）と『灰色と青』で歌っていますね。この歌詞の主人公は「心から震えたあの瞬間」と、以前、自分の本来の心に出会っています。しかし、それを見失ってしまい探そうとしているのではないでしょうか。では、どうやって探せばいいのか。孟子は、思っているだけだめだ、学問をして、自分の本心に気づき、生まれながらの善性を回復しろと言っているのです。

でも、この歌詞はどうもニーチェの香りがします。ニーチェの場合は絶対的な神を否定していますので、自分の本心による行動は道徳的な善悪を越えたところにあります。ちょっと主旨は違うかも知れません。それでも、見失った自分の本来の心を取り戻そうとするのは同じです。

この歌詞のように、自分が本心を見失っていると気づいている人はまだましです。孟子は多くの人はそれすら気づいていないとします。まずは、自分が本心を見失っていることに気づき、そして、その本心を取り戻し、善を回復しようとすることが重要なのであり、自分の本心を回復する一連の作業こそが学問であるとしました。朱熹は、孟子のこのような考えを根底に置いて、心から政治に至るまでの壮大な学問体系を構築したのです。

『大学』と『中庸』

『孟子』に述べられた心の回復作業を端的に述べたものが『大学』であり、『中庸』でした。『大学』『中庸』はおそらく国語の時間に習ったことはないと思います。でも高校の世界史や倫理の教科書には「格物致知」「性即理」という言葉は記載されています。本章の最初にこのような次第で、この言葉を掲げておきました。でも、習っていない、憶えていない、習ったけど意味は分からないと言う人がほとんどだと思います。「性即理」「格物致知」が実は『大学』『中庸』に由来する言葉になります。この言葉は少し難しいので、詳しくは朱子学に関する入門書を参照してください。ここでは簡単に紹介するにとどめます。

まず、「性即理」ですが、『中庸』冒頭には、

天《てん》の命《めい》ずる之《これ》を性《せい》と謂《い》う。性《せい》に率《したが》う之《これ》を道《みち》と謂《い》う。道《みち》を修《おさ》むる之《これ》を教《おしえ》と謂《い》う。（天が命じて人に付与したものを性と言う。性に従った行動を道と言う。聖人が道を修めて天下の法としたものを教えと言う）

という言葉があります。この「天の命ずる之を性と謂う」に、朱熹が「性《せい》とは即《すなわ》ち理《り》なり」と注をつけたことが「性即理」になります。ここで言う「性」とは「理」のことなんですよ、という意味です。

でも、さっぱり分かりませんよね。もう少し説明しますと、「天」とは万物の根源とされ、中国思想においては、神に相当する絶対者になります。このように考え方の根底に絶対的な存在、それ以上否定できない存在を想定しておかないと、考えがぶれてしまうのです。哲学・思想には、土台や根、アンカーに相当する何かを想定しておかなければなりません。それが前近代の西洋ではキリスト教の神であり、現代科学では人間理性であって、中国思想では天になるのです。

その絶対的な天から命じられ、人に付与されたものが性であると『中庸』では述べているのです。性は、性善や性悪など、昔から使われていた言葉です。理は、物事のすじ道、条理などの意味で儒教経典にも使われている言葉ですが、朱熹の時代には、さらに物事に内在し、物事を制御している理法として使われるようにもなっていました。朱熹は、それらを結びつけて「性即理」とし、天から人に付与された性とは、人の行動を制御している理のことですよ、としたのです。絶対的存在である天は理法として、人々の心に宿り、性（理）として各人に内在していますよ、ということです。そして、『中庸』では、性（理）に従った行動が、人のあるべき正しい行動であり、それこそが「道」であるとしています。したがって、天から付与された性やそれに従った行動は、善になります。朱熹もまた性善説の立場に立っているのです。

ただし、先に『孟子』で確認したように、眼前の人々の多くは本心を見失っており、善を発揮できていません。それは、人はそれぞれ異なった身体能力を持って生まれてきており、必ずしも道に従って生きているとは限らないとみるからなのです。そこで、聖人は道を修めて天下の法を作り、それを人々に教えて人を道（善）に導くとするのです。

このように、聖人の教えを学ぶことによって、人は天から与えられた本心（性・理）に気づいて、義（道・正しい行い・善）を回復すること、朱熹はそれこそが学問の基礎にあるとしたのです。

それは『大学』でも同じです。『大学』の冒頭には、

大学《だいがく》の道《みち》は明徳《めいとく》を明《あき》らかにするに在《あ》り。民《たみ》を親《あら》たにするに在《あ》り。至善《しぜん》に止《とど》まるに在《あ》り。（大学の道は、明徳を明らかにすることにあり、民を新たにすることにあり、至善に到達して止まることにある）

とあります。朱熹は、大学を小人《しょうじん》に対する大人《たいじん》の学としています。大学とは大人、いわば人の上に立つ立場の学問となります。今、日本では高等教育機関を大学といいますが、その出典が『大学』になります。朱熹は人の上に立つ立場の人々が何を学ぶべきなのか、それを明確に示すために、『大学』を四書の筆頭に掲げたのです。その冒頭に掲げられたのが右の文ですが、これを原文表記にした「明《めい》徳《とく》」「親民《しんみん》」「止至善《ししぜん》」が大学三綱領《だいがくさんこうりょう》といわれているものであり、いわば大学における学問の目的を述べているのです。その中でも最初に掲げられた「明徳を明らかにする」が最も基本になります。

ちなみに甲子園での活躍で有名な明徳義塾や明徳出版社の名前はこれに由来します。

この明徳が、『中庸』で示された性であり、理に相当します。大学でもまずは、自らに備わる明徳（性・理）を明らかにしなくてはならないとするのです。今は、人は白紙の状態で生まれてきて、経験を積んで知識を増やしていくという考え方が広まっています。でも、昔は、人は完全な状態を備えて生まれてくると考えることが一般的でした。プラトンのイデア論も同じです。プラトンも生まれてくる前は完全な知識を備えていたが、生まれてくるときに忘却の河を渡るために忘れてしまっているとし、この忘れしてしまった真実の世界を想起するのが学問であるとしています。

朱熹も人は生まれながらにして性を授かっており、それは光輝く明るい徳として、人の心に備わっているとします。でも、それが必ずしも発揮できていないからこそ、人は大学でそれを明らかにしなければならないとするのです。まずは、自らの心に備わる性・理・明徳を明らかにして、自分を確立し、それから「民を親たにする」、簡単に言うと、人に影響を与えよというのです。まずは、自分のために勉強して、それから人のために生きるのです。

ついで「格物致知」ですが、これも『大学』に示される「格物《かくぶつ》・致知《ちち》・誠意《せいい》・正心《せいしん》・修身《しゅうしん》・斉《せい》家《か》・治国《ちこく》・平天下《へいてんか》」という大学八条目といわれる学問の次第に由来しています。学問の究極的な目的が、天下の人々の明徳を明らかにすることになります。それが「平天下」であり、そのためには「国を治める」必要があり、その前提に「家を斉《ととの》える」（家族の秩序を正す）ことがあるとし、さらにその前提に「身を修める」こと、つまりは自らに備わる明徳・性・理を明らかにすることがあるとします。

修身が基本なのですが、その修身の次第が「格物・致知・誠意・正心」となるのです。

すべての基本が「格物致知」となるのですが、見ての通り、「正心」までは何のことやらさっぱりわかりませんね。安心してください。皆が分からないところなのです。テレビドラマシリーズ『北の国から’92巣立ち』でも、菅原文太が「誠意って何かね」と言ってました。知らないと思いますが、名場面なので探してみてください。これは、ちょっとずれますが、でも、「格物致知誠意正心」は学問の基礎となる言葉なので、あーでもない、こーでもないと、何千年もここを議論をしていたのです。その中で朱熹は『大学』の「致知在格物」を「**知《ち》を致《いた》すは、物《もの》に格《いた》るに在《あ》り**」と読み、ひとつの解を与えたに過ぎません。それが人々に受け容れられたからこそ、朱子学が広まったのですが、それでも気にくわないとして、様々な説が出され、学問が展開していくことになったのです。

このように「格物致知」は難しいのです。朱熹が右のように読んだといっても、分からないと思います。本当は流したいところですが、簡単に説明しておきます。スルーしてくださってもかまいません。

先に人には天から理が付与されていると述べましたが、朱熹は人を含めて万物に天の理法が宿っているとします。人における理が心に備わる性であり、明徳になります。自らの理を回復するためには、まずは、事物に備わる理を追求しなくてはならないとするのです。それはすでに聖人が教えとして残しています。これが儒教経典になります。聖人の教えである儒教経典を一生懸命勉強して、多くの理を知っていくと、ある日突然、自分の明徳に覚醒し、心の本体とそのはたらきが、からりとわかると言うのです。朱熹はこれこそが「格物致知」であるとしたのです。

自分を知るためには教科書をたくさん勉強しなさい、ごく簡単に言うとこうなります。

しかし、学問という自らの努力によって、自分自身を回復するというのは、かなり難しいことです。その点、自分は本来、悪なのだから、神の言うままに行動し、善を回復するという方が楽といえば楽なのです。


以上のように、朱熹は天から与えられた心に備わる性・明徳・理を回復することを基礎に据える学問を唱えました。江戸時代は様々な学問が生じ、儒学においても様々な流派が登場します。でも、基本は朱子学であり、それを乗り越えようと様々な努力が重ねられたのです。水戸学も同じで出発点のひとつは朱子学になります。

第二章　水戸藩の成立

前章は水戸学を知るための導入として、その基礎にある儒教についての基本的な内容を紹介しました。本来ならば大学三綱領の「明明徳・親民・止至善」、大学八条目の「格物・致知・誠意・正心・修身・斉家・治国、平天下」など、もう少し説明すべきところでした。でも、それを説明すると長くなってしまい、本書の主旨から外れてしまいます。今後、水戸学の形成について重要な部分については、順次、説明を加えていきます。まずは、大きな流れを把握しておいてください。

水戸藩前史

本章では水戸藩の成立を中心に話しを進めていきます。まず、水戸藩の領域を確認してください（図10）。現在の茨城県全域が水戸藩という訳ではありません。主に県央から県北、鹿行《ろっこう》（北浦周辺地域）の一部が旧水戸藩になります。飛び地が潮来にあったり、栃木県の一部も領地であったりしますので、現在のどの地域が水戸藩だったのか、よくよく確認してみてください。

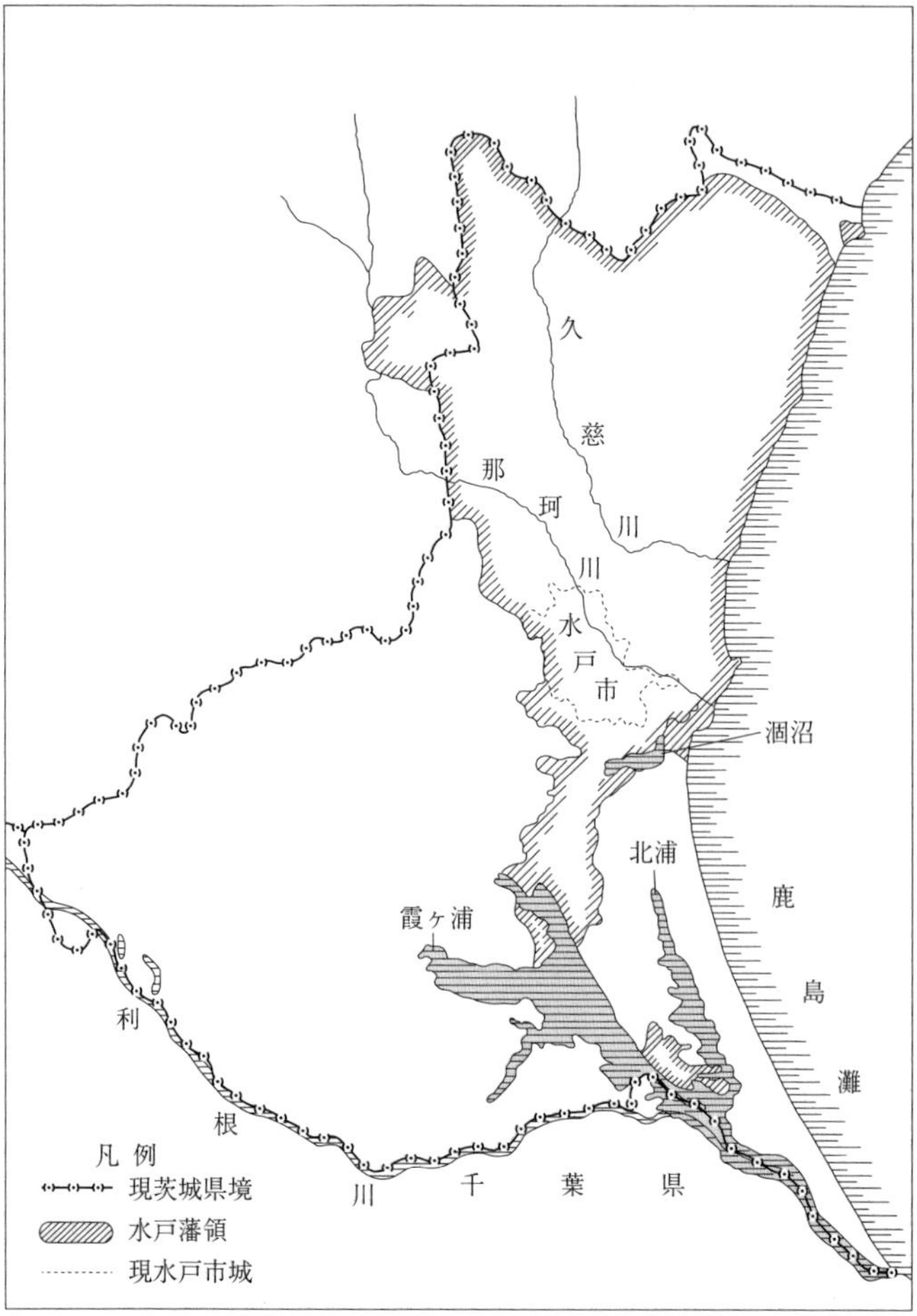

図10　水戸藩領
出所：『水戸市史中巻（一）』をもとに筆者作成。

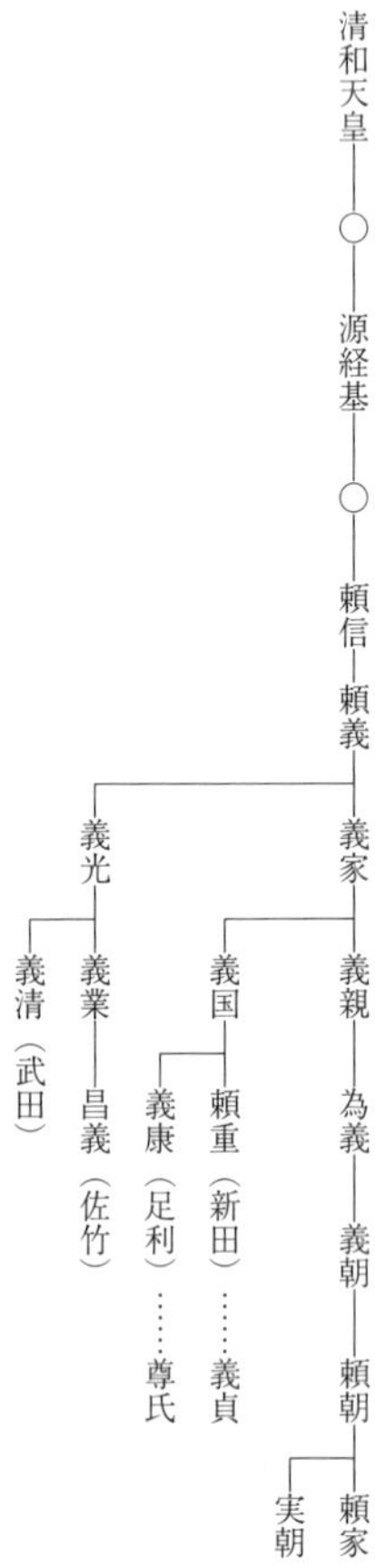

図11　清和源氏系図

水戸徳川家がこの地域を支配したのは江戸時代のみとなります。それ以前は、平安時代後期より主に佐竹氏が現在の常陸太田市を根拠地にして、この地域を支配していました。佐竹氏は**清和《せいわ》源氏**の流れを汲む名族であり、**源頼朝**、**足利尊氏**、**新田義貞**の祖先に当たる源義家《よしいえ》の末弟である義光《よしみつ》を祖としています（図11）。ちなみに武田信玄で有名な甲斐源氏も義光が祖であり、義光の子の義清《よしきよ》が現在のひたちなか市武田を譲り受け、武田氏の名はそこに由来するとされています。佐竹の名は義光の嫡男、義業《よしなり》の子の昌義《まさよし》が常陸国久慈郡佐竹郷を根拠地としたことに由来します。以来、佐竹氏は紆余曲折がありつつも、常陸国の北部を中心にして勢力を伸ばしていました。

戦国時代の水戸地方は江戸《えど》氏が佐竹氏のもと支配をしていました。しかし、江戸氏が**豊臣秀吉**の小田原征伐に参陣しなかったため、秀吉の庇護を受けることができず、佐竹氏が江戸氏を追いやり水戸を直接支配することになったのです。当時の佐竹氏の領地は五十万石を越え豊臣政権下でも屈指の大大名となったのでした。

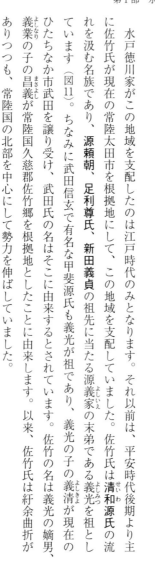

しかし、天下分け目の関ヶ原の戦いで、佐竹氏による常陸の国の支配は終焉を迎えます。時の当主、佐竹義宣《よしのぶ》は家臣たちをまとめることができず、日和見的な態度をとり、西軍の上杉景勝《うえすぎかげかつ》と密約したとみなされてしまいました。そのため、関ヶ原の戦いの後、家康によって佐竹氏は秋田へと転封させられてしまい、代々の領地を失ってしまったのです。佐竹氏は江戸時代を通して生き残り、現在の当主は秋田県知事を務めています。

一六〇二（慶長七）年、佐竹氏が秋田に移った後、その遺領に入ったのが、徳川家康五男の**松平（武田）信吉《のぶよし》**です。信吉の母は、織田信長に滅ぼされた武田氏の関係者であり、家康は武田氏の名跡を信吉に継がせたのでした。このまま、信吉が水戸藩主になっていたならば、武田氏として、武田氏出生の地の領主になっていたかもしれません。しかし、病弱だった信吉は翌一六〇三（慶長八）年病死してしまいます。

その後に水戸城を受け継いだのが、徳川家康十男の**頼宣《よりのぶ》**でした。時に二歳、受け継いだといっても、頼宣は駿府の家康のもとにおり、実質的な経営は関東郡代《かんとうぐんだい》の**伊奈忠次《いなただつぐ》**や信吉の家臣であった**芦沢信重《あしざわのぶしげ》**がおこないました。頼宣は一六〇九（慶長十四）年、駿府五十万石に転封、さらに一六一九（元和五）年に紀州五十五万石の藩主となり、紀伊徳川家の始祖となります。

水戸藩の成立

そして、頼宣が駿府に移った後に水戸藩の藩主となったのが、徳川家康の十一男の**頼房《よりふさ》**（威公）（図

図12　徳川頼房像
（水戸三高正門前）

12）です。彼は、父、家康が征夷大将軍《せいいたいしょうぐん》に任命され、江戸に幕府を開いた一六〇三（慶長八）年に生まれました。時に家康は六十二歳！六十歳を越えて義直《よしなお》、頼宣《よりのぶ》、頼房と三人の子どもをもうけています。人生五十年、とうたわれていた時代にです。その精力、半端ないです。ちなみに十一代将軍徳川家斉《いえなり》は五十三人（諸説あり）も子どもがいました。頼房も二十六人、水戸藩出身の最後の将軍徳川慶喜も二十四人の子どもがいました（すべてが成人した訳ではありません）。おそるべき徳川氏です。

何はともあれ一六〇九（慶長十四）年、頼房が水戸藩主になり、その後は頼房の子孫が代々水戸藩主となります（図13）。ここに水戸藩が誕生することになったのです。水戸藩は、家康九男徳川義直《とくがわよしなお》を藩祖とする尾張藩、同じく十男頼宣《よりのぶ》を藩祖とする紀伊藩とともに、家康の血筋を引く藩主を戴く藩として、高い格式をほこり、後に御三家といわれるようになりました。

水戸藩の石高は成立当初は二十五万石、一六二二（元和八）年に三万石加増され二十八万石となり、関東の諸大名の中では最も石高が多かったのですが、紀州五十五万石、尾張五十六万石と較べると少ないと感じてしまいます。でも、ほとんどの大名が十万石以下だったことを考えると、かなり多い方です。さらに、一七〇一（元禄十四）年には三十五万石と改められますが、これはかなり無理をして

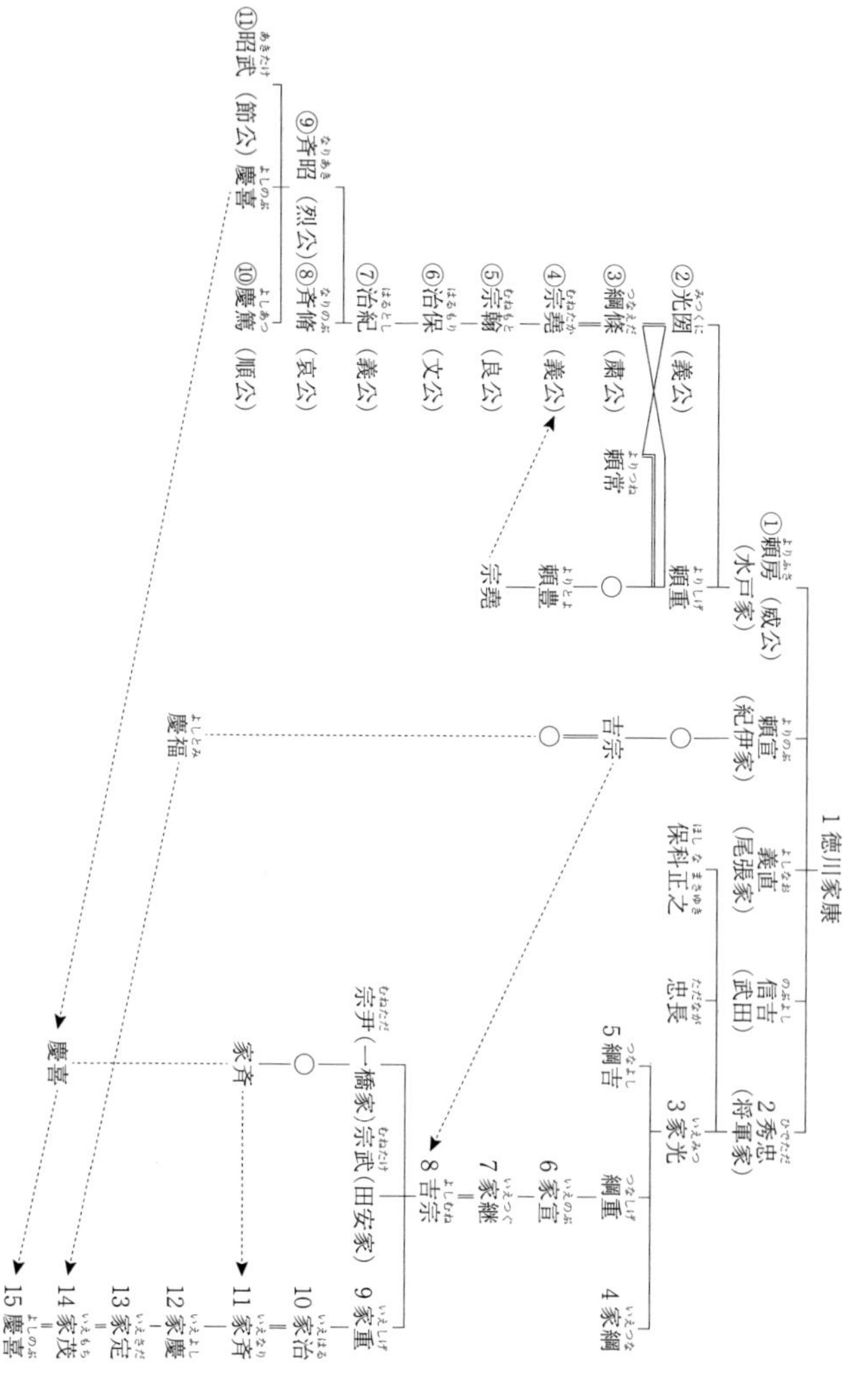

図13　徳川将軍家と水戸家系譜

注：数字は将軍の代数。丸数字は水戸藩主の代数。実線は実子，二重線は養子。

石高を高めた結果です。尾張・紀州二藩に対する劣等意識がそうさせたのでしょうが、領民はそのために苦しんだのです。

また、藩主の官位も正三位《しょうさんみ》権中納言《ごんのちゅうなごん》が極官（最高官位）であり、紀州、尾張の従二位《じゅにい》権大納言《ごんのだいなごん》と較べると若干低いものでした。第二代藩主徳川光圀は、水戸の黄門様とされていますが、黄門は中納言の中国風の名称になります。また、テレビドラマ『水戸黄門』の決まり文句である「ひかえおろお、この紋所が目に入らぬか。ここにおわすおかたをどなたとこころえる。ここにおわすは、先の副将軍、徳川光圀公であらせられるぞ。頭が高い控えおろお」の、「副将軍」は俗説であって、正式な職名ではありません。水戸藩は参勤交代のない定府制《じょうふせい》であり、藩主は常に江戸にあって、将軍を輔佐する立場にいたことに由来するものとされています。

さらにいうと、初代藩主頼房と第三代将軍家光とは、叔父、甥の関係ですが、一歳違いで兄弟のように育ちました。家光には実の兄弟もいます。しかし、すぐ下の忠長《ただなが》とは後継者争いをした仲であり、一六一一（慶長十六）年生まれの保科正之《ほしなまさゆき》は、秀忠の正室、於江与の方から認められて側室となった者ではなかったため、彼の出生は秘められ、家光が最初に対面したのは、一六二九（寛永六）年のことでした。後に最も頼りになる人物として重用されるのですが、若い時の家光にとって、最も信頼できる者は頼房だったのです。そのため、頼房は家光を輔佐すべく、江戸にとどまり、それが慣例となって定府制となったともされます。将軍を輔佐する立場にあった頼房は副将軍ともいえる存在だったのです。

水戸藩家臣団の成立

　このように水戸藩は戦国時代を生き抜いてきた藩ではなく、徳川家康の威光によって新たに誕生した藩でした。そこで問題になるのは、代々の主従関係をもち強い絆をもつ譜代の家臣が成立当初いなかったことです。そもそも家臣すらいませんでした。そのため、当初は家康がみずからの家臣を頼房につけ、さらに新たな家臣を採用することになりました。そこで採用された者は、武田氏や北条氏など、かつて関東で活躍した大名の元家臣、宇都宮氏や額田氏などの関東地方の旧族、地元に残った佐竹氏の遺臣、さらに改易された大名の元家臣たちがほとんどを占めていました。一回落ちぶれてしまった人たちの再就職先という感じですかね。江戸時代初期は改易（取り潰し）される大名が多く、働き口を失った武士が多かったのです。水戸藩は失業者の受け入れ先として機能していたともいえます。水戸藩の家臣団はこのようにちょっと影があるような人たちの寄せ集め集団として当初成立したのです。

　さて、そのような寄せ集め集団として水戸藩は成立したのですが、成立当初、藩主頼房は六歳であり、駿府の家康のもとで養われていました。水戸藩を経営したのは、武田信吉の時代から水戸の政治を司っていた芦沢信重、幕府関東代官の伊奈忠次、さらに家康が頼房に附けた附家老**中山信吉**《なかやまのぶよし》など家康によって任命された者たちでした。芦沢は信吉死後、頼宣が水戸城城主となった時も家康の命により、引き続き水戸の藩政を担い、さらに頼房の代になっても城代・家老として水戸の実質的経営を行いました。

中山信吉は、父は北条氏の家臣でしたが北条家滅亡後、家康に仕え、家康に命じられて頼房の傅役（教育係）となりました。頼房は家康の子として、甘やかされて育てられたからでしょうか。青年期になると、長刀をさし、異様の風体をして街に出るような、いわば不良少年になっていました。悪行もさぞしたのでしょう。その様子が将軍秀忠の耳にまで届き、中山は呼び出しを受けてしまったのです。そこで、中山は命をかけて頼房を諫め、そのことによって頼房は改心し、以後、勉学に励むようになったとされています。

伊奈忠次は幕府の役人として関東の殖産興業に勤めた人物です。水戸においても**備前堀**《びぜんぼり》の開拓を行い、水田開発に貢献をしています。伊奈忠次は備前守《びぜんのかみ》を称しており、中山信吉も備前守に任じられています。ややこしいのですが、水戸の備前堀は伊奈忠次に由来しています。伊奈忠次の像は、備前堀の道明橋の上にあります。

水戸城および城下町の整備

一六一九（元和五）年、頼房ははじめて水戸に入りました。その時は二ヶ月ほどで江戸に戻りましたが、一六二五（寛永二）年から一六三〇（寛永七）年まではほぼ毎年水戸に赴いています。時を同じくして、水戸城、および城下町の整備が行われています。水戸城は戦国時代は江戸氏の居城でしたが、一五九〇（天正十八）年、佐竹氏が江戸氏に代わって、水戸城の主となり、大規模な修繕を加えました。本丸、二の丸、三の丸はその時整備されました。

現在、本丸と二の丸の間には水郡線が走り、二の丸と三の丸の間には、道路が走っています（図14）。そこはかつての堀の跡地であり、台地であった水戸城を削って掘としたところです。また大工町交差点で国道五十号線を横切っている道路も堀の跡であり、現在は埋め立てられて道路になっています。ホテルウエストヒルズ、金魚坂の所にいけばその名残がわかります。さらに言えば、梅香トンネル付近も昔は堀でした。徳川頼宣が水戸城主だった時に掘られたとされ紀州堀と言われています。昔の地図と今の地図を見比べてみると紀州堀とトンネルはほぼ重なっています。いったん埋め立てられ、再度交通の便のためにトンネルが掘られたのでしょうか。

水戸城は北に那珂川、南に千波湖があり、その間の台地に築かれています（図15）。防御のために自然の要害が利用され、さらに工夫が重ねられ、五重の堀が作られたのです。

水戸城のこのような構えは佐竹時代に築かれました。頼房の時代にはさらに徳川の威光を示すために大修築が行われたのです。この時、水戸城の中心となったのが、序章で紹介した二の丸です。二の丸には、御殿、三階櫓が建設され、水戸藩政の中心として機能したのです。

水戸城の改修に伴い、城下町の整備も行われました。ひと昔前は**上市**《うわいち》、**下市**《しもいち》（江戸時代は上町、下町）といわれていた地域になります。下市はもとは千波湖および低湿地でしたが、備前堀の設営などによりこの付近が埋め立てられて町として整備されました。下市には主に商工業に携わる人々が移住させられ、そこが商工業の中心となっていきました。台地上の上市は主に武家屋敷があてがわれ、その地にあった寺は台地北方の寺町や他所へ移されました。

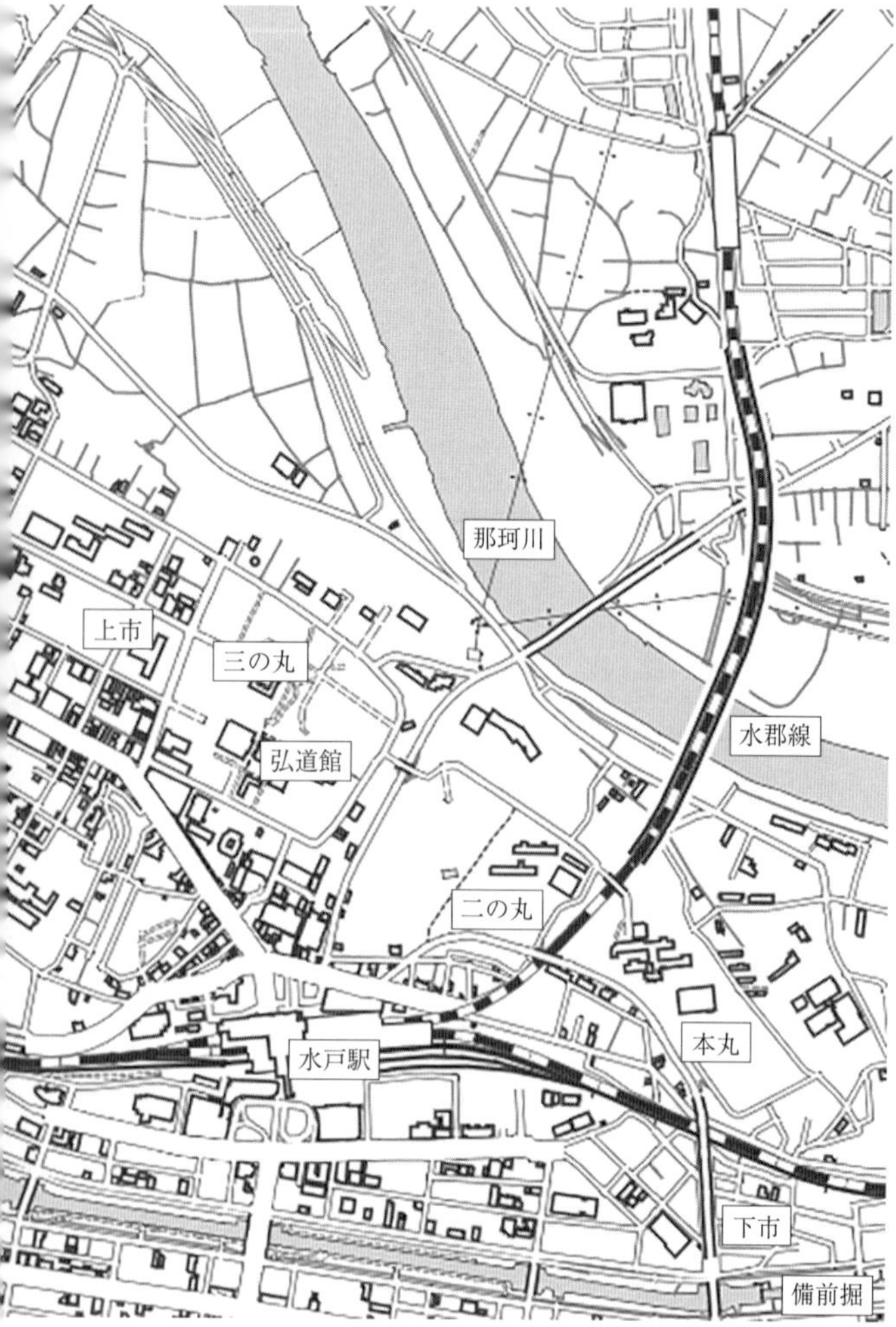

市街地

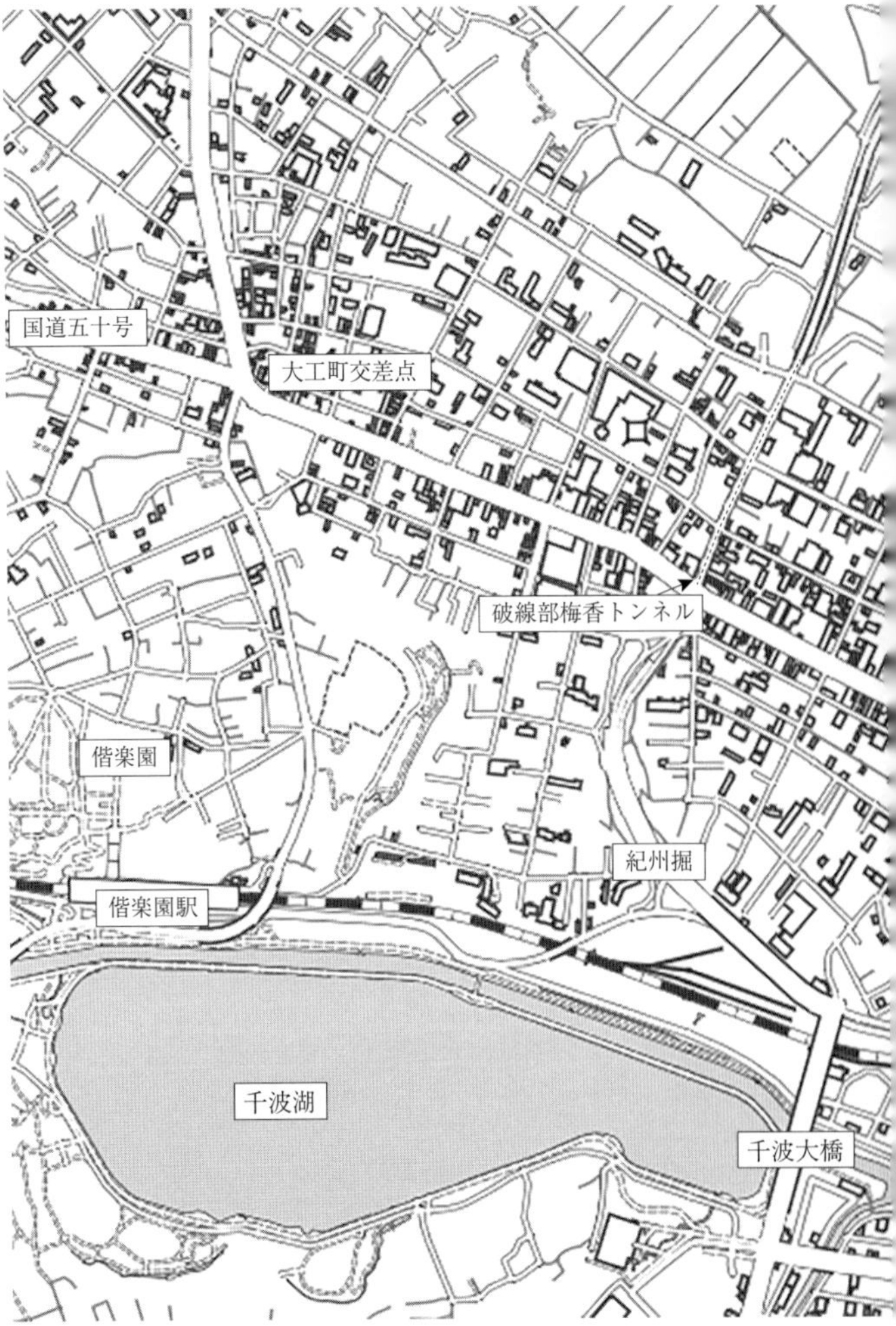

図14　水戸

出所：国土地理院「地理院地図vector」を使用し，筆者作成。

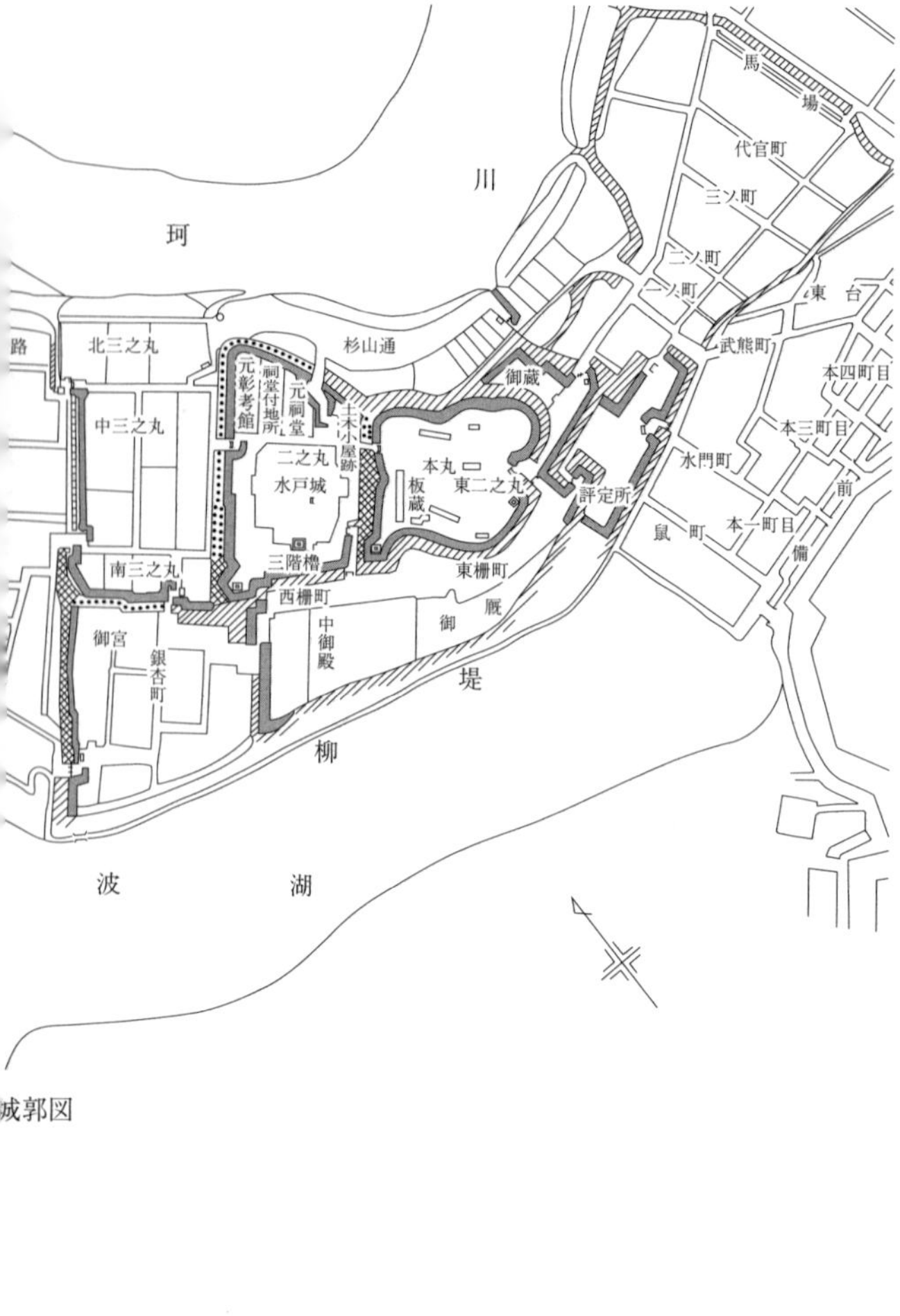
馬
場
代官町
三ノ町
二ノ町
一ノ町
東　台
川
珂
杉山通
北三之丸
路
元彰考館
祠堂付地所
元祠堂
土木小屋跡
御蔵
武熊町
本四町目
本三町目
中三之丸
二之丸
水戸城
本丸
板蔵
東二之丸
水門町
評定所
前
本一町目
鼠　町
備
三階櫓
南三之丸
東柵町
西柵町
御宮
銀杏町
中御殿
御
厩
堤
柳
波
湖

城郭図

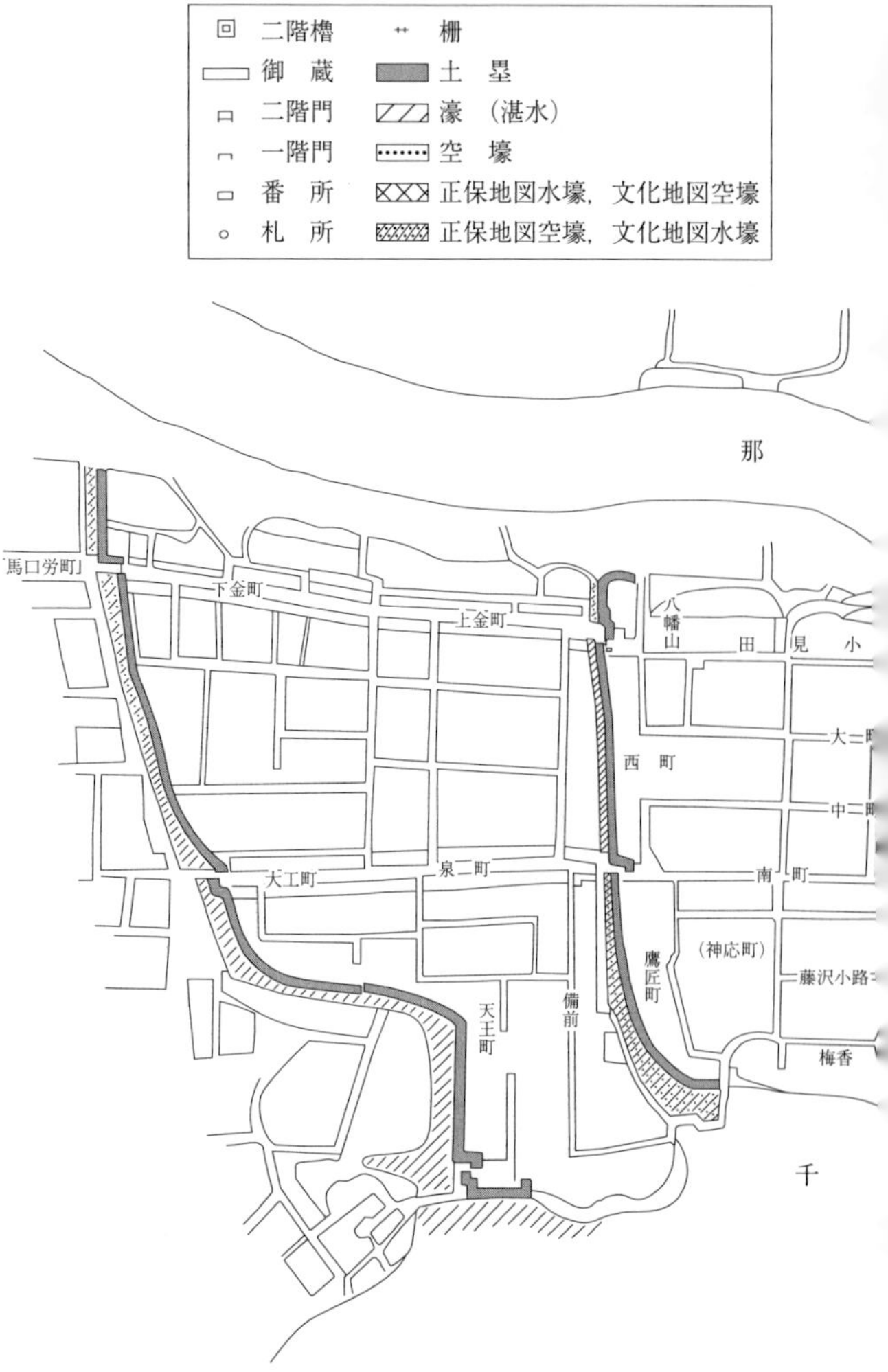

図15　水戸城

出所：『水戸市史中巻（一）』をもとに筆者作成。

このように城下町を整備するにあたり問題となったのが飲み水でした。上市は台地上にあり、深井戸を掘らなくてはなりません。でも、頑張れば問題ありません。問題は下市でした。そこはもと低湿地であり、井戸を掘るのは容易でしたが、水質が飲料水には適していなかったのです。そこで頼房の時代には、水道が現在の元吉田付近から下市付近まで整備されました。それにもかかわらず、雨の時には水が濁ってしまうなど多くの問題を抱えていたのです。この水道問題は次の光圀の時代、**笠原水道**が整備されたことにより抜本的に解決されました。笠原水道の水源地は、現在、**逆川緑地**《さかさがわりょくち》として整備されています。場所は千波大橋を真っ直ぐ行って右側にあります。ちょっと入口は見つけにくいところですが、ここも見学のポイントです。こんな街中にこんなきれいな水が湧き出てるのかとちょっと感動します。残念ながら飲めません。

その他、水戸の諸制度の整備や検地も頼房の時代に行われました。能吏である芦沢や中山を家康から附けられたとはいえ、寄せ集め集団を藩としての形態にまで持っていった頼房の実力もそれなりのものがあったのだと思われます。初代藩主の割に水戸では地味に扱われますが、その功績は偉大であったといえるでしょう。

頼房は明治時代、水戸東照宮で徳川家康と合祀され、その像は二の丸の水戸三高正門前にあります。

さて、このように水戸藩を整備した頼房ですが、彼は父家康から受け継いだ才能を持ち合わせていました。そうです。すでに書きましたように子だくさんだったのです。頼房には正妻はいませんでした。しかし、側室からなんと十一男十五女をもうけていたのです。藩を維持していく上で世子が必要ではあったとはいえ、おそるべしです。おかげをもって、水戸徳川家は頼房の血統を幕末まで維持していくことができました。現在の当主も頼房の血統です。

ちなみに徳川将軍家は第七代家継《いえつぐ》で絶えてしまい、紀州から吉宗《よしむね》が将軍に入っているのはご存知のことだと思います。その徳川宗家も現在の当主は頼房の血統になります。幕末、最後まで新政府軍と争った会津藩の第九代藩主松平容保《かたもり》は頼房の血統であり、今の徳川宗家の当主はその子孫にあたります。なお、容保の兄弟は、高須四兄弟といわれ尾張藩第十四代藩主の徳川慶勝（慶恕《よしくみ》）、第十五代藩主の徳川茂徳《もちなが》、桑名藩第四代藩主（久松松平家）松平定敬《さだあき》がおり、幕末の激動期にあって活躍した徳川・松平氏は、水戸藩第九代藩主徳川斉昭、その子の第十五代将軍慶喜など、多くは頼房の子孫になります。

頼重と光圀の出生の謎

このように子だくさんだったのだから、世継ぎ選びは問題なかったのではと思うかもしれません。しかし、それが素直にはいかなかったのです。皆さん、水戸藩第二代藩主は徳川光圀であったことはご存知でしょう。その光圀には実は同母兄がいたのです。後の高松藩藩主の**松平頼重**《まつだいらよりしげ》です。光圀の兄弟の中で徳川を名のっているのは光圀だけで、あとは松平姓です。ご注意ください。

なぜ、頼重が世継ぎにならなかったのでしょうか。頼重、光圀の母は常陸松岡城主戸沢政盛《とざわまさもり》の家臣、谷重則《たにしげのり》の娘で**久子**《ひさこ》という人でした。彼女は他の側室に較べて身分が低かったのです。他の側室に対する遠慮もあったのかもしれません。頼房は、久子が頼重・光圀を懐妊した時、いずれも堕胎せよとの命令を出しました。しかし、家臣の三木之次《みきゆきつぐ》が、久子を自邸にかくまい、頼重は江戸の屋敷、光圀は水戸の屋敷（序章で紹介した水戸黄門神社のところです）でそれぞれひそかに出産させました。頼重は一六二二（元和八）年、光圀は一六二八（寛永五）年生まれです。そうすると、三木之次は主命にさからい二人を出産させ育てたことになります。その後の出世は望めません。

にもかかわらず、三木之次は大老にまでのぼりつめています。そのため、頼房と之次の間にはなんらかの依頼があって、表面上は頼房が堕胎命令を出したとして、ひそかに生ませたのではないかと考えられています。文献的に確かめるすべはありませんが、状況からするとおそらくそうだと思います。

では、なぜ頼重が世子とならなかったのでしょうか。それは、義重の出生は久子を幕府に側室として届け出る以前だからだとされています。今でいうところの授かり婚、できちゃった婚というのでしょうか。実子として認められるには、公式に婚姻が認められた女性の子であることが重要でした。ましてやその子が世子になる場合はなおさらです。前述の保科正之《ほしなまさゆき》も同様でした。

世子光圀

光圀は母久子が正式に側室と認められた後の子であったため、世子となるに支障はありませんでした。とはいえ、頼重と光圀の間にもう一人亀丸（亀麻呂）という兄がいました。光圀は三男ということになります。しかし、亀丸は夭折してしまったので、光圀が世子になるにはやはり問題はありません。それでも、頼房は他の側室の嫉妬をかわすために、仲の良い将軍家光に頼み込んで、将軍からの命令という形で光圀を世子にしたと考えられています。不良少年でならした頼房でしたが、相当、その側室を恐れていたとはどういうことでしょうか。頼房の子どもをもうけた側室は九人います。その他にあちこちに女を作り、何か頭のあがらないことをしでかしたのでしょうか。

このような事情があって光圀は一六三三（寛永十）年、六歳の時に世子となりました。そこから光圀の世子教育が始まります。が、光圀は派手な格好で遊び回り、吉原にいっては遊女と遊び、時に人を切ったりと、立派な不良少年になってしまいました。なにかデジャブーを感じませんか。そうです。父頼房とそっくりなんです。堕胎を命じられ、本来は生まれてくるはずではなかったことへの思い、兄頼重を差し置いて世子となった葛藤、などなど少年光圀には多くの苦悩があったのだと思います。苦しい現実から逃れるため、教育係の諫言もなんのその悪逆の限りを尽くし遊びほうけたのかもしれません。いやいや、もとからの素質、父からの遺伝によってそうなったと言えるかもしれません。でも、お寺で育てられた兄頼重はまじめな好青年だったんですね。やはり、環境がそうさせたのでしょうか。これは想像するしかありません。

しかし、そんな光圀に転機が訪れます。十八歳の時に『史記』伯夷列伝《はくいれつでん》を読み、心を入れ替えたのです。伯夷列伝は伯夷《はくい》と叔斉《しゅくせい》の兄弟が君主の地位を譲り合ったお話です。それが自分の境遇と重なったのでしょう。光圀はいたく感動し、以後、行動を改め、まじめに勉強するようになったとされています。これは光圀の思い出話なので、どこまで本当か分かりませんが、そのように考えられています。

第Ⅱ部　水戸学のはじまり——水戸藩第二代藩主徳川光圀

第三章　徳川光圀と『史記』伯夷列伝

前章では、徳川家には子宝に恵まれた人物が多かったことを述べました。徳川家康は十一男五女、徳川頼房は十一男十五女、徳川家斉は二十六男二十七女の子をもうけましたが、昔は、すべての子どもが成人できた訳ではありません。むしろ、多くは成人する前になくなっていました。徳川家斉の子どもも二十五人は成人以前に亡くなっています。特に昔は乳児死亡率は高かったとされています。

将軍および君主は自分の後継者である世継ぎを残すことも仕事なので、より確実に子孫に地位を継がせるために、より多くの子どもが必要とされていました。そのため、多くの子どもがいることはよいことだとされていたのです。でも、家斉の五十三人は異常ともいえます。一般人は、基本的に一夫一婦制で、ひとりの女性が生める人数も限りがありますが、それでも十人前後子どもがいることはよくありました。

伯夷・叔斉と頼重・光圀

本章では、徳川光圀の人生の転機となった『史記』伯夷列伝と光圀の藩主就任に関する出来事について検討していきたいと思います。

前章で紹介したとおり、青年時代の光圀は悪逆非道の限りを尽くした不良少年でした。しかし、十八歳の時に『史記』伯夷列伝を読んで改心し、以後すすんで学問に励んだと語っています。では、何が彼の琴線に触れたのでしょうか。本章では、まずそれについて考えていくことにします。

まず、伯夷列伝を確認してみましょう。これは兄の伯夷と弟の叔斉が君主の地位を譲り合った話から始まります。

伯夷《はくい》・叔斉《しゅくせい》は孤竹君《こちくくん》の二子《にし》なり。父《ちち》、叔斉《しゅくせい》を立《た》てんと欲《ほっ》す。父卒《ちちしゅっ》するに及《およ》び、叔斉《しゅくせい》、伯夷《はくい》に譲《ゆず》らんとす。伯夷曰《はくいいわ》く、父《ちち》の命《めい》なり、と。遂《つい》に逃《のが》れ去《さ》る。叔斉《しゅくせい》も亦《また》、立《た》つことを肯《がえんぜ》ずして之《これ》を逃《のが》る。国人其《こくじんそ》の中子《ちゅうし》を立《た》つ。（伯夷と叔斉は殷の諸侯孤竹君の二人の子である。父は自分のあとに叔斉を位につけたいと思っていた。その父が死んだとき、叔斉は位を兄である伯夷に譲った。伯夷は叔斉が継ぐのが父の言いつけであると言って、とうとう立ち去ってしまった。すると叔斉も位につくことを承知しないで兄のあとを追って国を去った。孤竹国の人々は、伯夷と叔斉との間の仲を位につけた）（水沢利忠『史記八（列伝一）』三十四・三十五頁）

伯夷と叔斉は、孤竹国の君主の子どもでした。父は弟の叔斉を次期君主にしようとしました。おそらく弟の叔斉が世子（次期君主）として父に任じられていたのでしょう。しかし、叔斉には兄の伯夷がいました。叔斉は兄が位に就くべきだと思ったのです。そこで、父が亡くなった時、伯夷に君主の地位を譲ろうとします。しかし、伯夷も父は弟に命じたのだからと、それを承知せず、国外へと逃亡してしまいました。それを見た叔斉も兄を追って国から出て行ってしまったのです。孤竹国の人々はやむを得ず、その間の仲を君主にしたとあります。

この伯夷と叔斉の逸話は、弟でありながら、世子となった光圀の境遇と重なります。光圀には兄の頼重がいました。にもかかわらず、世子に命じられたのは弟の光圀でした。光圀が世子となったのは一六三三（寛永十）年、六歳の時です。是非の判断もできない幼児期にすでに世子となっていたのであり、兄に遠慮して、父の命令に背こうなど思いもよらなかったはずです。そもそも光圀は頼重と別々に育てられています。京で育てられていた頼重が江戸の水戸藩邸に入ったのは、光圀が世子となった前年のことです。光圀が兄の存在を意識するようになったのは、この時以降かもしれません。

頼重は母久子が頼房《よりふさ》の側室として認められる前の子であり、当初は頼房の子として認められていませんでした。頼重は一六三七（寛永十四）年、ようやく父頼房との父子の関係が公式に認められ、翌年、十一歳の光圀は十七歳の頼重と連れだって将軍家光に謁見することになりました。でも、なんとその時、頼重は光圀の弟とされたのです。

え！　お兄ちゃんは弟なの？

さすがに、光圀はこれはおかしいと思ったのでしょう。こうして、光圀は兄に対する後ろめたさを持ち、さらに、自分の出生時、堕胎を命じられたことも知り、グレたのかもしれません。それは推量するしかありません。

弟でありながら父に命ぜられて世子となったということに、どのような問題があるのでしょうか。ちょっと整理してみましょう。まずは、兄弟がいる場合、兄が家を継ぐべきだという考え、そして、父の命令は絶対だという考えが前提にあります。弟が父に命ぜられて世子となると、これらの考えに矛盾が生じてしまいます。叔斉としては兄が継ぐべきだという意識がはたらき、兄に位を譲ろうとしたのであり、伯夷としては父の命令は絶対だという思いが強く、それを承けなかったのです。こうして、伯夷と叔斉の場合は、君主の地位を譲り合い、お互いに国外に逃亡することで、自身がこの問題を解決することから逃れ、それを国人（孤竹国の大臣）に委ねてしまっています。

このような問題を孕んでいる伯夷列伝を読んで光圀は何を感じたのでしょうか。江戸時代は下剋《げこく》上《じょう》の戦国時代を承けています。戦国時代では、そのような考えは適用されていたでしょうか。兄弟であっても当主の地位を奪い合った例は伊達政宗《だてまさむね》などいくらでもあります。さらには武田信玄を代表とするように父から君主の地位を奪い取った話もいくらでもあります。確かに多くの場合、兄が後継者となり、父の命令は圧倒的でした。しかし、それは絶対的に従うべき考えではなく、隙を見せれば、いつでもこの規範は覆されたのです。だからこそ、戦国時代は下剋上といわれるのです。江戸時代初期はまだそのような気風が残っています。光圀は自ら望んで世子になったのではありません。父の命令、それも将軍家光に裏うちされた命令によって、弟でありながら世子になったことに、それほど思い悩むことはないような気もします。

孔子と儒教経典

そもそも兄が家を継ぐべきだという考えはどこから来たのでしょうか。英語の「兄弟」は“brother”であり、差異はありませんでした。兄と弟で差異をつけるのは、儒教に由来すると最初に説明したことを覚えていますか。確かにこの考えの由来のひとつは中国の伝統的思考である儒教にあります。『論語』冒頭の学而篇には「**学《まな》びて時《とき》に之《これ》を習《なら》う**」に次いで、「**有子曰《ゆうしいわ》く、其《そ》の人《ひと》と為《な》りや、孝弟《こうてい》にして上《かみ》を犯《おか》すを好《この》む者《もの》鮮《すくな》し。（中略）孝弟《こうてい》なる者《もの》は仁《じん》の本《もと》為《た》るか**」（有子は言われた。よく親に仕え兄に仕えて孝弟を実践している人で、好んで上の者に逆らう者は少ない。（中略）孝弟こそが仁の根本であろう）と、父に従順である孝と、兄に従順である弟こそが、儒教で最も重要な徳目である仁の本であるとしています。では、なぜ儒教では兄弟で差異を設けたのでしょうか。

儒教の創始者は孔子です。孔子の生きた時代も春秋・戦国時代といわれる下剋上の乱世でした。臣下でありながら、君主を殺し、子でありながら父を殺すように秩序が乱れていました。そのような世の中にあって孔子は秩序を回復しようと懸命に努力したのです。孔子が理想としたのは、周代初期の王、文王・武王の時代の秩序であり、それは武王の弟の**周公旦**《しゅうこうたん》によって整備された政治制度によって確固たるものとされたものでした。『論語』述而篇《じゅつじへん》に「**甚《はなは》だしいかな。吾《わ》れの衰《おとろ》えたるや。久《ひさ》しいかな。吾《わ》れ復《ま》た夢《ゆめ》に周公《しゅうこう》を見《み》ず**」（なんとも衰えてしまったことよ。もう長いこと、夢に周公を見なくなってしまった）と、夢で周公旦を見なくなったことを嘆いているように、孔子にとって、周公旦は憧れの人でした。憧れの周公旦が築いた理想社会を実現しようと孔子は自ら政治に携わり、悪戦苦闘しつつ自らの思想を形成したのです。

魯《ろ》の国に生まれた孔子は、低い身分の出身でした。しかし、十五歳の時に学に志し、努力を重ねて、五十二歳の時には魯の国の大臣にまで上り詰めます。そこで、自らの理想の国を作ろうと励みました。しかし、重臣の壁は厚くそれが不可能であることを覚ります。そこで、自分の理想を他国で実現しようと、五十五歳の時に魯を離れ諸侯遍歴の旅を始めたのです。様々な国で自分の理想を説いてまわったのですが、十四年間の遍歴の末、結局、どこにも採用されず、六十八歳で魯に帰国します。以後は後世へ自分の夢を託そうと教育活動と書物の整備に重点を置いて活動しました。

そこで編纂されたのが、**六経《りくけい》**とよばれる易《えき》・書《しょ》・詩《し》・礼《れい》・春秋《しゅんじゅう》・楽《がく》の儒教経典だとされています（後に楽は亡び、五経とされました）。孔子の理想は、中国の伝統的な考えに基づく周公旦の政治制度であり、新たな政治の枠組みを制作することではありませんでした。『論語』述而篇に「**述《の》べて作《つく》らず、信《しん》じて古《いにしえ》を好《この》む**」（私は先王たちの旧典を集め伝えただけで、あらたな制度を創作したのではない。先王の制度を信じ好むからである）とあるように、孔子は自ら諸制度を創作し、六経を著作したのではなく、先王たちの政治記録を整理編纂して、六経としてまとめたのです。これらの書物の中に兄弟に差異を設けた理由を探っていくことにしましょう。

『春秋』編纂の理由

六経の中に『春秋』という経典があります。『春秋』は東周時代の魯の国の歴史書であり、魯の隠《いん》公《こう》から哀公《あいこう》まで十二代二百四十二年（『春秋左氏伝』では二百四十四年）（紀元前七二二年〜前四八一）にわたる年代記になります。ちなみに、春秋時代の名称はこの書物に由来しています。その編者もまた孔子とされていますが、なぜ孔子は『春秋』を編纂したのでしょうか。それについて、『孟子』滕文公下には次のように記されています。

世衰《よおとろ》へ道微《みちび》にして、邪説暴行有作《じゃせつぼうこうまたおこ》る。臣《しん》にして其《そ》の君《きみ》を弑《しい》する者之《ものこ》れ有《あ》り、子《こ》にして其《そ》の父《ちち》を弑《しい》する者之《ものこ》れ有《あ》り、孔子懼《こうしおそ》れて春秋《しゅんじゅう》を作《つく》る。春秋《しゅんじゅう》は天子《てんし》の事《こと》なり。是《こ》の故《ゆえ》に孔子曰《こうしいわ》く、我《われ》を知《し》る者《もの》は、其《そ》れ惟春秋《ただしゅんじゅう》か。我《われ》を罪《つみ》する者《もの》も、其《そ》れ惟春秋《ただしゅんじゅう》かと。（周王の世もしだいに衰えて、先王の道も衰微して行われなくなり、曲がった議論や乱暴な行為が、またもや生じてきた。すなわち臣でありながらその君を弑する者もあれば、子でありながらその父を弑する者もあるという始末である。そこで孔子は、この世の行く末を深く憂えて『春秋』を書かれた。『春秋』という書は、人々を倫理的に批判し賞罰を加えているので、そのようなことは、元来、天子のなすべきことである。ゆえに孔子は、「私の真の志を知ってもらうのは、ただこの『春秋』のみだろう。また私を越権なりとして非難する者あらば、やはりこの『春秋』のみであろう」と言われた）（宇野精一『孟子』二百二十・二百二十一頁）

また、同じく離婁下にも次のようにあります。

孟子《もうし》曰《いわ》く、王者《おうじゃ》の跡《あと》熄《や》んで詩《し》亡《ほろ》ぶ。詩《し》亡《ほろ》んで、然《しか》る後《のち》春秋《しゅんじゅう》作《おこ》る。晋《しん》の乗《じょう》、楚《そ》の檮杌《とうこつ》、魯《ろ》の春《しゅん》秋《じゅう》は一《いつ》なり。其《そ》の事《こと》は則《すなは》ち斉桓《せいかん》・晋文《しんぶん》、其《そ》の文《ぶん》は則《すなは》ち史《し》。孔子《こうし》曰《いわ》く、其《そ》の義《ぎ》は則《すなは》ち丘竊《きゅうひそ》かに之《これ》を取《と》れり、と。（孟子のことば「王者の活動が衰退して、本来の詩が滅び、王者をたたえる歌声も起こらず、世の正しい道理が伝わらなくなったので、これを正そうとして『春秋』が作られた。晋では『乗』、楚では『檮杌』、魯では『春秋』というが、いずれも歴史の記録であることは同一である。さて、『春秋』はその事実は主として斉の桓公、晋の文公などの覇者の事業であり、記録の文章は史官の記したものであるが、孔子がそれによって正しい人倫の道を示そうとして筆を加えたもので、孔子みずから『その人の世の道理は、私が個人的に事実の中からくみ取ったのだ』と言っておられる」）（宇野精一『孟子』二百八十四頁）

孔子自身は『春秋』を編纂したとはひと言も述べていません。『春秋』を孔子の編纂物とみなすのは、『孟子』のこの文に由来します。

『孟子』によると、孔子がなぜ『春秋』を作ったのかというと、「世衰え道微にして」「王者の跡熄んで詩亡ぶ」、つまり周王朝が衰え、人の踏み行うべき正しい道が分からなくなると、邪《よこしま》な説を言う者たちがあらわれ、何が善で、何が悪だか分からなくなってしまった。そのため、臣下でありながら、君を弑殺する者、子でありながら父を殺す者まででるような世の中になってしまい、秩序が乱れてしまった。そこで、孔子は歴史上の出来事に対して、これが善いこと、これが悪いことだと示し、どのように人は生きるべきなのかを示し、秩序の回復をはかろうとしたとするのです。もともとは魯の歴史官が記録した文章を、孔子が取捨選択し、それに毀誉褒貶《きよほうへん》の筆を加えて、『春秋』を編纂したとされているのです。

春秋時代の中国

世界史をあまりやってなかった人はよく分からないと思いますので、ちょっと中国の歴史を確認しておきましょう。

科学的に証明された中国最古の王朝は殷です。殷の最後の王、**紂王**《ちゅうおう》は、酒池肉林《しゅちにくりん》といわれる豪奢な宴会を日々行い、炮烙《ほうらく》の刑に代表される悪逆非道を尽くしたとされています。そのため、民心が離れ、多くの諸侯が周の**西伯昌**《せいはくしょう》（文王）を慕い帰属することになりました（図16）。この時に先に述べた伯夷と叔斉も西伯昌のもとにやってきたのです。そして、西伯昌が亡くなると、子の武王《ぶおう》が位を継ぎ、兵を挙げて諸侯を率い、紂と牧野で戦い、勝利して自らが王となり、父の西伯昌を文王と追号しました。ここに周が誕生したのです。この殷から周への変遷は、天命が革《あらた》まり、王家が殷から周に代わったとされ、**易姓革命**《えきせいかくめい》といわれています。

武王は天子となってまもなく亡くなり、周の政治制度は武王の弟、周公旦によって整備されて、周は安定した国家になります。孔子が目指したのはこの時の政治制度であり、秩序になります。周王朝の初期はこの制度が機能し安定していたのです。この時代を**西周**といいます。

しかし、紀元前七七一年、遊牧民族の**犬戎**《けんじゅう》の侵略によって、時の王、**幽王**《ゆうおう》が殺されてしまいました。そこで、翌年、難を逃れた一族の平王《へいおう》が即位して、都を鎬京《こうけい》から東方の洛邑《らくゆう》に遷し、周王朝を再興します。これ以降を**東周**といいます。東周の時代は、**春秋・戦国時代**とも言われ、諸侯が覇権を巡って争う乱世となり世の秩序が乱れてしまったのです。それが孟子の言う「世衰《よおとろ》へ道微《みちび》にして」「王者《おうじゃ》の跡《あと》熄《や》んで詩《し》亡《ほろ》ぶ」ということになります。

なぜ東周の時代は秩序が乱れてしまったのでしょうか。それは幽王が殺されたことによって、王様は弱いとバレてしまったからなのです。上の者が弱いと、力のある下の者は従おうとはしません。逆に自分が這い上がろうと他の者と争うようになるのです。群をなす動物の多くにそのような行動がみられます。羊やサルの群にはボスがいます。ボスは何故ボスなのでしょうか。それはボスの力が絶対的に強いからですね。でも、いったんボスの力が弱くなるとどうなるでしょうか。下の者がボスの座を巡って争いを始め、そして、最終的な勝者がボスとなり、その群に君臨するようになる。話し合いでボスを決めることはないですよね。

それは人間の世界でも同じです。トップは強くなくては世界は安定しません。現在の世界も基本的には軍事力を背景にして、そのバランスで国際秩序が保たれています。現在の平和な日本に住んでいると実感としてそのことを感じることはあまりありませんが、世界の状況をみてみると、

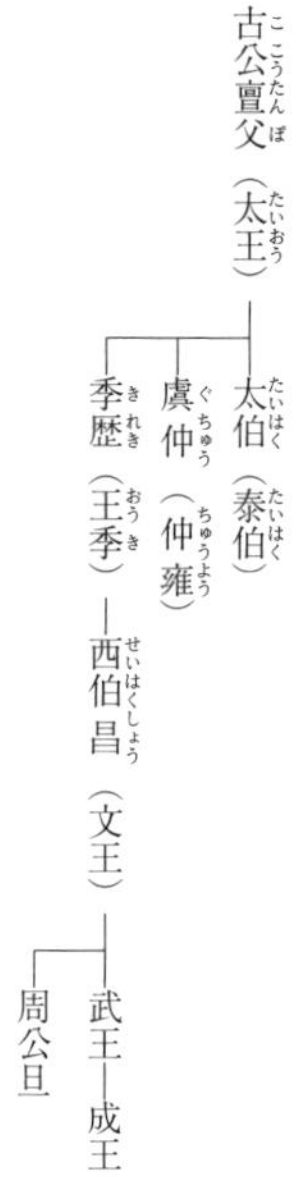

図16　周系図

そのことは自ずと分かってくると思います。

今はロシアが核兵器を背景にしてウクライナへの西側の武器供与を牽制していることで、よりそのことは見えやすくなっているかと思います。でも、平和な時代では、安定した秩序の背景に武力があることは見えません。見えにくくなっているのです。それは、人間社会は動物と違い、力の支配を倫理や法制度などの文化によって覆い隠しているからなのです。武を文によって見えないようにしているのです。平和な時は、トップの軍事力は見えません。でも、何か有事があり、トップの力のなさが露呈してしまうと、途端に下の者が上にのし上がろうとし、争いが起きるのです。それは動物と同じです。

東周時代は周王の権威が失墜してしまったため、王が諸侯を統率することができず、諸侯たちが覇権を巡って日常的に争い、さらに内部抗争も日常的に行われ、倫理・秩序が崩壊してしまったのです。

春秋の筆法

孔子はその乱世にあって社会秩序を回復しようと『春秋』を編纂したとされます。歴史上の出来事を褒めたり貶めたりして正しい秩序を示そうとしたのです。では、孔子は具体的にどのような作業をしたのでしょうか。

『春秋』は東周時代の魯の年代記に過ぎません。もとは記録係である史官《しかん》が執筆したものだとされています。孔子は『春秋』を書いたのではなく、史官の記録から必要な出来事を取捨選択し、一字一句に手を加えて、時代順に並べたにすぎないのです。

実際に『春秋』の経文（本文、孔子が編纂したとされる部分）を確認してみましょう（図17）。伝（経文の解釈）がつかない『春秋』経文だけを載せた書籍はほぼありません。筆者の手元にあるものは山崎闇斎が点を施した洛陽雲川弘毅改定本と記された『春秋』のみになります。神田古書店街で何冊かセットで、確か千円ほどで売られていたので、とりあえず買ってみたのですが、まさかこんな所で役に立つとは思いませんでした。幸い国立国会図書館にも所蔵され、デジタルコレクションとして公開されていましたので、URLを紹介しておきます。ぜひ、確認してみてください（https://dl.ndl.go.jp/info:ndljp/pid/2582805?tocOpened=1）。

『春秋』は魯の隠公から哀公まで、十二代二百四十二年間の歴史記録になります（『春秋公羊伝』の場合。闇斎点本の『春秋』は『春秋左氏伝』の経文を掲載しており、二百四十四年間になります）。本来はここに全文を載せて眺めてもらいたいところなのですが、さすがにそれはできません。『春秋』本文の簡潔さを把握するために、隠公元年に何文字費やされているか確認してみてください。隠公元年の記事は以下の通りです。

元年春王正月三月公及邾婁儀父盟于眛夏五月鄭伯克段于鄢秋七月天王使宰咺来帰恵公仲子之賵九月及宋人盟于宿冬十有二月祭伯来公子益師卒

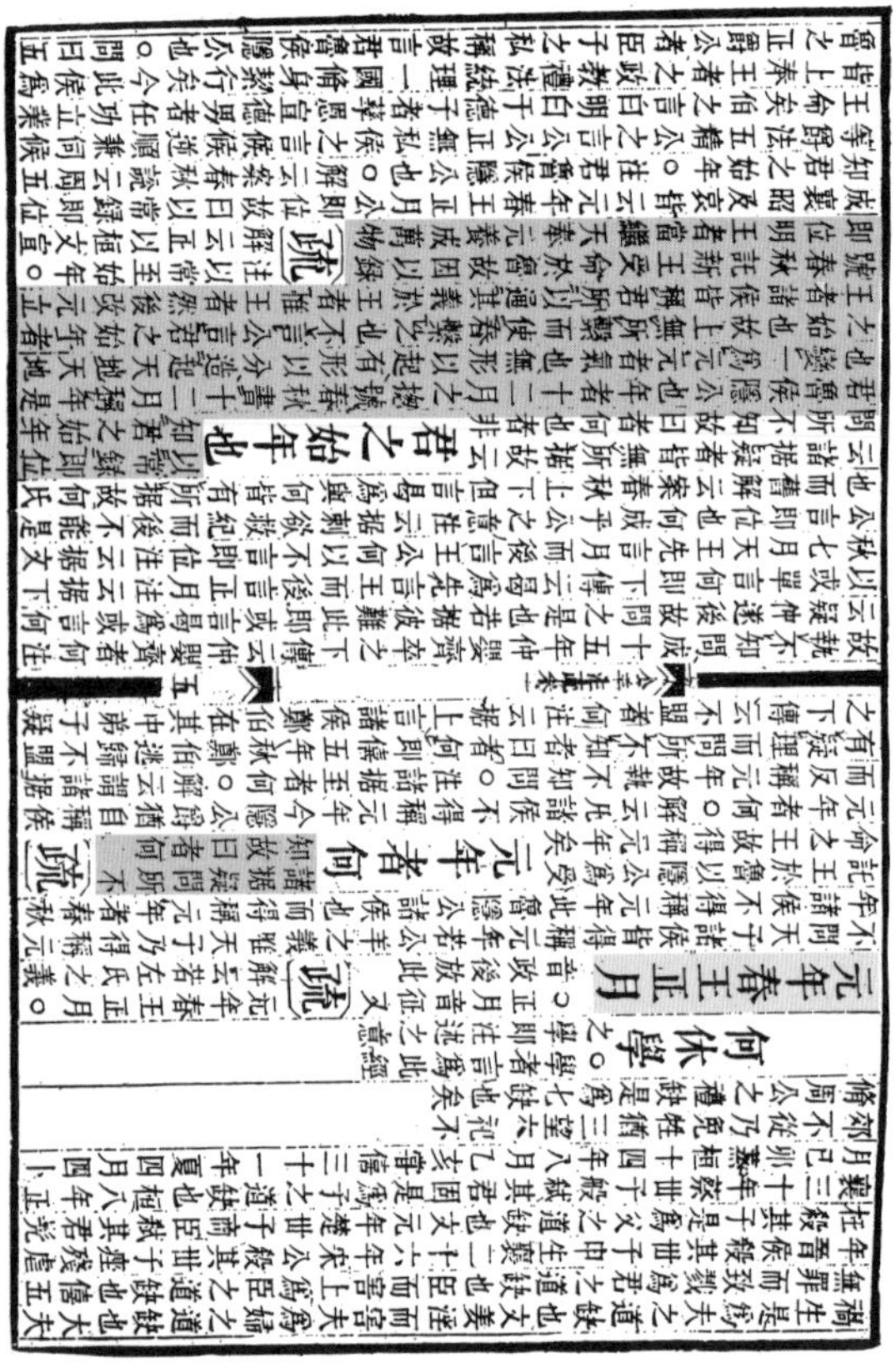

図17 『春秋』の経文と伝，注，および疏（『春秋公羊伝注疏』）

注：大字■の部分が経文（孔子が編纂したとされる箇所）。以下の大字が公羊伝。小字■の部分が何休《かきゅう》の公羊伝に対する注釈。［疏］以下の部分が徐彦《じょげん》の疏（『春秋』経文，公羊伝，何休注に対する注釈）。「元年春王正月」のために以下の八葉が費やされている。

出所：『十三経注疏附校勘記』（芸文印書館，2001年）。

以上です。読む必要はありません。文字を数えるだけで結構です。数えましたか。なんと、六十三文字にすぎません。年間で六十三文字です。今年の十大ニュースを百字以内で書くようなものです。その後の時代になるにつれて、文字数は増えていきますが、それでもかなり少ないです。そして、その少ない文字の一字一句の中に誉めたり貶めたりと毀誉褒貶が込められているとするのです。これはどういうことなのでしょうか。

孔子は世の中の秩序を示すために、歴史的出来事に対して、何が悪で何が善であるのかを示したとされますが、悪とする出来事は、主に君主や貴族など支配者階級の行為になります。孔子は大臣を経験したとはいえ、『春秋』編纂時は身分のない、いわばそこら辺のおっちゃんにすぎません。そのような孔子が支配者階級の行動について、これは悪だよと書くのです。そんなことできるでしょうか。権力者の悪を書き表す。どこかの国に行って、その国の最高権力者の悪口を言う勇気が皆さんにあるでしょうか。どこの国かは皆さんの想像におまかせします。批判を言った途端に抹殺される可能性があります。

言ってしまえば、孔子もそのような勇気がなかったのです。そこで一字一句の中に深い意味を込めたとされたのです。これを微言大義《びげんたいぎ》と言います。そして、その真意は弟子に口伝《くでん》したとされます。たとえ、悪口を言われている本人が『春秋』を読んだとしても、そこに悪口が書かれていると分からないようにしたのです。口伝であれば記録がなく、証拠は残りません。対面授業であれば、どのような事例があるのかいろいろ言えるのですが、こう書くとなるといろいろ問題が生じてしまう可能性があるので、皆さんの想像におまかせして具体的には書かないのと同じです。

『春秋公羊伝』および『春秋穀梁伝』『春秋左氏伝』

　では、孔子の真意はどのようにして現在にまで伝わったのでしょうか。ずっと、口伝され続けたのかというとそういう訳ではありません。危険のなくなった後代にその真意は記録に残されました。それが前漢の時代に世に出た『春秋公羊伝《しゅんじゅうくようでん》』『春秋穀梁伝《しゅんじゅうこくりょうでん》』『春秋左氏伝《しゅんじゅうさしでん》』（以下、それぞれ『公羊伝』『穀梁伝』『左氏伝』と書きます）という『春秋』の解釈書になります。この三つの解釈書を**春秋《しゅんじゅう》三伝《さんでん》**と言います。三つあるのは、伝えられた弟子によって解釈が異なるからとされています。

　一番最初に世に出たのが『公羊伝』になります。国を治めるための学問として儒教が研究対象となった前漢武帝の時代は『公羊伝』によって世の秩序を築こうとしたのです。儒教によって国を治めることを提案した董仲舒は『公羊伝』を主な研究対象とした公羊学者です。『史記』を執筆した**司馬《しば》遷《せん》**も董仲舒に師事し、『公羊伝』の影響を受けています。『史記』は『公羊伝』の影響下にあるといえるのです。

　実は『公羊伝』によって現在では常識となっている事の多くが説明されています。皆さん、年月日はどのような順で書きますか。すでに年月日と書いてしまっているように、年、月、日の順で書くと思います。何を当たり前のことを言っているのと思うかも知れません。でも、クレジットカードを持っている人はクレジットカードを見てください。あれは月、年になっているはずです。なぜ、月年なのでしょうか。あれは西洋の文化なんです。東洋では年月の順なのですが、その理由が『公羊伝』に記されています。

兄が位を継ぐべきだという倫理規範も『公羊伝』に詳細に記されています。それも『春秋』冒頭の隠公元年にです。最初に最も重要な規範を示しているのです。動物の社会はボスの継承時に争いが起きるのであり、それは人間社会でも同じです。権力の継承時に争いが起こるのです。そこで、あらかじめ誰が最もえらいのかを示し、さらに君主の継承順位を規定しておいて、争いが生じることを未然に防ごうとしているのです。

『春秋』隠公元年の経文「元年春王正月《がんねんはるおうしょうがつ》」に対して『公羊伝』は以下のように解説しています。師匠と弟子の問答体になっています。訳文だけ示しておきます。


「元年」とは何でしょうか。君の始めの年だ。

「春」とは何でしょうか。歳の始めだ。

「王」とは誰のことを言っているのでしょうか。文王を言っているのだ。

どうして先に「王」を言って、後に「正月」を言うのでしょうか。王の正月だからだ。

なぜ「王の正月」と言うのでしょうか。一統を大《とうと》ぶからだ。

隠公に対しては、どうして「即位」を言わないのでしょうか。公の意志を成就させたからだ。

なぜ公の意志を成就させたのでしょうか。公は国を平和にして桓公に返そうとしたからだ。

どうして桓公に返そうとしたのでしょうか。

桓公は幼かったが貴く、隠公は年長であったが卑しかったからだ。その尊卑の差はわずかで、国中の人々はそのことを知らなかった。隠公は年長でさらに賢かったので、諸大夫は隠公を担いで、彼を即位させた。隠公はここで即位を辞退したならば、桓公は将来即位できるかどうか分からなくなってしまう。かりに今、桓公が即位したとしても、諸大夫が幼君を助けることができない恐れがある。そのためそれらを考慮して隠公が即位したのであり、それは桓公のためなのだ。

隠公は年長であり、さらに賢かったのに、どうして立つには不適切だったのでしょうか。

夫人の子を立てる場合は年長者を立て、賢にはよらない。

妾の子を立てる場合は母の身分の貴さにより、年齢は関係ないのだ。

桓公はどうして貴いのでしょうか。母が貴いからだ。

母が貴いと、子はどうして貴いのでしょうか。

子は母によって貴さがきまり、母は子によって貴さが決まるのだ。

「元年春王正月」というたった六文字に対する解説にこれだけの文字を費やしています。ちなみに原文でいうと二百字弱になります。さらにいうとこの『公羊伝』の解釈に後漢の何休《かきゅう》が「注」をつけ、さらにその「注」に唐の徐彦《じょげん》が注釈をつけています。それを「疏《そ》」といいます。中国思想はひとつに経文の解釈にさらに解釈を重ねるというかたちで展開していきます。その一部を図17にあげましたので、確認してください。たった六文字にどれだけの文字を費やしているのか、驚くと思います。
ここの『公羊伝』は光圀の人生にも様々に影響を与えた要素が含まれています。これからもしばしば登場しますので、よくよく読んでおいてください。

『春秋公羊伝』と『史記』「本紀」「世家」「列伝」の冒頭説話

それでは、上記の『公羊伝』に基づいて君位の継承問題を考えていきましょう。『春秋』では、多くの場合、君主の元年は「元年春王正月公即位《がんねんはるおうしょうがつこうそくい》」となっています。それに対して、隠公元年は「元年春王正月」となっています。違いが分かりますか。そうです。隠公元年には「公即位」が記されていないのです。元年には本来「公即位」があるはずなのに、ない。そこに孔子の真意があるとして、『公羊伝』では質問が出されているのです。

その回答として、「（隠）公の意志を成就させからだ」とあります。以下、隠公は将来、弟の桓公に位を返す（譲る）ためにやむを得ず、即位したのであって、本来は即位するつもりはなかった。そのため、孔子は隠公の意志を尊重して「即位」を書かなかったとしています。意志を尊重する、『公羊伝』ではこれを多用して解釈するのです。そのため、『公羊伝』は、**動機主義**とされています。でも、そんな隠公の動機、隠公の心の問題など分かるのでしょうか。そんなの分かるはずはありません。これは動機という目に見えないものを通して、秩序を構築しようとしているのです。

ここで重要になってくるのが、「返す（譲る）」という行為になります。隠公《いんこう》は桓公《かんこう》に君主の地位を返そうとした。つまり譲ろうとした。伯夷《はくい》と叔斉《しゅくせい》も君主の地位を譲り合った話です。君主の地位を譲る話が、『公羊伝』の冒頭にあり、『史記』列伝の冒頭である伯夷列伝にもある。これは偶然でしょうか。

『史記』は帝王の歴史の本紀、諸侯の歴史の世家、そして個人の伝記の列伝が主となって構成されていますが、実は『史記』は本紀の冒頭、五帝本紀《ごていほんぎ》も帝王の地位を賢人に譲った禅譲《ぜんじょう》の時代として描かれています。

さらに世家《せいか》の冒頭は呉太伯《ごたいはく》世家ですが、呉は『春秋』においては夷狄《いてき》の国（外国）とされています。漢民族ではなく、野蛮な国とされた呉が世家の冒頭になっているのです。その呉太伯世家の冒頭の内容は、後に周の文王となる昌に君位を継承させたかった昌の祖父太王《たいおう》の意を汲んだ太王の長男の太伯《たいはく》（泰伯）が、君位を昌に継承させるために、南方の呉へと逃亡した話になります。昌は、太王の三男季歴《きれき》の子でした。このままで、昌が君位に即くことはありません。そこで太伯は次男の仲雍《ちゅうよう》（虞仲《ぐちゅう》）とともに呉の地に逃亡することで、周の君位は季歴から昌へと継承されることになり、昌は後に周の文王となったのです（図16）。

すると、『公羊伝』の隠公元年の解釈、本紀・世家・列伝、そのすべての冒頭は、君主の地位を譲る話なのです。これは偶然ではありませんよね。

君主の地位を譲るという行為は、為し難い行為であり、それを為した人物は偉人、つまり、仁を備えた人物、いわば謙譲の美徳の持ち主とされたのです。だからこそ、隠公・五帝・呉太伯・伯夷・叔斉は冒頭に掲げられ顕彰されたのです。

ちなみに『公羊伝』の次に世に出た『穀梁伝』では、弟に譲ろうとした隠公の行為を不正としています。それは父の命に背いたことを悪としているからです。『穀梁伝』の話も絡めるとさらにおもしろいのですが、話がそれてしまいますのでやめましょう。

藩主就任時の光圀の決断

ここで話を光圀に戻しましょう。光圀は弟でありながら、世子となってしまいました。『公羊伝』の規定では、君主に多くの子どもがいた場合、世子となる優先順位は、まずは子の母の身分が重要視されます。そのため、優先順位が高いのは、正夫人の子であり、ついで長幼の順になります。妾（側室）の子の方が年長であっても、正夫人に子がいれば、そちらが優先されるのです。正夫人に子どもがいない場合は、妾（側室）の位の順に従って、優先順位が決まるとされています。妾の順位も細かく規定されているのですが、それはちょっと複雑なのでここでは考えないことにします。隠公は桓公よりも年長でしたが、桓公の母の方が身分が高かった。そのため、桓公の方が優先順位が高いとされたのです。

頼房《よりふさ》には正夫人はいません。頼重と光圀の母親は同じであるため、優先順位は兄の頼重になります。すると、光圀は儒教の倫理規範に背いて世子となったことになります。戦国時代ならばそんなことは気にならないと思うのですが、光圀が生きた時代は、武断政治から文治政治に変わろうとした時代です。武力による支配から、学問による統治へと舵を切った時代だったのです。光圀は藩主として、臣下・領民にあるべき規範を示さなくてはならない立場でした。それが青年期の光圀に引っかかっていたのかも知れません。そんな折り、伯夷列伝に感銘を受けたのです。父の命令によって世子となった叔斉に自分が重ねられたのでしょう。謙譲の美徳の持ち主として、歴史に描かれるには、兄に藩主の地位を譲らねばならない。しかし、世子の地位は父の命令であるばかりではなく、将軍の命令でもあります。変更などできません。このまま自分が藩主になると、謙譲の美徳がないばかりか、歴史書には儒教倫理に背いた人物として描かれかねません。光圀は考えに考えたのでしょう。そして、光圀はひとつの答えを導き出します。

それは頼房が亡くなり、いよいよ自分が藩主にならねばならない時に披露されました。光圀は兄弟を集め、兄頼重の子を自分の養子とすることを条件に藩主となると言い出したのです。幕府には世子として光圀が承認されています。光圀が藩主にならないことなどありえません。頼重もしぶります。しかし、光圀の意志は固く、とうとう頼重も自分の子を光圀の養子とすることを認めました。そして、光圀は藩主に就任すると、自分の後継者に自分の子ではなく、頼重の子を指名したのです。

つまり、光圀は自分の代では叶えられない「譲る」という行為を次の世代に託したのです。藩主の地位は兄の血統にあるべきだとして、兄の子に位を譲ることを示したのです。こうして、光圀は世の秩序を人々に示したばかりではなく、謙譲の美徳を備えた偉人として、歴史に描かれる条件を備えることにも成功したのです。

その後、藩主就任時に世子とした頼方《よりくに》ははやくに亡くなってしまいましたが、光圀はさらに頼重の子、綱條《つなえだ》を世子とします。そして、光圀の隠居後、無事に藩主の地位を兄の血統に譲ることができたのです。光圀の実子は、頼重の養子となり、高松藩主となります。後に光圀の血統は絶えてしまい、頼重の血統が水戸藩主の地位を継ぐことになり、現在にまで至っております。

光圀の藩主就任時にはこのような出来事があったのです。このことは『史記』およびそのもとになった『公羊伝』の思想の影響です。その思想の影響は後の光圀の行動や『大日本史』編纂事業にも及んでいくのです。

第四章　儒教の葬祭儀礼と水戸徳川家の葬祭儀礼

前章では春秋・戦国時代の中国について簡単に紹介しました。その時代について講義をすると漫画『キングダム』を読んでいるからよく知っていると感想を書いてくれる学生が多くいます。もちろん、フィクションも交えていますので完全な史実とは言えませんが、無機質な教科書を読むよりも、楽しみながら読めるので、時代背景や人物などが頭の中にすーっと入ってきます。筆者も、中学・高校の時は吉川英治や山岡荘八などの歴史小説をよく読んでいました。歴史を勉強するには、漫画やアニメ、小説などをきっかけにするのもよいと思います。徳川光圀や幕末の水戸に関する小説も多く出ています。ぜひ読んでみましょう。

本章も徳川光圀の話が主となります。水戸徳川家は全国でも珍しく儒教の葬祭儀礼によって藩主の葬儀とその後の祭礼を行っていました。そのきっかけは徳川光圀が父頼房を儒礼で葬ったことになります。なぜ、光圀は儒教式の葬祭儀礼を行ったのか、儒教の葬祭儀礼にはどのような意味が込められているのか考察していきます。

神儒一致

光圀《みつくに》の父、水戸藩初代藩主徳川頼房《よりふさ》は一六六一（寛文元）年、水戸城にて亡くなりました。前章では、光圀が兄頼重《よりしげ》の子を養子とすることを条件に第二代藩主に就任したことを述べました。藩主に就任し、水戸家当主としての光圀の最初の大仕事は父の葬儀と墓所の造営でした。

当時、キリスト教の禁令に伴い、キリスト教徒ではない証しとして、人々は寺の檀家となり、半ば強制的に仏教徒になっていました。しかし、表向きには仏教徒になっていても、内心はキリスト教を信仰し続けている者、いわゆる隠れキリシタンもいたのです。彼らにとって重要なのは死後天国に行くことであり、キリスト教の教義に基づく死の儀礼、つまりは葬儀を行うことが重要でした。彼らは表向きは仏教徒を装っていても、死後、ひそかにキリスト教の葬儀によって葬られることを望んでいたのです。それを防ぐために、幕府は、死および死後も仏教によって人々を管理することになり、葬儀とその後の供養も仏教で営むことを義務づけました。そのような風潮の中で光圀は仏教式ではなく、儒教式によって父頼房の葬祭を営んだのでした。

それはなぜでしょうか。その理由のひとつに当時の光圀が仏教を嫌っていたことがあげられます。仏教はインド由来の宗教であり、日本人が古来より持つ宗教観にそぐわないと光圀はみたのです。これは光圀が当時すでに『大日本史』編纂事業を始めていたこととも関係があります。光圀は『日本書紀』や『古事記』に基づいた日本古来の神道による葬儀を願っていたのです。しかし、当時の神道は仏教的要素が入り込んだ**神仏習合**《しんぶつしゅうごう》の神道であり、純粋な神道ではありませんでした。また、神道による葬祭儀礼もよく分かっていなかったのです。そこで、光圀は神道と儒教とは根が同じであるとして、儒教による葬礼を行うことを決定したのでした。この考えは神儒一致《しんじゅいっち》という水戸の伝統として受け継がれていきます。

シャーマニズムと祖先祭祀

儒教と神道とは根が同じとはどういうことでしょうか。考えていくことにしましょう。儒教は**祖先祭祀**を基本とし、哲学から倫理、政治に至るまでの総合学問です。儒教は宗教か否か、様々に論じられていますが、本書では儒教をこのようにとらえておきます。

日本では厩戸皇子の時代に本格的に大陸文化を導入して以来、主に倫理・政治の面に儒教が利用され、精神面は仏教が担っていました。そのため、儒教は宗教的な面はないと考えられる傾向にあります。しかし、本来、儒教は精神面、宗教的な部分もまかなっていたのです。そのひとつが祖先祭祀になります。

儒教は生者の世界と死者の世界の二元的な世界観を持つ**シャーマニズム**を基礎としています。生者の世界は仮りの世界、死者の世界は神の世界であり、永遠の世界です。生者は死ぬと神の世界に行き、そこで神となって永遠に生き続ける、シャーマニズムはそのような考えで死を恐れる人々の不安を和らげる古代宗教でした。この考えは東アジア一帯に広がっており、儒教はそれを理論化したものといえます。

中国最古の王朝である殷王朝の初期は、祖先神は自分に病をもたらすたたり神として考えられていました。病気になると誰が祟っているのかを占い、祟っている祖先神を祭り、機嫌を良くして向こうの世界に帰ってもらったのです。それが治療でした。いわゆるお祓いです。祖先神は恐怖の対象でもあったのです。

しかし、殷代中期以降、祖先に対する祭祀が定期化します。これは定期的に病気になったのではありません。祖先神の機嫌を損なわないために、予防的に祭礼を行ったと考えられています。こうして、祖先を同じくする者達が定期的に集まるようになり、同族意識が生まれ、それを生活の基盤とする家族（大家族）が形成されたのです。家族が形成されると、そこに秩序が生まれます。その秩序を根本にして、国家を運営したのが、西周の時代であり、その制度を理想として儒教を体系化したのが孔子でした。

祖先祭祀による家族秩序の形成

では、祖先祭祀においてどのように秩序が形成されたのでしょうか。祖先祭祀は、亡くなった祖先を神として祀り、敬愛の意を捧げる儀礼です。祖先神は、自らの根源・原因として揺るぎのない確実な存在です。その自分にとって確実な存在である祖先を神として祭ることで、祖先を同じくする者たちが集まり家族が形成されます。この祭祀の際、家族を率いて祭祀を主宰する者が、祖先の権威を背負い、家族から家長として認められるのです。家族内において、祖先祭祀を主宰する者は一人であり、その者が家族の中で一番えらい人になります。

お盆の時、親戚が集まるという人は、仏壇のある家に集まるのではないでしょうか。お盆は仏教行事ですが、儒教の影響を受け、祖先祭祀を取り込んでいます。日本においても多くの場合、祖先祭祀の主宰者は一人といえます。

そして、家長を中心に家族が集まると、親疎に応じて、家族の序列が決まります。基本的にはより上の世代が上位であり、同じ世代でも年上の人が上位になります。そこではより上の人ほど遠くにあり敬うべき存在となり、自分に近くなるにつれて親愛の念を深めていきます。新入社員にとって、社長はもっとも遠いところにあり、恐い存在であり、同じ部署内の先輩や同僚の人はより身近で話しやすいことをイメージするとよいかもしれません。

この秩序は祖先神の世界においても同じです。祖先を祀る場である廟では、始祖の神主《しんしゅ》（位牌）を最も遠いところに配置し、身近になるにつれて、より近くに配置していきます。より尊い存在をより遠くにして、より深く敬うのです。生前の家族内の序列は、死後、神となってからも同じです。逆に廟内における祖先神たちの序列が、今を生きる家族の序列に反映されるのです。祖先祭祀は家族内秩序を確認する場でもあったのです。

『論語』雍也篇には「鬼神《きしん》を敬《けい》して之《これ》を遠《とお》ざく」（敬鬼神而遠之）という言葉があります。これは敬遠の語源ですが、しばしば、鬼神（祖先神）は敬いつつも遠ざけておいて触れないでおくと解釈され、孔子は神に対する発言は避け、合理的な思考を持っていたという文脈で語られます。しかし、一方では、神聖な存在である鬼神に対しては最高の敬意を尽くして、近づき瀆《けが》さないように遠ざけておく、とも解釈されています。筆者としては、後者の方が適切ではないかと考えております。

家族秩序から社会秩序へ

こうして、家族内秩序が形成されていくのですが、その基本にあるのは親と子の関係です。親は自分を生んだ存在であり、親がいなければ自分は存在しません。このかけがえのない親を敬い愛すること、これが基本なのです。この親を愛し敬うことを孝《こう》といいます。

しかし、親は時として悪をしでかし、自分にとって敬い愛すべき存在ではない場合もあります。それなのに、なぜ親を敬い愛さなければいけないのか。それを説明するのも祖先祭祀でした。祖先は親の親、さらにその親であり、自分が今、ここにいるのは祖先のお陰です。その祖先はすでに亡くなっていて神として祀られています。今、生きている者と違って、実際に悪をしでかすことのない固定された存在です。自分にとって確実なる根源者です。その祖先神を日々の祖先祭祀によって敬い愛することによって、孝が養われ根拠づけられるのです。

そして、その祖先神に対する行為が人の基本的な行為となります。神に対する行為によって人の行動の基本が形成されるのです。また、祖先祭祀は死後の様子を提示するものであり、それを通じて自分も死後はこのように祀られ、子孫とともに生きると、人々の死の不安を和らげ、心の安定も図られたのでした。

この孝を儒教では他の関係にまで推し及ぼすことによって、上下の安定した秩序を構築しようというのです。孝、すなわち敬と愛による関係は、関係し合う人によって、それぞれ違う名が与えられるようになりました。『論語』では、子の親に対するあるべき行為が孝、年少者の年長者に対するあるべき行為が弟とされ、臣の君に対するあるべき気持ちが忠とされていました。

そこから、『孝経』では、親に対する孝によって、君にお仕えすることが忠とされ、兄を敬う悌の気持ちによって年長者に仕えるべきことが説かれました。家族内の秩序を家族の外へと応用させようとしたのです。また、『孟子』はそれらを発展させて、「**父子《ふし》に親《しん》あり、君臣《くんしん》に義《ぎ》あり、夫婦《ふうふ》に別《べつ》あり、長幼《ちょうよう》に序《じょ》あり、朋友《ほうゆう》に信《しん》あり**」と、父子・君臣・夫婦・長幼・朋友関係における理想とされる徳目を、親・義・別・序・信としました。親子の関係の孝が、兄弟関係に応用され、さらに家族を超えた社会に対しても、君と臣、年長者と年少者の関係にも用いられ、敬愛による上下関係を構築しようとしたのです。さらには、この五つの徳目を基本として、様々な礼（規範・法）を規定し、国家秩序の形成にまで及ぼそうとしたのでした。

天に対する祭祀と卑弥呼の鬼道

また、国家秩序の頂点にある皇帝も、その権威の源泉は祭祀にありました。これも祖先祭祀の考え方が応用されたものです。天は万物の根源とみなされた絶対者（神のような存在）であり、万物においては、人における祖先・親に相当します。皇帝は地上の絶対者（一番えらい人）ですが、その権威は子として、万物の親である天を祀ることによって生じます。そのため、皇帝は天子ともいわれるのです。これは、家長が祖先祭祀を主宰することによって、家族からその権威が認められるのと同じです。そのため、天に対する祭祀は皇帝の最も重要な行事とされていたのです。この天に対する祭祀を**郊祀**《こうし》といいます。

このように儒教は祖先祭祀を基本として壮大な秩序体系を構築したのであり、そのもとには二元的世界観を持つシャーマニズムがあるのです。

この世界観は古代日本でも同様でした。『三国志《さんごくし》』魏書《ぎしょ》（志《し》）倭人伝《わじんでん》に登場する邪馬台国《やまたいこく》の女王**卑**《ひ》**弥呼**《みこ》は「鬼道《きどう》に事《つか》えて、能《よ》く衆《しゅう》を惑《まど》わす」（鬼道に従事して、巧みに人々を惑わし治めた）と記されています。鬼道とは呪術のことであり、彼女は生者と死者とをつなぐ**シャーマン**であったと考えられます。そのシャーマンである卑弥呼が七、八十年争乱が続いた倭国を鎮めたのです。卑弥呼は武力によって倭を鎮めたわけではありません。鬼道に仕える能力によったのです。すると、邪馬台国もまた宗教的権威によって国を治めたシャーマニズム国家だったといえます。

中国皇帝は天に対する祭祀によって権威づけられます。天は当時の中国人においては絶対的確実な存在であり、天に対する祭祀はシステマティックなものでした。それに対して、卑弥呼の鬼道は、素朴で原始的なものであり、当時の中国人にとって怪しい祭祀と捉えられ、「惑わす」という表記になったのでしょう。しかし、この世ではない、あちらの世界の何かによって権威づけられるのは同じなのです。

また、『日本書紀』や『古事記』に描かれた神話の世界は、天皇の祖先とされる天照大神《あまてらすおおみかみ》を中心とした豪族達の祖先神の物語が基本になっています。『日本書紀』や『古事記』は中国思想の影響も見られますが、やはり古代の日本もシャーマニズム国家であり、祖先祭祀を基軸とする国家であったのです。儒教と神道はそのような意味で根が同じであり、そのため、光圀は儒教によって父頼房を葬ろうとしたのです。

漢から唐にかけての儒教の葬祭儀礼

では、光圀が行った儒教の葬祭儀礼とはどのようなもので、また、どのような意味があったのでしょうか。

儒教は祖先神に対する意識や行動をもとに形成されたものであり、祖先祭祀の際に行われる儀礼がもっとも重要な役割を担っていました。葬礼は、死者を神へと変容させる儀礼であり、その神を日々に祀ることによって、祖先に対する敬愛の理念が体に刷り込まれ、儒教の秩序の根本である孝が構築されたのです。

儒教には神に仕え布教に専念する聖職者がいません。また、宗教の活動の拠点としての施設がありません。キリスト教における神父や牧師、宗教施設としての教会、仏教における僧侶や寺院がないのです。そのため、それらを宗教の必要条件とすると、儒教は宗教ではなくなってしまうのです。しかし、儒教では、それにかわるものとして、家長が主宰する祖先祭祀がありました。

祖先祭祀は中国人の伝統であり、儒教はそれにもとづいて構築されたため、儒教の宗教的な側面である祖先祭祀を布教する必要はなかったと考えられます。孔子の母もシャーマンであり、葬祭儀礼に従事していた人物と考えられています。『論語』や『孟子』にも葬祭に関する話題はしばしば出てお り、それらによると、素朴な葬祭儀礼が行われていたことが想像されます。儒教は家族内で行われる素朴な葬祭儀礼とそこで養われる素朴な祖先に対する意識・行動から出発したのです。

漢代になり、儒教が国家の統治理念として採用されると、状況は一変します。儒教は国家制度の整備のために利用されるようになり、心（仁）よりも、制度（礼）が重視されるようになったのです。それに従い、皇帝の葬祭儀礼は郊祀と並ぶ皇帝の最重要儀礼として整備され、巨大化複雑化してしまいます。儒教経典に記された葬祭儀礼も、複雑難解なものになってしまいました。

儒教が統治理念として機能し始めた前漢末期から後漢初期に、インドから仏教が伝来し、『老子』の思想に基づいた道教が生まれました。すると、多くの人がそれらの宗教を信仰するようになったのです。それは後漢末に社会が不安定化し、人々が心の安定をそれらの宗教に求めたことが一因ですが、儒教の儀礼では庶民の不安は解消できなくなり、人々は不安の解消を明示的に説明する道教や仏教に救いを求めたからだとも考えられます。

それでもなお、祖先祭祀は中国社会に深く根付いていました。道教はもとより中国発祥の宗教であり、祖先祭祀的要素が含まれています。仏教は輪廻転生の死生観をもっており、本来は祖先祭祀の要素はありませんでしたが、祖先祭祀の要素を取り入れ、中国的に変容し、中国に広まるようになったのです。

唐代においても儒教は主に国家制度の整備のために利用されました。高校では唐の政治制度として律令制を習ったと思います。あの基本的な考えは儒教によっています。その一方で、仏教や道教の他、ゾロアスター教、マニ教、ネストリウス派キリスト教、イスラームなど様々な宗教が流行したことも習ったと思います。唐は世界帝国であり、様々な民族の文化を受容していたのです。唐代は、仏教・道教を主として、それらの宗教が人々の精神面を担っていました。この時代の儒教を漢唐訓詁学と言いましたね、覚えていますか。

祖先祭祀が中国に深く根付いていたとはいえ、仏教や道教が人々の葬儀を担うようになると、もともとあった儒教の葬祭儀礼が分からなくなってきたのです。それに伴い、儒教の葬祭儀礼に込められていた理念も人々に伝わらなくなってきました。確かに儒教経典には葬祭儀礼の記載があります。しかし、それは複雑難解であり、貴族ですらそれに基づいて葬祭儀礼を行うのは至難の業でした。

当然、儒教は官学であり、儒教経典に基づいた典礼が作られています。また、官僚になるには儒教経典を勉強し、科挙に合格しなくてはなりません。儒教経典を勉強すると自ずと、儒教理念は身につきます。しかし、学問をする人間は限定されていましたし、学問だけでは人々が心から儒教の規範に従って行動することは期待できません。やはり、何らかの神的なものを設定し、それに対する行動を人々にとらせる必要がありました。その意味でも儒教において葬祭儀礼は必須であったのです。

『論語』学而篇に「**余力《よりょく》有《あ》れば以《もっ》て文《ぶん》を学《まな》ばん**」と、親に仕え年長者に仕え、余裕ができたならば学問をすればよいとあったように、儒教の理念を多くの人々に浸透させるためには、学問よりもむしろ祖先に仕える日常の儀礼を行わせることのほうが重要だったといえるのです。

葬祭儀礼が行われなくなったからなのか、社会混乱のためなのか、分かりませんが、唐代末期から五代十国時代にかけて、魏晋南北朝以来、世襲的に政治の中枢を担っていた家族、これを貴族といいますが、貴族が没落してしまったのです。

朱熹『文公家礼』

そして、唐末から五代十国時代にかけて周辺諸民族は独立し、五代十国時代の混乱を経て成立した宋は、漢民族中心国家となり、逆に周辺諸民族から常に圧迫を受けるようになっていました。そのため、宋は国粋主義的な傾向を持つようになり、南宋の時代には朱熹が四書を選定し、独自の注釈をつけたことにより、心の回復を基盤にした新たな儒教、朱子学が勃興したことは第一章で述べました。その際、朱熹が学問とともに重視したのが祖先祭祀でした。

宋の時代になっても、儒教経典に従った祖先祭祀の実施が困難であったことはかわりません。心の本来性の回復を学問の基礎に置いた朱熹にとって、心の安定および秩序形成の根本にある祖先祭祀は重要です。そこで、朱熹は儒教経典の中から、儒教思想の最も核心を担う儀礼を抜き出して『文公家《ぶんこうか》礼《れい》』（『家礼』）を編纂したのです。『家礼』は、成人式・結婚式・葬式・祖先祭祀の簡単マニュアルです。朱熹は、人生の節目となる儀礼と、日々の祖先祭祀の儀礼に儒教の重要な要素を見出し、誰でも行える形式に整えたのです。

『家礼』は時代のニーズにも合致し、以後の中国で『家礼』による葬祭儀礼が普及しました。それは次のような理由になります。

宋代は、科挙が完全に実施され、どんなに有力な政治家の子弟であっても科挙に合格しなくては、官僚になれなくなりました。当時の中国では官僚になれば国家からの給料ばかりではなく、さまざまな役得があり、それによって莫大な資金を得ることができました。その資金で家族（一族）全体がまかなわれていたのです。

逆に科挙合格者を輩出しなくては、その家族は没落する恐れがありました。そこで、家族に優秀な子弟がいると、その人に資金をつぎ込んで勉強させ、なんとしても科挙に合格させようとしたのです。家族が多ければ多いほど優秀な子弟があらわれる可能性があります。より持続的な家族にするためには、より大きな家族が必要とされたのです。家族を形成するには、祖先祭祀を行い、祖先神というシンボルによって家族をまとめる必要があります。そのために、誰にでも実行可能な祖先祭祀の方法が求められていたのです。

そのような社会の要請に応えたのが『家礼』でした。『家礼』による儀礼が日常的に行われ、士大夫《したいふ》といわれる科挙合格者を輩出する家族が形成されるようになったのです。そして、本来、このような士大夫層向けのマニュアルであった『家礼』による儀礼が様々な身分の人々に広まったのです。

朱熹は、学問によって儒教理念を自覚的に把握させるとともに、儒教儀礼を実施させることを通して、儒教理念を刷り込ませようと『家礼』を編纂したのです。このように学問と祭祀によって、秩序の安定化をはかろうとしたのが、朱子学であったのです。

光圀による儒葬の奨励

光圀は、当時、以上のように中国で普及していた『家礼』に基づく葬祭儀礼によって、父頼房の葬儀を実行し、今の常陸太田市の瑞龍山《ずいりゅうさん》に墓所を設け埋葬したのです。瑞龍山にはその後歴代の藩主たちが葬られ、儒葬は水戸藩の伝統になりました。明治になって政府から自葬祭が禁止され、儒教式による葬祭から神式による葬礼になりましたが、その次第は現在に至るまで水戸徳川家の伝統となっています。

『家礼』は士大夫階級のための冠婚葬祭の指南書でしたが、その儀礼は儒教理念をより的確に反映するものでした。君主の儀礼は、その規範を世に知らしめるものでもあります。諸侯に相当する光圀は、あえて『家礼』による葬祭儀礼を採用し、自ら葬祭を主宰することで祖先を敬愛する規範を人々に示したともいえるのです。

さらに、光圀は儒教に基づく葬儀を家臣たちにも奨励し、宗教の面からも儒教の理念を家臣達に浸透させようとします。そのため、『家礼』に基づいて『葬祭儀略《そうさいぎりゃく》』を編纂し、家臣に頒布し、どの宗教にも属さない共同墓地を水戸に二ヶ所設置したのです。しかし、それは幕法によって叶えられず、家臣達の葬儀および追善供養は仏教によって執り行われました。家臣たちの神道による葬儀や自葬祭が行われるようになったのは、幕府の統制が弛んだ幕末になってからになります。

『文公家礼』の仏教の葬祭儀礼への影響

しかし、実は仏教の葬礼も『家礼』から多大な影響を受けており、仏教の葬祭儀礼を通しても儒教の理念は広まったとも考えられます。仏教の葬儀・法要は江戸時代のキリシタン禁令にともない、日本中に広まったものです。それ以前の仏教は、それほど葬儀や法要を重視していませんでした。高級貴族や武士の葬儀には比較的古くから携わっていましたが、庶民の葬儀にも携わるようになったのは、十五世紀半ばごろ、禅宗の僧侶によってからになります。江戸時代初頭は、庶民が行う仏教的な葬儀はまだ未整備であったのです。

幕法によって仏教が葬儀を担うようになると、仏教側は誰もが実行できる葬儀を整備しなくてはならなくなりました。そのために利用されたのが『家礼』でした。『家礼』は冠婚葬祭の簡単マニュアルです。そのため、様々に応用しやすいのです。仏教の葬祭儀礼は宗派や土着の習俗によって様々ですが、その次第の骨子は、ほぼ『家礼』によっています。『家礼』の儀礼を採用しつつも、その意味を仏教の教義で説明したと考えられます。

しかし、儒教は儀礼を通して、その理念を人々に刷り込ませるものでした。仏教の葬祭儀礼でも、祖先祭祀の理念は人々に刷り込まれたのです。

皆さんの家、もしくは親戚の家に仏壇はありますか。ある人は確認してみてください。そこで祀られているのは何になりますか。本来、仏壇は仏様を祀る場です。仏壇には、大日如来、釈迦如来など仏像が本尊として祀られているはずです。当然、本尊を意識して祈りを捧げている人もいると思います。でも、仏壇において祈りの対象は主にその前に安置されている祖先の位牌にあるのではないでしょうか。それはまさしく祖先祭祀になります。

位牌は儒教でいう神主《しんしゅ》であり、祖霊の拠りどころになります。仏壇は儒教でいう祠堂《しどう》であり、祖霊の住居となります。そこが祖先祭祀の場になります。本来、儒教における祖先祭祀は、生前の住居を模した廟で行われていました。朱熹は、誰にでも祖先祭祀が行えるように、そのような大規模な廟ではなく、誰の家でも設置可能な廟のミニチュアともいえる祠堂を考案したのです。祠堂は日本では仏壇となり、儀礼は仏教で説明されるようになりました。しかし、仏壇の前で祖先の位牌に対してつつしみ深く祈りを捧げることによって敬愛の精神が養われることになったのです。

また、お盆には親戚一同が集まる家も多いのではないでしょうか。お盆は祖霊を迎えて、祖先とともに家族が集まる儀式となっています。お盆は盂蘭盆経《うらぼんきょう》に基づく仏教儀礼ですが、それもまた祖先祭祀を重視する儒教が影響を与えたものであり、そこでもまた、家族意識が高められ、敬愛の精神が養われています。

父頼房と母久子の合葬問題

一六六一（寛文元）年は、父頼房の死と葬儀、第二代藩主就任と光圀にとって忙しい年でしたが、さらに母久子も父を追うように亡くなってしまいました。父母を同時に亡くした光圀の心情はいかばかりのものがあったのでしょうか。久子は日蓮宗の熱心な信者であり、光圀は母を水戸城下の日蓮宗の**久昌寺**《きゅうしょうじ》（経王寺）に厚く葬りました。父頼房と母久子は当初は別々に葬られていたのです。

一六七七（延宝五）年、光圀は水戸藩の礼制改革を行い、各地に散らばっていた水戸徳川家関係者の墓を今の常陸太田市の瑞龍山に移すことにしました。そこで、母久子も瑞龍山に改葬されることになったのです。しかし、その際、大きな問題が生じました。前章でも書きましたが、頼房には正夫人がいません。本来、頼房に合葬すべき女性は正夫人なのですが、それに該当する女性がいなかったのです。**立原翠軒**《たちはらすいけん》（万）が編纂した『西山遺聞』には、頼房が久子の兄に生涯正夫人を娶らないことを条件に、久子を側室に迎えることを承諾させたことが記されています。それが事実かどうか分かりませんが、光圀の母、久子を父頼房と合葬する案が浮上したのです。頼房には正夫人はいないし、久子は現藩主の生母です。頼房は久子を迎えるために正夫人を娶らなかったのであれば、そこにあまり問題はないと思うかもしれません。

しかし、頼房は自らの意志で正夫人を持たなかったのであり、久子を迎え入れた条件がたとえ事実であっても、それは公式に認められたものではありません。父の死後、久子を正夫人として合葬することは父の命に逆らうことになってしまう可能性があります。名分を重んじ、自ら正しい秩序を示さなくてはならない光圀にとって、これは大きな問題であったのです。

『春秋公羊伝』における生母の処遇

実は、現君主の母の処遇は儒教の中でも重大な問題であり、儒教が国の統治理念となった漢の時代から様々に議論が重ねられていました。それはなぜでしょうか。ちょっと考えてみましょう。

国（諸侯・藩）の最高権力者は君主です。君主は次代に自らの地位を継承する子を作ることがひとつの務めでした。豊臣秀吉はなかなか子どもができず、安定的な権力の継承ができませんでした。その点、徳川家康は子だくさんで権力を次代に継承させることができたことを思い浮かべてください。君主にとって子を残すことはとても重要だったのです。

そのため、今では考えられませんが、君主はたくさんの女性を妻にすることが許されていました。しかし、礼の規定上は一夫一妻制なのです。正夫人（正妻）はひとりのみで、あとは妾（側室）とされていたのです。多くの女性を妻とすることは子どもを多く残すためなのですが、子どもが多いとまた問題が生じます。誰が後継ぎになるのか、争いが起こる可能性があるのです。その争いを避けるために、儒教ではその順位をあらかじめ決めていました。その規定が記されていたのが『公羊伝』になります。

第三章で解説した『公羊伝』隠公元年をふりかえってみましょう。

隠公に対しては、どうして「即位」を言わないのでしょうか。公の意志を成就させたからだ。なぜ公の意志を成就させたのでしょうか。公は国を平和にして桓公に返そうとしたからだ。

どうして桓公に返そうとしたのでしょうか。

桓公は幼かったが貴く、隠公は年長であったが卑しかったからだ。

その尊卑の差はわずかで、国中の人々はそのことを知らなかった。

（中略）

隠公は年長であり、さらに賢かったのに、どうして即位するには不適切だったのでしょうか。

夫人の子を立てる場合は年長者を立て、賢にはよらない。

妾の子を立てる場合は母の身分の貴さにより、年齢は関係ないのだ。

桓公はどうして貴いのでしょうか。母が貴いからだ。

母が貴いと、子はどうして貴いのでしょうか。

子は母によって貴さがきまり、母は子によって貴さが決まるのだ。


ここに後継者の順位が示されています。まず優先されるのが、正夫人の子になります。その場合は賢愚によらず、年長者を立てるとしています。正夫人に子どもがいない場合は、妾（側室）の地位によるとしています。これは前章で確認しました。

久子の合葬において重要になるのは、「母は子によって貴さが決まる」という点です。子の貴賤は母の身分によって決定されます。同様に、母の貴賤も子の身分によって決まるとするのです。これは身分の低い妾の子が君主となった場合、その母は前君主の夫人として待遇されるということです。子どもが偉くなれば、母も偉くなると規定されたのです。すると、どういう問題が起こるでしょうか。女性は自らの地位を安泰にするために、自分の子どもを君主にしようとします。ここに、女性同士の争いが起こってしまうのです。

夫は次から次に女性を替える浮気者です（おそらく）。夫である君主は女性にとってどうでもよいのです（たぶん）。それに対して自分が腹を痛めて産んだ子は自分の言うことを聞いてくれる存在です。夫の死後、自らの地位を確立するには、自分の子を君主に据えることが何よりなのです。そのために、夫を殺し、ライバルの女性を蹴落とし、さらにその子を殺したような例は歴史上いくらでもあります。後宮で殺し合いが始まり、それが国の争乱の原因ともなったのです。

そこで、この争いを避けるために、『穀梁伝』では女性の地位の固定化がはかられます。子どもが君主となっても生母の地位はそのまま、前君主の正夫人はやはり正夫人であり、妾は妾とするのが礼に適っているとしたのです。二〇〇八（平成二十）年放送のNHK大河ドラマ『篤姫』でも、篤姫は将軍家定《いえさだ》に嫁ぎました。しかし、子どもができませんでした。そこで、紀州藩から慶福《よしとみ》（後の家茂《いえもち》）を迎えましたが、その際、慶福は篤姫の養子という形をとりました。慶福の生母は出てきませんでしたね。そこでも、夫人の序列はそのままに（世子）後継者を正夫人の養子とし、生母の地位はそのままとされたのです。

また、死後の待遇は『公羊伝』の解釈でさえも、生母を父の夫人として祀るのは父の廟《びょう》（祭祀の場）ではなく別に廟を設けるとし、その次の世代はその廟も廃すとしています。

そのため、側室であった光圀生母久子を頼房と合葬するのは、儒教における礼制の上でも大きな問題であり、藩主として人々に秩序の規範を示さなくてはならない光圀にとって頭を悩ます問題であったのです。

合葬問題に対する朱舜水の意見と結果

そこで久子の墓を瑞龍山に改葬する際に久子をいかに待遇すべきか臣下の間で議論が交わされました。その際、大きな発言力を持っていたのが**朱舜水**《しゅしゅんすい》でした。

朱舜水は中国浙江《せっこう》省余姚《よよう》出身の人です。当時の中国は女真《じょしん》族の清《しん》が漢民族の明《みん》に代わって全土を支配していました。教科書的には明は一六四四（崇禎十七）年に滅亡したことになっています。しかし、その後も明朝復活を目指した抗清活動は行われ、朱舜水もその活動に参加していたのです。清の軍隊は強力であり、その力は徐々に殺《そ》がれ、清の支配は揺るぎのないものとなっていきました。多くの者は抗清活動を放棄しましたが、それでも女真族の皇帝の臣下となることを潔いものとはせず、隠れ住んだり亡命したりした者がいました。そのものたちを明の遺臣《いしん》といいます。**顧炎武**《こえんぶ》、**黄宗羲**《こうそうぎ》、**王夫之**《おうふうし》などが有名どころです。

朱舜水は日本に亡命した明の遺臣です。彼は亡命者の中でも最も学識を備えていた人物のひとりでした。当時の日本は様々な制度文化を中国に倣っていました。政治も武断政治から文治政治への変革期であり、日本は学問を欲していたのです。

そこで、光圀は朱舜水に目をつけ一六五五（寛文五）年、朱舜水を水戸藩に招聘することに成功しました。朱舜水は光圀の師として、様々な制度を水戸藩に伝えました。水戸藩の小石川邸の後楽園も朱舜水が名づけたものであり、彼も設計に加わっていたとされます。

その朱舜水がこの問題に対して意見を表明したのです。彼の意見は、『公羊伝』の「母《はは》は子《こ》を以《もっ》て貴《とうと》し」を理論的根拠とし、頼房には正夫人はいないのだから光圀の生母久子を夫人として合葬しても問題はないというものでした。

この朱舜水の提言に対して光圀がどのように対応したのか、それは記録にはありません。現実的には頼房の墓の隣には久子の墓があります。「水戸徳川家墓所全体図」（図18）で確認してみてください。朱舜水の意見は採用されたように考えられます。しかし、その他の歴代君主の墓は、同区画に君主と夫人の墓が並んで建てられています。一方で、頼房の墓だけは、隣とはいえ、別区画に夫人の墓が建てられているのです。

これは何を意味するのでしょうか。藩祖の墓はより特別に建てられたのかもしれません。でも、光圀は父頼房が自分の正夫人として認めていなかった女性を、死後、正夫人として待遇し、父と合葬することを少しためらったような気がします。しかし、自分の母として、相応に待遇しなければなりません。また、君主として秩序のあり方を示さなければなりません。そこで、苦肉の策として、父母の墓を別区画として隣に造営したのではないかと考えています。兄がいながら自分が世子となったことを悩み、兄の子を養子として自分の後継者とした光圀ですから、これくらいのことはやったように思

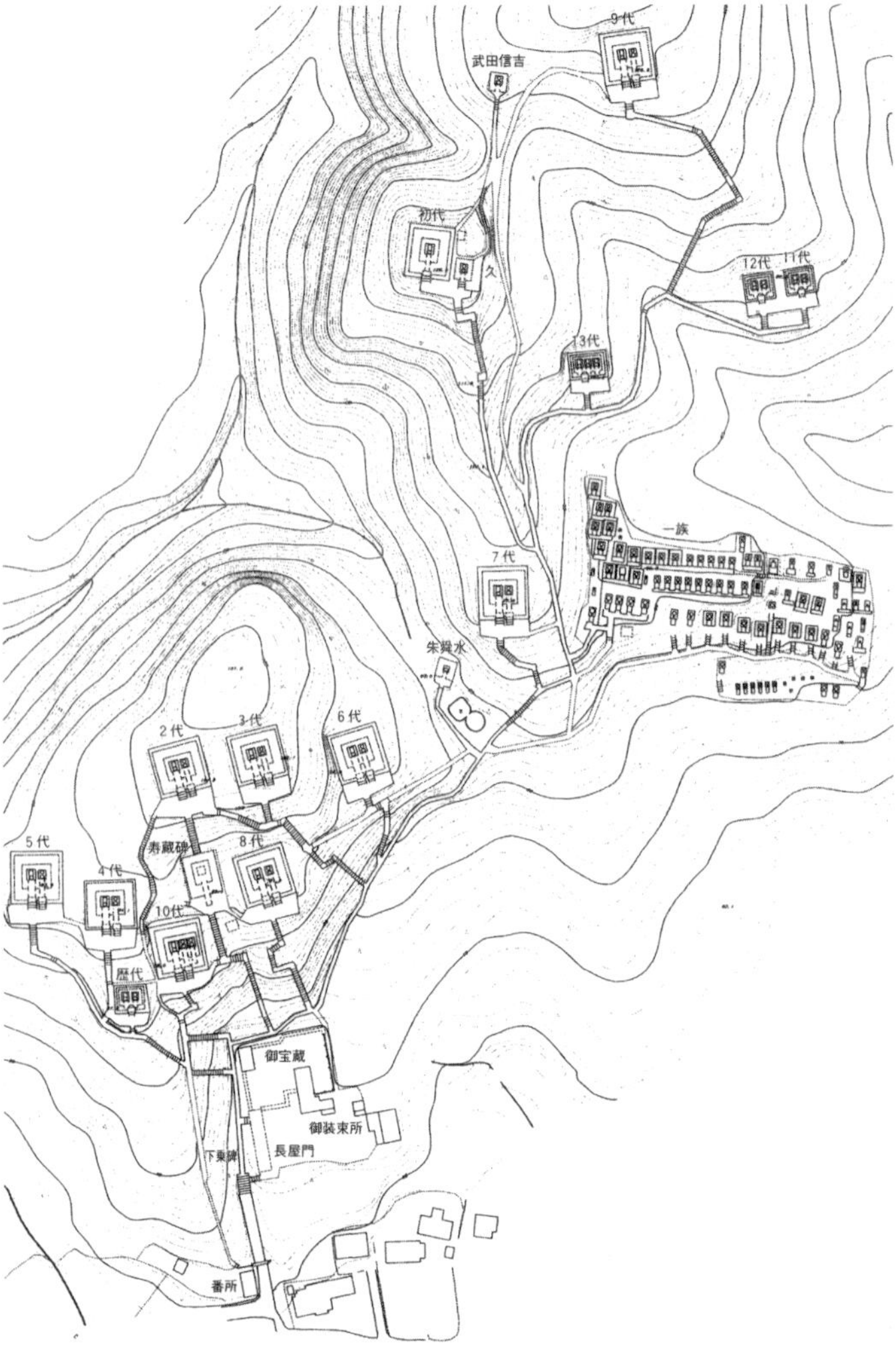

図18　水戸徳川家墓所全体図

出所：『常陸太田市遺跡調査報告書』(2007年)。

えます。お墓にはいろいろな意味が込められています。皆さんも考えてみて下さい。

ちなみに久子の墓を瑞龍山に改葬した後、光圀は改葬以前に葬られていた久昌寺を今の常陸太田市に移設し、引き続き日蓮宗の教義によって久子の菩提を弔いました。この点からも光圀が母久子を慕っていたことが偲ばれます。

以上、光圀の藩主就任時の出来事であった頼房の墓の造営と母久子との合葬問題について検討してきました。前章の藩主就任時に兄頼重の子を世子としたことともあわせて、光圀が儒教の教えに従って行動していたことが分かっていただけたでしょうか。儒教的な規範に従って自らを律し、人々に手本を示したからこそ、光圀は名君として顕彰されたのです。

第五章　日本と中国の歴史書ならびに徳川光圀の『大日本史』編纂事業

第二章、第三章では、光圀が弟でありながら世継ぎとなり、その後ろめたさがひとつの原因となって不良少年になってしまったことを述べました。光圀も戦国時代に生まれていたならば、そんなことで悩みはしなかったと思います。また、もし光圀がアンパンマンの世界に生まれていたならば、さらに、そんなちっぽけなことで悩むことなどなかったでしょう。それはどうしてでしょうか。ヒントは、アンパンマンの中に出て来る姉妹にあります。誰でしょうか。もう限られていますから分かったと思います。そうです。ロールパンナとメロンパンナ姉妹のことを思い出して下さい。ロールパンナはメロンパンナのお姉さんです。でも、皆さんがご存知の通り、ロールパンナはメロンパンナの「お姉さんがほしい」とのひとことで、ジャムおじさんが作ってくれた存在です。ということはどういうことなのでしょうか。そうですね。妹の方が先に生まれているのですよ。将軍様に兄を弟と紹介されたくらいどうってことないのです。そんなことで悩んでいたら、きっと、ドキンちゃんに「ちっちゃいわよ、光圀」と言われてしまうでしょう。ぜひとも、十八歳の光圀にアンパンマンのこの回を見てもらいたいものです。

さて、本章では徳川光圀の『大日本史』編纂事業について述べていきます。水戸藩の学問は幕末期に「尊王攘夷」という言葉を生み出し、討幕運動に大きな影響を与え、その思想の影響は明治以後にまで及んでいます。そのきっかけを作ったのが、徳川光圀が日本史の編纂事業を始めたことになります。水戸藩における『大日本史』編纂事業は光圀が世子の時代、一六五七（明暦三）年に開始され、江戸時代を通じて紆余曲折がありつつも進められ、その完成は江戸時代もとうに終わった一九〇六（明治三十九）年になりました。実に約二百五十年間にわたって水戸の人たちは『大日本史』編纂事業に取り組んでいたのです。この事業が水戸藩に独自の学風を生み出しました。まずは歴史の編纂の概要から紹介していきましょう。

日本における歴史編纂

少年期から青年期に光圀がグレてしまったことは第二章でも紹介しましたが、その更生のきっかけになったのが、『史記』伯夷列伝を読んだことでした。伯夷列伝に感銘を受けた光圀は自分の行動を改め、勉学に励むようになったとし、日本史の編纂を志したとしています。

日本において朝廷が自国の歴史を編纂したのは、七一二（和同五）年、七二〇（養老四）年に相い継いで完成した『古事記《こじき》』『日本書紀』に始まり、以後、七九七（延暦十六）年『続日本紀《しょくにほんぎ》』、八四〇（承和七）年『日本後紀《にほんこうき》』、八六九（貞観《じょうがん》十一）年『続日本後紀《しょくにほんこうき》』、八七九（元慶《げんけい》三）年『日本文徳天皇《にほんもんとくてんのう》実録《じつろく》』、九〇一（延喜《えんぎ》元）年『日本三代実録《にほんさんだいじつろく》』が続きました。この中の『古事記』を抜いたものが、六《りっ》国史《こくし》と言われています。しかし、それ以降、朝廷が日本の歴史を編纂することはなくなってしまいました。

そもそも日本が歴史書を編纂したのは主に歴史を重んじる中国と国交を結んでいたためでした。中国では歴史のない国は非文明国とされ、歴史書によって自国の姿を示す必要があったのです。そのため、六国史は正式な漢文で執筆されたのであり、変体漢文（日本語の文法の混じった漢文）で記され、国内向けに著された『古事記』は六国史の中に入っていないのです。八九四（寛平六）年に予定されていた遣唐使が菅原道真の建議よって中止され、九〇七（天祐四・延喜七）年には唐が滅亡してしまい、何とはなしに中国との正式な国交がなくなってしまうと、歴史を編纂する積極的な理由がなくなってしまったと考えられます。また、武士の台頭によって、人々の関心が自分の領地の保全に移り、日本全体のことを考える意識が希薄になってしまったことも影響しているのかもしれません。

いずれにしても、平安時代後期以降、朝廷が主体となって歴史を編纂することはなくなってしまいました。もちろん、歴史記録が全くなくなってしまった訳ではありません。六国史以降も『栄華物《えいがもの》語《がたり》』や、鏡物といわれる『大鏡《おおかがみ》』『今鏡《いまかがみ》』『水鏡《みずかがみ》』『増鏡《ますかがみ》』などの歴史物語や、『保元物語《ほうげんものがたり》』『平《へい》治物語《じものがたり》』『平家物語《へいけものがたり》』『太平記《たいへいき》』などの軍記物、その他にも中世を代表する歴史書とされる慈円《じえん》の『愚管抄《ぐかんしょう》』、北畠親房《きたばたけちかふさ》の『神皇正統記《じんのうしょうとうき》』など、歴史書の類いは数多くあります。

しかし、それらは基本的には個人の編纂物であり、朝廷つまり日本政府が編纂したものではありません。その作者が出来事を選び、その立場に立った歴史が記されているのです。そのため、ある程度の脚色があったり、もしくは史実ではないものが記されている可能性もあります。もちろん、朝廷が編纂した場合も、朝廷の立場があり、脚色があるのですが、それをも含めた日本としての国家的観点から編纂した歴史書がないのです。

中国における歴史書

ちなみに、中国では古代から記録は重視されていました。「史」という漢字はもともと記録官の意味であり、史官が王の言動を常に記録し、それを保管管理していたのです。この記録が蓄積されると、それを取捨選択して整理をする必要が生じます。ここに編纂物として歴史書が誕生したのです。歴史書は何を記録するのか、何を残すのか、それをどのように活用するのかなど、思想が必要になってきます。その思想については、後に話しますが、編纂された書物として最初に登場したのが、『書経（書・尚書）』になります。

『書経』は五帝の時代の堯帝《ぎょうてい》から始まり、舜《しゅん》、禹《う》へと続きます。そして禹を最初の王とする夏《か》、湯王《とうおう》が創始した商（殷）、そして、文王・武王が興した周の歴史が記されています。『書経』は儒教の経典であり、そこに記された王は儒教の理想の帝王として、脚色された部分もあり、そのすべてが歴史的事実とは限りません。しかし、すべてが創作という訳ではなく、何らかの史実に基づいて記されたと考えられます。甲骨文字が解読されたことによって、殷王朝の存在が科学的に証明されたように、今後、様々なことが証明されてくると思います。期待しましょう。

そして、東周の時代には、第三章で紹介した『春秋』が編纂されました。『春秋』は魯の国の歴史書でしたが、『孟子』に、晋には乗《じょう》、楚には檮杌《とうこつ》という歴史書があったとあるように、春秋・戦国時代は各国で歴史書が編纂されていたのです。

その後、秦の始皇帝によって中国が政治的に統一され、漢がそれを引き継ぐと、国家的立場で歴史が編纂されました。それが司馬遷が著した『史記』になります。『春秋』は年代毎に出来事を記した**編年体**《へんねんたい》ですが、『史記』は帝王の伝記である**本紀**《ほんぎ》、諸侯の伝記である**世家**《せいか》、個人の伝記が中心となっている**列伝**《れつでん》、制度史である**志**《し》、年表の**表**《ひょう》、および各伝記の論評である**論賛**《ろんさん》からなる**紀伝体**《きでんたい》で記されています。『春秋』とは形式は異なりますが、司馬遷は公羊学者の董仲舒から教えを受けており、『史記』は『春秋公羊伝』の影響を受けていると考えられます。

また、『史記』は、司馬遷が歴史の最初とみた五帝の時代から、彼の生きた時代までの歴史を記した**通史**《つうし》です。その後、後漢の時代には、**班固**《はんこ》が紀伝体《きでんたい》によって、前漢一代の歴史を記した『**漢書**《かんじょ》』を編纂しました。このような王朝一代の歴史を**断代史**《だんだいし》と言います。以後、王朝一代の歴史を紀伝体で編纂することが王朝の正式な歴史書（これを**正史**《せいし》といいます）のスタイルとされました。

漢代から魏晋南北朝時代にかけては、歴史書は主に史官（記録係）の家系の人物や歴史を重視する家系の者が家学として編纂していました。司馬遷や班固、『三国志』に注をつけた裴松之《はいしょうし》などが有名な史家の出身です。そのため、それぞれの歴史書には一家の言として、それなりの一貫した主張がみられます。

しかし、唐の時代になると国家として前代の歴史書を編纂することになります。『晋書』や『隋書』は、官僚が手分けをして執筆することになり、独自の主張によって一貫して記すことは少なくなってしまいました。簡単に言うと歴史書（正史）が単なる編纂物となり、おもしろくなくなってしまったのです。

また、唐代にはそれまで個人が編纂していた前代の歴史書の中で何を正史とするのかが確定されました。そして、唐以後は、王朝が滅亡すると、その王朝を継いだ王朝が前代の王朝の歴史書（正史）を編纂することが伝統となったのです。前王朝の歴史を編纂することによって、その王朝は前王朝を引き継いだ正統王朝と認められるようになり、清代には、『史記』から『明史』に至る二十四史が正史とされました。この伝統は今に至るまで残っており、清の歴史書は、辛亥革命《しんがいかくめい》の後に建国された中華民国によって編纂されましたが、『清史稿』（稿はまだ未完成という意味）とされ、中華人民共和国もまた自らの正統性を主張するため、『清史』の編纂をすすめています。二〇二二年現在まだ出版されていません。

徳川光圀の歴史編纂事業

以上のように、中国では国の興りから今に至るまで歴史書の編纂を非常に重視していました。しかし、日本にはそのような伝統はなく、国家としての歴史の編纂は、主に歴史を重視する中国に向けてしていたに過ぎなかったのです。

江戸時代になって、この状況に変化が見られます。徳川家康は混乱した戦国時代を平定し、強力な幕府を江戸に開きました。久しぶりの安定政権が日本に誕生し、それによって、国家的観点から歴史を編纂しようという気運が生まれたのです。編纂者は朝廷ではなく幕府ですが、実質的に政権を担っていたのは幕府です。幕府は国家的見地に立って日本を見ていました。そこで、三代将軍家光は、儒者の**林羅山**《はやしらざん》（諱は信勝、**道春**《どうしゅん》の号でも知られる）に日本史編纂を命じます。羅山は一六四四（正保元《しょうほう》）年、**神武天皇**《じんむ》から宇多天皇に至るまでの歴史書『**本朝編年録**《ほんちょうへんねんろく》』を完成させ将軍に献上しました。十八歳の光圀が伯夷列伝を読んだのはその翌年一六四五（正保二）年と推定されます。光圀は伯夷列伝に感激し、『史記』のような日本の歴史書の編纂を志したとしていますが、それは、この時代の雰囲気がそうさせたともいえます。光圀もまた国家の立場にたって歴史を編纂しようとしたのです。羅山の歴史書は幕府として国家観を示したものと言えますが、光圀もまた次期水戸藩主に立つ身として、国家的立場に立って日本はどうあるべきなのか、理想の国家の姿を歴史の中に求めたのです。光圀は光圀の理想としての国家を模索していたのであり、それは、幕府の歴史とは異なる部分が多々ありました。その最初が歴史の編纂方法であり、『本朝編年録』は編年体の歴史書ですが、光圀は『史記』の体裁である紀伝体による日本史の編纂を志したのです。

とはいえ、十八歳の光圀がすぐにそれを実行することはできません。実際に行動に移したのは一六五七（明暦三）年、光圀が三十歳の時でした。この年は**明暦の大火**《めいれき》と呼ばれる大火災が江戸で発生します。江戸の大半が焼失し、羅山が編纂した『本朝編年録』は副本を残して失われてしまいました。

この時、羅山の何万巻といわれる蔵書も焼けてしまい、それに気落ちした羅山もそれから数日後に亡くなってしまったのです。光圀は羅山から様々な教えを受けており、師といえるような存在でした。どんなに気落ちしたでしょう。また、水戸藩の藩邸も焼け落ち、光圀は避難生活を余儀なくされていたのです。

そのような状況の中にあって、光圀は水戸藩の駒込《こまごめ》の別邸に史局を開設し、長年の夢であった日本史の編纂事業を始めたのです。より困難な状況の中にあって、新たな事情を起こそうという光圀の不屈の闘志を感じないわけにはいきません。まだ世子であった光圀でしたが、父頼房《よりふさ》も強い意志を持った光圀に感じて事業を認めたのでしょう。

しかし、設立当初の史局員は四名にすぎません。歴史の編纂事業が本格的になるのは、一六六一（寛文《かんぶん》元）年に光圀が水戸藩第二代藩主に就任して以降になります。光圀は藩主に就任すると歴史編纂のため、全国から学者を藩士として採用します。当時、学者は基本的には僧侶でした。林羅山も家康に仕えるにあたって僧侶になるよう命じられています。しかし、光圀は武士として学者を採用したのです。これは寺と神社を全国にさきがけて分離したのと同様、全国のさきがけとなっています。以降、全国的に学者は武士、藩士として採用されることになったのです。戦国時代の武士は戦闘者であって、多くの武士は学問とは疎遠でした。武断政治から文治政治への変更に伴い、武士も学問が必要になっていたのですが、水戸藩は『大日本史』編纂事業によって多数の学者を採用、育成することによって、より学問を重視する藩へと変容していくのです。この時に採用された人物が、テレビドラマ『水戸黄りました。

門』の佐々木助三郎のモデルとなった、佐々宗淳《さっさむねきよ》になります。宗淳はもとは京都の禅寺の僧侶でした。しかし、一六七三（延宝元）年に還俗《げんぞく》し、翌年水戸藩に仕え、『大日本史』編纂事業に携わることになりました。

さて、明暦の大火の際に焼けてしまった『本朝編年録』は、その後、林羅山の子の鵞峰《がほう》に編纂が命じられ、一六七〇（寛文十）年に『本朝通鑑《ほんちょうつがん》』として完成しています。これも刺激になったのでしょう。その翌年、一六七一（寛文十一）年には、初代神武天皇から桓武天皇までの本紀の草稿が完成しました。そして、一六七二（寛文十二）年、水戸藩の日本史編纂所であった史局は彰考館と名称を改め、より本格的に日本史編纂事業を推進することになります。それは、その後の歴史の編纂がより困難になっていたからだとも言えます。上述したように日本は平安時代後期以降、正史の編纂がなく、指針とすべき資料はありません。歴史編纂のための資料を全国から収集する必要があったのです。

この資料収集に力を発揮したのが佐々宗淳でした。彼は全国を旅して資料を収集したのです。歴史編纂のもとになる資料は、上述した書籍の他にも貴族や寺院の記録がありました。それらの資料は秘蔵され、容易に外部の人間は見ることができません。そこで、威力を発揮したのがご老公の印籠ならぬ、徳川光圀のご威光だったのです。もちろん、光圀は現場にはいません。しかし、佐々宗淳の背後には光圀の存在があって、貴族や寺院も資料の閲覧を許したのでした。その際には光圀もこまめに礼状を送っています。佐々は当時幕府の隠密でも入ることが困難であった薩摩藩にまで足を運ぶなど、全国あらゆるところに行き、資料を収集しました。それはまさしく全国を行脚する水戸黄門と重なります。重ねて言いますが、光圀は全国行脚はしていません。佐々宗淳は後に彰考館総裁となり、編纂事業の中心として活躍することになります。

こうした努力によって、歴史の編纂事業はすすみ、一六七六（延宝四）年には神武天皇から**後醍醐《ごだいご》天皇**までの本紀が清書され、一六八三（天和三）年には『**新撰紀伝**《しんせんきでん》』として完成します。しかし、光圀はそれに満足せず、後醍醐天皇以降、南北朝の問題にまで踏み入れようとさらに編纂事業が続けられました。南北朝時代の歴史編纂は、南朝と北朝のどちらを正しい皇統とみなすのか、正統の問題があり、編纂事業はさらに困難になるのですが、光圀は南北朝が統一された**後小松天皇**までの歴史を編纂しようとしたのです。

一六九〇（元禄三）年、光圀は家督を綱條《つなえだ》に譲り、翌年から現在の常陸太田市の**西山荘**《せいざんそう》での隠居生活が始まります。すると、江戸と水戸に彰考館が設けられ歴史編纂事業が急ピッチで行われるようになりました。そして、一六九七（元禄十）年には、神武天皇から後小松天皇までの『**百王本紀**』が完成します。さらに列伝の完成も急がれましたが、本紀六十七冊、后妃・皇子・皇女伝四十冊、列伝（神武天皇から持統天皇まで）五冊、あわせて百十二冊までが完成した一七〇〇（元禄十三）年、すべての完成をみることなく光圀は亡くなってしまいました。

しかし、その後も彰考館総裁安積覚を中心に編纂事業が進められ、本紀については、光圀の死後十五年の後、一七一五（正徳五）年にほぼ完成しました。この時に書名が『大日本史』と決定され、綱條の叙を附した本紀七十三巻、列伝百七十巻の『大日本史』が光圀の霊廟に備えられたのです。これを正徳本《しょうとくぼん》といいます。

しかし、紀伝体の歴史書を完全な形にするには、ほかに志（制度史）と表（年表）および論賛（評価）が必要です。論賛とは、それぞれの本紀・列伝に記された史実に対して評価を下すものです。この論賛の執筆を安積覚が担当することになりました。安積は『水戸黄門』の渥美格之進のモデルとなった人物です。その安積が歴史上の人物に対して評価を下したのです。徳川光圀が音頭を取って、佐々が全国を旅して資料を収集し、歴史を編纂し、そこに記された人物の善悪の評価を安積が下す。『水戸黄門』では光圀は全国を旅して悪代官などをやっつけるなど勧善懲悪をして世直しをしたことになっています。これは架空のお話ですが、実際には、時空を旅して勧善懲悪をし、世の秩序を正そうとしたといえるのです。

『大日本史』の紀伝の部分については以上のようにほぼ完成しましたが、さらに、一七一九（享保四）年、幕府から『大日本史』を献上するように命ぜられます。この時に安積が記した論賛が附けられ、さらなる校訂も加えられ、一七二〇（享保五）年、本紀七十三巻、列伝百七十巻、序、修史例、引用書各一巻、目録四巻、計二百五十巻が幕府に献上されました。これを享保本《きょうほうぼん》といいます。

しかし、まだ志と表が未完成でした。この時、水戸藩は財政難に陥っており、文化事業にまでお金をまわす余裕もなく、また、編纂に関わる優秀な人材も枯渇していたのです。それでも安積が存命中は彼の努力によって編纂事業が続けられました。しかし、一七三七（元文二）年、安積の死によって、しばらくの間、編纂事業は滞ってしまいます。徳川光圀が一六五七（明暦三）年に『大日本史』の編纂事業を始めてから、安積の死に至るまでの時代の水戸の学風は前期水戸学といわれます。安積は一六五六（明暦二）年に生まれていますので、彼の人生は前期水戸学の時代、そのものだったのです。

第Ⅲ部　さまざまな歴史のみかた

第六章　西洋の歴史観

前章で述べた徳川光圀が『大日本史』編纂事業を始めてから、安積覚が亡くなるまでの期間の水戸の学風を前期水戸学といいます。細かいことも書きましたが、一六五〇年代に徳川光圀が日本史の編纂事業を始め、その事業が光圀の死後も継続したことをまずは把握しておいて下さい。この光圀がはじめた事業がもとになって、江戸時代後期になるとより思想性の強い学風が水戸藩に誕生します。それを後期水戸学といいます。後期水戸学がいわゆる水戸学と言われるものです。なぜ、水戸学は思想性の強い学風となったのでしょうか。それは光圀が始めた歴史の編纂が大きな影響を及ぼしているのです。

これから後半にかけて、後期水戸学へと話を進めていきますが、歴史の編纂事業によって、なぜ強い思想性を持つようになったのか、まずは、それを知るために歴史の思想について考えていくことにします。

歴史の思想

皆さん、中学・高校の歴史の授業はいかがだったでしょうか。やたらに覚える事柄が多く、嫌いになってしまった人もいると思います。逆に歴史に生起する様々な出来事に興奮し、好きになった人もいるでしょう。どちらであっても、中学・高校では歴史は必修です。勉強しなくてはなりません。でも、なぜ高校時代まで歴史を勉強しなくてはならなかったのでしょうか。中には歴史は単なる過去のことだと思っている人もいるかもしれません。実はそうではないのです。過去の記録は膨大な量に及びます。歴史書はその膨大な記録の中から必要な出来事を選択して、それを並べてできているのですが、そこに描かれているのは、何らかの思想に基づいたひとつの世界なのです。

家を建てる場合を想像してみてください。家を建てる前には設計図があります。どのような家にしようかいろいろ考えて設計図が制作されています。それが思想に当たるものです。そして、その設計図に基づいて必要な材料が選ばれ、それが組み立てられてひとつの家ができます。材料は様々なものがあって、その組み方も様々ですよね。設計図次第で様々な家ができあがります。歴史においても同様です。思想次第で様々な世界ができあがるのです。

歴史は過去という一見客観的な出来事を通して、人々の頭の中に何らかの世界を構築しようとしているのです。歴史は過去ではなく、皆さんの頭の中に作られるものなのです。歴史を知らなければその世界は頭の中には構築されませんし、別の歴史を学べば、違う世界が構築されてしまいます。歴史を学ぶことで、その社会の中で生きるための共通の世界像を認識させようとしているのです。歴史の教科書とは、強いて言えば事実をもとにして構成されたフィクションともいえるのです。

おそらく、皆さんはそのような意識もなく世界を見ていると思います。でも、成長の過程で何らかの思想が刷り込まれています。その思想が何なのか知ることは、歴史を考えていく上でとても重要になってきます。本章からしばらくその思想について考えていくことにします。

教科書の歴史観

さて、皆さんは小学校から高校にかけて歴史を学んできましたが、そこで使用した教科書は何に基づいているでしょうか。日本の教科書は文部科学省が公布する学習指導要領に基づいて、教科書会社が作成し、文部科学省の検定を経て、学校もしくは教育委員会が選定し、皆さんのもとに届けられています。教科書の基本的な考え方は学習指導要領にあるのです。

学習指導要領は、第二次世界大戦の敗戦によりアメリカの指導で教育改革が行われた結果、生まれたものであり、一九四七（昭和二十二）年の第一次学習指導要領が試案として出され、一九五一（昭和二十六）年公示の第二次学習指導要領から本格的な運用が始まりました。

戦後まもなく、ＧＨＱの指令として、「修身」「国史」「地理」の三教科が軍国主義と極端な国家主義を広めるために利用されたとして廃止され、第一次学習指導要領では、それに代わる教科として「社会科」が誕生し、高校の「社会科」には「東洋史」「西洋史」「人文地理」「時事問題」が設置されました。この時点で「日本史」も「世界史」もなかったのです。

この教育改革で、戦前、歴史の中心であった「国史」が廃止されたことにより、大学の国史関係の教授から不満が噴出し、しばらくして「日本史」が復活、それに伴い「西洋史」と「東洋史」が一体化し「世界史」となって、次の第二次学習指導要領で「日本史」と「世界史」が改めて設置されました。こうして、高校生が「世界史」を学ぶようになったのです。

このように、高校には「世界史」は設置されたのですが、大学では「世界史」に相当する専攻はありませんでした。それは今でもほぼ同じです。多くの大学では「日本史」「アジア史」「ヨーロッパ史」「アメリカ史」に相当する各国史があるかと思いますが、「世界史」という講座はほぼないと思います。大学の歴史学では各国史を中心に研究が行われており、俯瞰的に世界史を考察することはあまりなされていないのです。

そのため、世界史は、各国史、政治史、経済史、民俗学、社会学など様々な研究成果が取り入れられ百花繚乱的ではありますが、そこには核となる史学思想はないというのが実情です。

しかし、何らかの思想がなくては、世界史として一つの教科書を作りあげることはできません。では、そこにどのような思想があるのでしょうか。それを考えるヒントが一九五一（昭和二十六）年に公示された第二次学習指導要領の「中学校・高等学校学習指導要領社会科編Ⅲ（a）日本史（b）世界史（試案）改訂版」に掲げられている次の文章、

世界史の発展と動向とを、くりかえし理解することによって、歴史的思考力を訓練し、現代社会

の諸問題を理性的に批判し、正確に判断する能力を養うこと。

ならびに、一九五六（昭和三十一）年に公示された第三次学習指導要領の「高等学校学習指導要領・社会科編・三十一年度改訂版」にある次の文章、

世界史の発展を科学的、系統的に理解することによって、歴史的思考力を育て、現代社会の諸問題を、世界史的立場から、客観的に批判する能力と態度とを養う。

にあります。ここに「世界史の発展」とありますが、世界史を発展するものとみているのです。世の中は発展していくという考え方が基礎にあります。これは**発展史観**（進歩史観）といい、ヨーロッパにおいて発達した歴史の見方、考え方です。この大きな枠組みを作ったのが、**ヘーゲル**と**マルクス**の歴史観なのです。それらの歴史観が日本の世界史の教科書に影響を与えているのです。

学習指導要領は数年ごとに改訂され、二〇一七（平成二十九）年、二〇一八（平成三十）年には第十次学習指導要領が公示され、学習内容は更新されています。しかし、日本では歴史の根底にある普遍的法則に関する研究、いわゆる歴史哲学の研究はあまりなされず、歴史の根底から学習内容を変更することはなされていません。今なお、ヘーゲルとマルクスの歴史観の影響はあるのです。では、ついで彼らの歴史観について考えていくことにしましょう。

ヘーゲルの歴史観

皆さん、高校時代に世界史を勉強したと思います。世界史は必修ですので、勉強していないことはないはずです。特に世界史Bをとった人は、やたらにギリシャの歴史を勉強したのを覚えているのではないでしょうか。それはなぜなのでしょうか。ギリシャは日本の四国ほどの面積にしかすぎません。現在の世界にあってはそれほど影響力のない国です。そんなヨーロッパの片隅の国の歴史をなぜあんなに勉強しなくてはならないのでしょうか。

それはギリシャが西洋の思想・文化の根本であるからなのです。現在の民主主義や哲学はギリシャを起源としています。世界史Bを履修した人は、ギリシャでは**直接民主政**が行われ、ソクラテスやプラトン、アリストテレスが活躍したことを思い出して下さい。そこからローマ帝国、ゲルマン民族の大移動、中世キリスト教社会、宗教改革、ルネサンス、絶対王政、フランス革命と勉強したはずです。これも何らかの思想に基づいています。実はこの歴史の見方のおおもとになっているのは、十八世紀のドイツの哲学者ヘーゲルの思想なのです。

ヘーゲルは歴史を**絶対精神**の自己展開の過程と捉えます。難しいですね。なんのことやらさっぱりだと思います。簡単に言えば、歴史は自由の獲得過程だとするのです。ここでの自由とは、政治に参加する権利だと考えておいてください。支配者によって、勝手に税金を取られない、勝手に戦争に連れて行かれない、勝手に精神的束縛をうけないなどの権利です。人から勝手に支配されないために、各人が政治に参加し、議論によって集団の意思を決定するのが自由社会となります。アメリカやフランスの大統領選挙は日本でも大きなニュースになります。日本でも衆議院選挙や参議院選挙の国政選挙のほか、多くの地方選挙があります。皆さんも選挙権を持っているはずです。選挙権は自由を行使するための権利です。現在、多くの国では選挙を通して代議士を選び、その代議士を通して、政治に参加することになっています。このような政治制度を**間接民主制**といいましたね。投票をしないということは、自由を放棄していることになりますので、皆さん、投票には行きましょう。

皆さんは当たり前のように自由を行使する権利である選挙権を持っていますが、これは当たり前なのでしょうか。実は当たり前ではないのです。ヨーロッパでは人々が血を流して選挙権を獲得してきたのです。ギリシャの時代は直接民主政治が行われていましたが、政治に参加できるのは貴族のみで、奴隷や女性は参加できませんでした。奴隷は主に戦争に負けた敗者で、勝者である貴族が自由を持ち、自由のない奴隷たちを支配する構造です。歴史は、自由を持つ者と持たない者との対立により進み、自由を持たない者達がいかにして自由を獲得してきたのか、その物語だというのがヘーゲルの歴史の見方なのです。

ヘーゲルによると、「ギリシャ世界」は歴史の青年期にあたり、特定の人々、つまり貴族のみが自由を認識し、それ以外の人々は自由があることに気づいていない時代であるとします。そのため、対立の軸は、ひとりの王者のみが自由である専制君主の国（アケメネス朝ペルシャ）と、自由の国（ギリシャ）になります。**ペルシャ戦争**がこれに当たります。

次の「ローマ世界」は歴史の壮年期に当たり、人々が自由の存在に気づき、自由を獲得するために動いた時代とみなします。ローマが領土を拡大していく中で、ローマの貴族と平民との対立があり、最終的に**ホルテンシウス法**が成立し、**平民会**の決議が国法になっていく政治制度の展開、さらにそれと並列して**スパルタクスの乱**を代表とする奴隷の反乱、ローマ市民権を求めての**同盟市戦争**が起こったことを世界史では習ったと思います。これが自由を持たない人々が、自由を持つ者と対立し、勝利することによって、自由を獲得した過程になります。

それに続く時代が「ゲルマン世界」です。この時代はゲルマン民族の大移動によって始まり、フランス革命に至るまでの西ヨーロッパ社会の形成過程にあたり、歴史の老年期とされます。この時代は、誰もが自由を認識している社会であり、個人が自由を獲得する過程になります。

この時代の中期は、教会（精神）と王権（世俗権力）の対立が軸となります。インノケンティウス三世を頂点とする絶対的な教皇、それにひれ伏す王という構造です。これが**十字軍**によって教会が衰退し、それに代わって王権が伸張し、対立の軸が、王と貴族、そして市民へと移っていきます。度々の革命によって議会へと権力が移り、そして**フランス革命**によってルイ十六世が処刑され、議会が完全に権力を掌握したことを思い出してみてください。フランス革命によって、市民の**自由意志**によって国家の意思が決定される自由国家が確立されたといえます。ここまでに至る過程が歴史ということになります。

ただし、ドイツ人であるヘーゲルはフランス革命の悲惨なその後と、ナポレオンによる帝政の復活とヨーロッパ支配を身をもって知っているため、フランス革命による市民の自由の獲得を歴史の最終段階とはみなしません。市民の自由意志はある程度の監視が必要だとして、自国ドイツの政治制度である議会の上に君主がいる君主制を歴史の最終段階とみなしています。このようにヘーゲルは、世界史を自由を持つ者と持たない者との対立の中で、自由を持たない者が自由を獲得してきた過程とし、その思想に基づいて歴史的事実を選び並べて歴史としたのです。

ヘーゲルの『歴史哲学講義』（長谷川宏訳、岩波文庫、岩波書店、一九九四）の目次と『詳説世界史改訂版』（木村靖二・岸本美緒・小松久男、山川出版社、二〇二一）の目次を以下にまとめておきました。教科書のヨーロッパの部分を特に注意して見比べてみてください。ヘーゲルの歴史観が、今の教科書の基本にあるとわかると思います。

ヘーゲル著・長谷川宏訳『歴史哲学講義』目次（一部省略）

『詳説世界史　改訂版』　目次（一部省略）

第4章　イスラーム世界の形成と発展
第5章　ヨーロッパ世界の形成と発展
　1　西ヨーロッパ世界の成立
　2　東ヨーロッパ世界の成立
　3　西ヨーロッパ中世世界の変容
　4　西ヨーロッパの中世文化
第6章　内陸アジア世界・東アジア世界の展開
第Ⅲ部
第7章　アジア諸地域の繁栄
第8章　近世ヨーロッパ世界の形成
　1　ヨーロッパ世界の拡大
　2　ルネサンス
　3　宗教改革
　4　ヨーロッパ諸国の抗争と主権国家体制の形成
第9章　近世ヨーロッパ世界の展開
　1　重商主義と啓蒙専制主義
　2　ヨーロッパ諸国の海外進出
　3　十七～十八世紀のヨーロッパの文化と社会
第10章　近代ヨーロッパ・アメリカ世界の成立
　1　産業革命

第一章　ペルシャ戦争
第二章　アテネ
第三章　スパルタ
第四章　ペロポネソス戦争
第五章　マケドニア王国
第四篇　ギリシャ精神の没落
第三部　ローマ世界
第一篇　第二回ポエニ戦争以前のローマ
第一章　ローマ精神の諸要素
第二章　第二回ポエニ戦争以前のローマ史
第二篇　第二回ポエニ戦争から帝制成立までのローマ
第三篇　帝制の時代
第一章　帝制期のローマ
第二章　キリスト教
第三章　東ローマ帝国
第四部　ゲルマン世界
第一篇　キリスト教＝ゲルマン世界諸要素
第一章　民族大移動
第二章　イスラム教
第三章　カール大帝のフランク王朝

2　アメリカ独立革命
3　フランス革命とナポレオン

第二篇　中世
第一章　封建制と位階組織
第二章　十字軍の遠征
第三章　封建制から君主制へ
第四章　中世のおわりを告げる芸術と学問
第三篇　近代
第一章　宗教改革
第二章　宗教改革が国家形成におよぼした影響
第三章　啓蒙思想とフランス革命

マルクスの歴史観

もちろん、教科書に影響を与えているのはヘーゲルの思想だけではありません。その代表格が、ヘーゲルの歴史観を批判的に発展させたマルクスの**唯物史観**《ゆいぶつしかん》になります。ヘーゲルが歴史を展開させるエネルギーを自由を求める人の精神としたのに対して、マルクスは生産力と生産関係との不均衡が歴史を展開させるエネルギー源だとみなしました。精神ではなく物質が歴史を動かすエネルギー源だとしたのです。だからこそ唯物史観なのです。

それが記されたマルクスの『経済学批判』や『資本論』はかなり難解です。概略を示しておきますが、曲解があるかもしれません。詳しくは専門書をお読み下さい。

マルクスは生産力と生産関係を下部構造として設定し、その上に法律や政治などの上部構造が乗っているとし、下部構造の変化が上部構造の変化をもたらすとします。人間社会は様々な物質を生産することで成り立ち、そして、何らかの物質を生み出すために、人と人とは何らかの関係を結んでいます。これが生産関係となります。この生産関係によって生み出された生産物と生産関係が均衡を保っていると社会は安定し、矛盾が生じ均衡を保てなくなると下部構造がまずは変化し、それに伴い上部構造も変容するとみなしたのです。

歴史の最初は、狩猟社会であり、獲得した獲物（生産物）は、その社会の構成員（生産関係）が平等に分け合っており、生産力と生産関係がつりあっていた理想社会であったとしました。これを原始共産主義といいます。歴史の起点はこの原始共産主義になります。

ところが、農耕社会がはじまり、生産力が高まってくると、収穫物に余剰が生まれるようになります。穀物は貯蔵できるので、この余剰が富となり、それを持つ者と持たない者とが生じ、さらに、持つ者が穀物を生み出す土地と土地を耕す道具などを独占し、持たない者を労働者として従事させることで、穀物（生産物）を生み出すための生産関係が生じます。この生産関係は、人間関係でもあり、人間関係において余剰を持つ者と持たない者との階級が生じたとするのです。そして、生産力の増大に伴い、持てる者と持たない者との不均衡は高まってきます。この不均衡を解消しようとして、富を持たない者が富を持つ者に対して闘争する、いわゆる**階級闘争**を起こして、新たな生産関係（人間関係）が生じ、歴史はひとつ上の段階に止揚されるとするのです。これにより、不均衡はある程度は解消されます。しかし、生産力の増大に伴い再び不均衡が生じて階級闘争は繰り返され、歴史は展開していくとするのです。

こうして、歴史は獲物を平等に分配した**原始共産主義**を起点として、貴族と奴隷が闘争した**奴隷制**社会、封建領主と農奴が争った**封建制**社会、資本家と労働者が対立した**資本主義**社会へと発展し、最終的に、富が平等に分配される**共産主義**社会へと進化し、労働者が解放され、歴史は終わりを遂げるとしたのです。

極々簡単に説明すると、生産力と生産関係との不均衡によって生じた物質（余剰・富・お金）が原動力となり、富を持たない者は、富を独占する人々から、それをいかに切り崩して、富の均衡化を図ってきたのか、その闘争の過程が歴史となります。言ってしまえば、富に対する欲望が歴史を動かし、富を平等に分けることで、富に対する人々の欲望が消え去り、歴史は展開を終えるということなのです。

ヘーゲルとマルクス、歴史を動かすエネルギーの見方は異なりました。でも、歴史は何らかのゴールを目指して進んでいくものと捉える考え方や、歴史として採用した出来事およびその並べ方はほぼ同じです。基本的な考え方は同じなんです。唯物史観はその思想によって構築されたソ連の崩壊とともに崩壊してしまいました。しかし、なおその影響は残っています。ヘーゲルの歴史観は現代社会にも影響を与えています。自由がある国は進んでいて、ない国は遅れているというような考えです。自由を持たない国はしばしば批判され、時に戦争の口実にもなりますが、あれは自由国家が進んだ国だと考えているからなのです。先進国とか発展途上国とかいいますね。あれも何を先進とするのか、何に向かって発展していくのか、様々な考え方がありますが、歴史を何かに向けての発展過程とみるからなのです。このような歴史観を総じて発展史観といいます。皆さんが歴史を学んだのも、今の世界（日本）がどのようにして発展してきたのかその過程を学んでいるのです。その他、様々な考えが教科書に反映されていますが、やはり、この考えの呪縛からなかなか逃れることはできません。

キリスト教の歴史観

このように何らかの目的に向かって発展していく過程が歴史であると捉えるのは、実はキリスト教の歴史観が大きな影響を与えています。

キリスト教はユダヤ教に由来します。ユダヤ教徒にとって、アダムとイブが神との約束を破り、原罪を背負って以来、歴史は神から与えられた罰、苦難の歴史になります。この苦難は、現世に於いて神と契約を結び、神の教えを守って生きることによって、死後、神が降臨し最後の審判で人々を裁き、神の教えを守った者が天国に行くことで救済されます。この救済までの苦難の過程が歴史なのです。

キリスト教も基本的にこの考え方を踏襲します。人々の原罪をイエスが背負って父なる神のもとに帰ってからは、神の降臨までに教会が全世界の人々にキリスト教を布教して、全人類を救済する、それが歴史の過程になります。神の国（善）と地上の国（悪）の対立によって、歴史は展開し最終的に神の国が勝利するとみるのです。西暦はイエスの誕生を紀元とし（計算ミスがあってずれています）、そのゴール、神の降臨、最後の審判を指折り数えているのです。

発展史観は、このように最終的なゴールがある歴史の見方です。キリスト教の歴史観は発展史観の根本であり、ヘーゲルやマルクスの歴史観はそれを基本としています。ヘーゲルは君主制を歴史の最終段階とし、マルクスは共産主義社会を最終段階としているように、歴史は始めと終わりがあり、キリスト教の最終段階が永遠の国というように、ゴールにたどりつくと歴史がなくなってしまうのです。

西洋歴史観の日本への導入

現在の学校の教科書はこのようなキリスト教の歴史観をもとにしたヘーゲルやマルクスの歴史観が影響を与えています。

でも、日本にはそれほどキリスト教が浸透しているとはいえません。実はこのような歴史観は第二次世界大戦後に日本の教育に導入された歴史観になります。歴史観とは、過去を通して今の社会を把握しようとすることであって、今の社会、つまり国が違えば歴史の見方も変わってきます。もし、あなたが中国に生まれたならば中国の歴史観があり、韓国に生まれたならば韓国の歴史観があり、アメリカに生まれたならばアメリカの歴史観があって、その歴史観を通して世界を把握しているのです。学校で歴史を学ぶということは、ひとつに同じ世界を見よう、見させようとしているのであり、もし、別の国で歴史を勉強したならば、別の世界観をもつことになります。本章の最初にも述べましたが、歴史は過去という一見客観的な出来事を学ばせることを通して、その国の思想を刷り込んでいるともいえるのです。

日本は第二次世界大戦に敗戦した際、ＧＨＱによって今まで使用していた教科書の多くの部分が黒く塗られてしまいました。どこかで見たことはないでしょうか。あの教科書の多くは歴史の教科書だったのです。その当時の日本人の考え方の基礎を作っていた歴史、つまり世界の見方が否定されたのです。そして、それに変わって導入されたのがキリスト教の歴史観をもとにしたヘーゲルやマルクスの歴史観だったのです。

そして、その際に否定された歴史観に影響を与えていた思想のひとつが、『大日本史』の思想であり、後期水戸学の思想になります。『大日本史』は、戦前の日本社会に大きな影響を与え、その影響は今にも及んでいると考えられます。では、『大日本史』はどのような歴史観を備えているのでしょうか、また、何が『大日本史』に影響を与えたのでしょうか。この点については、次章以降述べていくことにします。

第七章　東洋の歴史観

前章では、教科書が学習指導要領に基づいていることを述べました。学習指導要領は数年ごとに改訂があり、最近では中学校学習指導要領は二〇一七（平成二十九）年、高等学校学習指導要領は二〇一八（平成三十）年に改訂版が告示され、それぞれ二〇二一（令和三）年度、二〇二二（令和四）年度の新入生から適用されています。この度は社会科の分野で大きな改訂があり、小学校において養う「社会的事象の見方・考え方」を軸として、中学校社会科の歴史分野では「社会的事象の歴史的見方・考え方」を養うことに主眼が置かれるようになりました。さらに、高等学校の地理歴史科ではこれまでの「世界史A」「世界史B」「日本史A」「日本史B」から、「歴史総合」「日本史探究」「世界史探究」へと科目の変更がありました。これも小学校・中学校の学びを基礎にして、日本史と世界史を融合して、現在に至る歴史について主体的に考える力をより養っていこうというのです。そのためには、歴史に潜む思想を知っておくことも重要です。歴史には様々な思想があることをぜひ知っておいて下さい。

本章から数章にわたって、『大日本史』のもとにある東洋の歴史観について考えていきます。本章はその基礎にある暦を基本にして話を進めていきます。

循環史観

前章で述べたように、現在の教科書の歴史観は西洋由来のもので、それは第二次世界大戦の敗戦によって、日本にもたらされました。しかし、それ以前の歴史の教科書は別の歴史観（世界観）によって記されていました。その基本が『大日本史』の歴史観のもとにある中国の歴史観になります。『大日本史』は紀伝体によって書かれています。紀伝体とは、帝王の伝記である本紀、主に個人の伝記である列伝を骨子とし、その他、年表の表、制度史である志などによって構成された歴史書のスタイルです。これは『史記』によってはじまり、中国の正史のスタイルになっています。『大日本史』は、その形式を中国の歴史書のスタイルである紀伝体によった時点で中国の歴史の思想の影響を受けてしまっているのです。では、中国の歴史の思想とはどのようなものなのでしょうか。

キリスト教の歴史観が直線的な発展史観であったのに対して、中国の歴史観は、世界は同じことがくりかえし生起するという循環的な歴史観が基本にあります。これを**循環史観**といいます。歴史の見方はこの循環史観の方がむしろ一般的であったのです。まずは循環史観がなぜ生まれたのか考えていきましょう。

暦の作成

発展史観であれ、循環史観であれ、歴史は時間の流れの中で生起する出来事を時間軸に従って書き記したものであり、永遠に続く時間をどう区切り、秩序づけるのかが重要になります。その秩序の最も基本にあるのが、暦（カレンダー）になります。現在、暦は当たり前のようにあり、それを意識することなく使っていると思います。しかし、暦の作成は案外たいへんなのです。まずは、暦がどのように作成されたのか確認していきましょう。

皆さん、時間が流れていることをちゃんと意識していると思います。では、皆さん時間の流れはどのように把握しますか。一日の中の時間の流れは時計によって把握し、一年の時間の流れはカレンダーによって把握するというかもしれません。でも、時計やカレンダーがなかったらどうしますか。時計やカレンダーがないことを想像してみてください。その際、何を基準に時間の流れを把握すればよいのでしょうか。

まず、基本となる時間の流れを確認しましょう。誰であっても平等に感じることのできる時間の流れは何でしょうか。それは一日ではないでしょうか。いかがですか。一日は、太陽が昇り沈んでまた昇ることで感じることができます。太陽が朝昇って、夕方沈んでいくことで一日が過ぎたなと感じることができるでしょう。この昼夜の繰りかえしが一日であり、その繰りかえしのリズムの中で人は朝起きて活動し夜眠るということを繰り返してきました。暦の基本は一日です。

この一日を分割したのが何時何分であって、それを測る機械が時計になります。一日がなぜ二十四時間で、一時間がなぜ六十分なのか、これも考えるとおもしろいのですが、紙幅の都合上ここでは割愛させていただきます。

太陰暦

歴史において重要なのが、一日以上の時間をどのように把握するのかになります。皆さんは当たり前のようにカレンダーを使って一週間、ひと月、一年を把握しますが、この単位は一体何に由来するものなのでしょうか。

まず、一週間ですが、それは神様が六日間かけて世界を創造し、七日目に休んだという聖書の記述に由来します。そのため、一週間は七日であり、週末は休日（安息日）なのです。これはキリスト教圏の文化に由来するもので、東洋にもとからあったものではありません。

では、ひと月はどうでしょうか。これは何を基準にしていたのでしょうか。実は昔は文字通りひと月は月の周期を基準にしていたのです。一日以上で、ふつうの人が誰でも把握できた周期は、月の周期だったのです。月は二十九日半で満ちかけを繰り返します。新月から徐々に満月になって、また徐々に欠けてゆき新月へとなっていく。現代は月蝕などの天文ショーがない限り、月を意識して見ることはあまりないと思います。でも、月が満ちたり欠けたりしていることは把握しているでしょう。昔の人はこの月の満ち欠けをひとつの基準にして、永遠と続く一日の連続に区切りをつけて「ひと月」としたのです。月が新月の日を一日（朔《さく》）とし、満月を十五日、そして徐々に月が欠けて行き、また新月になったら一日としたのです。月の周期は約二十九・五日なので、ひと月は二十九日もしくは三十日となります。

ちなみに、六月一日の一日は「ついたち」と読みます。それは月が立つからに由来します。また、月の最後の日は「つごもり」といいますが、それは月が隠れてしまうからです。もともと日本では新月は月末だったようです。中国の暦とは微妙に違いますが、後には中国の暦の影響で新月が「ついたち」になります。

また、月の呼び方も月を基準にして日にちを数えていたことに由来します。三日月、十三夜の月、十五夜の月、二十三夜の月は、それぞれ新月（朔）から数えて、三日目、十三日目、十五日目、二十三日目に相当します。昔はカレンダーがなくとも、月を見て何日かが分かったのです。このような、月の周期を基準にした暦が**太陰暦**になります。

太陰暦だと、月蝕が起こるのは必ず満月の十五日になります。太陽・地球・月が一直線上にならないと月蝕は起こらないからです。また、日蝕になる時は、かならず一日（朔・新月）に起きます。それも太陽・月・地球が一直線上になって日蝕が起こるからです。図示してみると分かると思いますので、自分でやってみてください。

太陽暦

では、月の周期の次に人が感じる周期は何でしょうか。温帯地域に住んでいる人ならば、春夏秋冬と季節が巡る周期を感じることができるはずです。この周期が「一年」になります。この季節の周期の中で穀物は一度実ります。だから「年」を「みのり」と読むのです。中国の北京には天壇《てんだん》という天を祀る場所があります。そこには「祈年殿《きねんでん》」という建造物がありますが、「祈年」はみのりを祈るという意味になります。

　農耕民族にとってこの一年の周期を正確に把握することはとても重要なことでした。一年に一度の収穫をより多く得るために、いつ畑を耕し、いつ種を播くのかは、とても重要であったからです。

　皆さんは一年は何の周期に由来し、何日あるかはもちろん知っていますね。一年は地球の公転周期に由来し、約三百六十五日と四分の一ですね。これは当然知っていると思います。でも、普通に生きていて、地球が太陽の周りを回っていたり、一年の日数を正確に感じることはできるでしょうか。一年が巡ることは、季節が巡ることによってなんとなく感じることはできますが、正確にその日数を把握することは難しいと思います。

　一年の日数をより正確に測るには、精密な天体観測が必要であって、それなりの施設と技術、そして知恵が必要なのです。一年の日数の正確な把握に最初に成功したのが古代エジプトでした。エジプトではシリウスを観測することにより、一年の日数を把握し、それを基準にして暦を作成しました。この一年の周期を基準にした暦が**太陽暦**になります。

　このエジプトの暦を参考にして、ローマ帝国初代皇帝カエサルがローマ帝国内に導入した暦が**ユリウス暦**になります。それは一年を十二ヶ月に分け、ひと月を三十日と三十一日、および二十八日にし、四年に一度の閏年を設けたもので、現在とほぼ同じ暦になります。でも、まだ誤差があるので、それを改良したものが、現在、多くの国で使用されている**グレゴリオ暦**となります。現在の日本もこの暦を使用しています。

ところで、太陽暦が地球の公転周期に由来するのは、当然のように知っていると思います。でも、地球が太陽の周りを回っていることを把握できたのは、天文学がかなり発達してからになります。これはいわゆる地動説ですが、この理論はコペルニクスが唱え、ケプラーやガリレイが継承・発展させ、そして、ニュートンが万有引力を発見したことによって完成しました。これによって、一年が地球の公転周期だとわかったのです。一年の日数にしろ、公転周期にしろ、皆さんが、当たり前だと思っていることは、実は、たいへんな努力の結果なのです。

太陰太陽暦

では、古代中国ではどのような暦が使われたのでしょうか。旧暦は太陰暦だから、太陰暦だと思っている人が多いのではないでしょうか。それだと半分正解になります。月を基準にした太陰暦では、約十二ヶ月周期で一年が巡ることは把握できます。しかし、月の周期は二十九日半であって、月を基準にして一年を定めると徐々に季節がずれてきてしまいます。それでは農業に使えません。

古代中国でも、精密な天体観測によって一年の日数を把握し、太陽の軌道を二十四等分し、二十四節気というひとつの太陽暦を作成していたのです。現在でも、天気予報の時に、今日は啓蟄《けいちつ》、大暑《たいしょ》、大寒《だいかん》ですね、などと言っているのを聞いたことがありませんか。また、冬至・立春・春分・立夏・夏至・立冬・秋分・立冬などは知っていますね。あれが二十四節気にあたり、太陽の運動に基づいた季節感を正確に表す暦になります。

せっかくですから、二十四節気をすべてあげておきます。冬至《とうじ》・小寒《しょうかん》・大寒《だいかん》・立春《りっしゅん》・雨水《うすい》・啓蟄《けいちつ》・春分《しゅんぶん》・清明《せいめい》・穀雨《こくう》・立夏《りっか》・小満《しょうまん》・芒種《ぼうしゅ》・夏至《げし》・小暑《しょうしょ》・大暑《たいしょ》・立秋《りっしゅう》・処暑《しょしょ》・白露《はくろ》・秋分《しゅうぶん》・寒露《かんろ》・霜降《そうこう》・立冬《りっとう》・小雪《しょうせつ》・大雪《たいせつ》、以上になります。

古代中国では、この太陽暦によって太陰暦を補正した暦を作成したのです。ひと月は月の周期を基準にした二十九日ないし三十日で、十二ヶ月で一年とします。それでは次第に季節にずれが生じてしまうので、補正のために十九年に七度、一年が十三ヶ月の閏月《うるうづき》をいれた暦です。このような暦を**太陰太陽暦**といいます。この作成には、かなり面倒な計算が必要になります。中国の古代帝王は、このような正確な暦を作成し、それを人びとに頒布して月日を教えていたのです。帝王は時間の支配者でもあったのです。

宇宙の運動と循環史観

ちょっとややこしかったですね。では、もう一度確認しましょう。一日や一年は何によって把握するのでしょうか。一日は地球の自転であって、一年は地球の公転周期でしたね。地球の自転・公転はかなりあとになってから認識された事実であって、当時の人は地球を中心にして宇宙がまわっていると認識していました。でも、いずれにしても時間の流れは宇宙（天体）の運動によって認識し、その運動は同じ事が繰り返す円運動なのです。

なんか当たり前のことを書こうとすると結構面倒くさいのですが、時間の流れを把握することはかなりたいへんなことなのです。そもそも世界に時間が流れていることを認識しているのは、大脳新皮質が発達している人間だからできる芸当であり、動物は現在しか認識していないそうです。筆者もこのあたりのことはよく分かりませんので、自分で調べてみてください。とにかく、皆さんは未来のことを思い、過去のことに思いをはせることができます。三次元空間に時間を足した四次元の世界で生きているのです。空間は認識しやすいのですが、時間が難しいのです。ちなみに「宇宙」は「宇」が空間を意味し、「宙」が時間を意味しています。宇宙と書いて時空を意味します。

永遠と続く時の流れを宇宙の運動によって秩序づけ、時の流れを把握しようとしたのが暦（カレンダー）です。暦がないと、ひたすら一日が続くだけであることを想像してみましょう。暦の発明は偉大だったのです。

人間は宇宙の運動の中で生きています。宇宙の運動は円運動であって、繰りかえしなのです。だから歴史を把握する場合も循環的に見るのが一般的だったのです。世界は同じことが繰り返し起きるとみたのです。これが循環史観の由来になります。

十　干

甲《コウ》《きのえ》　乙《オツ（イツ）》《きのと》　丙《ヘイ》《ひのえ》　丁《テイ》《ひのと》　戊《ボ》《つちのえ》　己《キ》《つちのと》　庚《コウ》《かのえ》　辛《シン》《かのと》　壬《ジン》《みずのえ》　癸《キ》《みずのと》

十　二　支

子《シ》《ね》　丑《チュウ》《うし》　寅《イン》《とら》　卯《ボウ》《う》　辰《シン》《たつ》　巳《シ》《み》　午《ゴ》《うま》　未《ビ》《ひつじ》　申《シン》《さる》　酉《ユウ》《とり》　戌《ジュツ》《いぬ》　亥《ガイ》《い》

六十干支

1 甲子《こうし》	11 甲戌《こうじゅつ》	21 甲申《こうしん》	31 甲午《こうご》	41 甲辰《こうしん》	51 甲寅《こういん》
2 乙丑《いっちゅう》	12 乙亥《いつがい》	22 乙酉《いつゆう》	32 乙未《いつび》	42 乙巳《いつし》	52 乙卯《いつぼう》
3 丙寅《へいいん》	13 丙子《へいし》	23 丙戌《へいじゅつ》	33 丙申《へいしん》	43 丙午《へいご》	53 丙辰《へいしん》
4 丁卯《ていぼう》	14 丁丑《ていちゅう》	24 丁亥《ていがい》	34 丁酉《ていゆう》	44 丁未《ていび》	54 丁巳《ていし》
5 戊辰《ぼしん》	15 戊寅《ぼいん》	25 戊子《ぼし》	35 戊戌《ぼじゅつ》	45 戊申《ぼしん》	55 戊午《ぼご》
6 己巳《きし》	16 己卯《きぼう》	26 己丑《きちゅう》	36 己亥《きがい》	46 己酉《きゆう》	56 己未《きび》
7 庚午《こうご》	17 庚辰《こうしん》	27 庚寅《こういん》	37 庚子《こうし》	47 庚戌《こうじゅつ》	57 庚申《こうしん》
8 辛未《しんび》	18 辛巳《しんし》	28 辛卯《しんぼう》	38 辛丑《しんちゅう》	48 辛亥《しんがい》	58 辛酉《しんゆう》
9 壬申《じんしん》	19 壬午《じんご》	29 壬辰《じんしん》	39 壬寅《じんいん》	49 壬子《じんし》	59 壬戌《じんじゅつ》
10 癸酉《きゆう》	20 癸未《きび》	30 癸巳《きし》	40 癸卯《きぼう》	50 癸丑《きちゅう》	60 癸亥《きがい》

図19　十干・十二支・六十干支

十干十二支と五行思想

さて、古代帝王は精密な天体観測によって正確な一年を把握し、暦を作成しました。こうして、一年のうちを秩序づけることはできました。でも、一年もまた毎年積み上がっていきます。これもまた秩序づけることが必要になってきます。一年以上はどのようにして秩序づけたのでしょうか。

まず、あげられるのが**干支**《かんし》（えと）になります。**十干十二支**《じっかんじゅうにし》はご存知でしょうか（図19）。十二支は知っていると思います。**子**《ね》・**丑**《うし》・**寅**《とら》・**卯**《う》・**辰**《たつ》・**巳**《み》・**午**《うま》・**未**《ひつじ》・**申**《さる》・**酉**《とり》・**戌**《いぬ》・**亥**《い》ですね。音読みでは、し・ちゅう・いん・ぼう・しん・し・ご・び・しん・ゆう・じゅつ・がい、になります。皆さんも自分の生まれた年の十二支は知っていると思います。これも毎年、移り変わり、循環しているのを確認してください。

十二支は知っていたかと思いますが、干支にはその他、十干があります。**甲**《こう》・**乙**《おつ》・**丙**《へい》・**丁**《てい》・**戊**《ぼ》・**己**《き》・**庚**《こう》・**辛**《しん》・**壬**《じん》・**癸**《き》になりますが、いかがでしょうか。甲乙丙丁くらいは知っているかと思いますが、その他は知っていたのでしょうか。本来は覚えておいてほしいところですが、今のところは十干十二支があるということを知っておいて下さい。

十干もまた循環しています。昔は、この十干十二支の組み合わせで年と日にちを数えていたのです。資料を確認してください。甲子から始まって十と十二の最小公倍数の六十でひとまわりします。**還暦**《かんれき》というのは干支がひとまわりしたことになります。はじめは干支によって日にちを数えていたのですが、それが年にも応用されるようになりました。今は今年の干支について話題に上るときは、十二支しかでてきませんが、今でも十干との組み合わせで数えています。ちなみに二〇二〇年は庚子（こうし・かのえね）で、二〇二一年は辛丑（しんちゅう・かのとうし）、二〇二二年は壬寅（じんいん・みずのえとら）になります。皆さんの生まれた年の干支は何でしょうか。ちょっと調べてみてください。

干支も十と十二、そしてそれらが組み合わさった六十が循環していますね。さらに循環するものは、**五行**《ごぎょう》が挙げられます（図20）。**五行思想**《ごぎょうしそう》は中国の戦国時代に生まれた考え方で、世界は木《もく》→火《か》→土《ど》→金《こん》→水《すい》の順に回っていくとする**相生説**《そうしょうせつ》と、木→金→火→水→土の順に回っていくとする**相剋説**《そうこくせつ》があります。このふたつは対立するものではなく、ふたつが組み合わさって世界が永遠に循環していくという考え方になります。五行思想もまた様々に応用されていますが、漢が火徳の王朝、次の魏は土

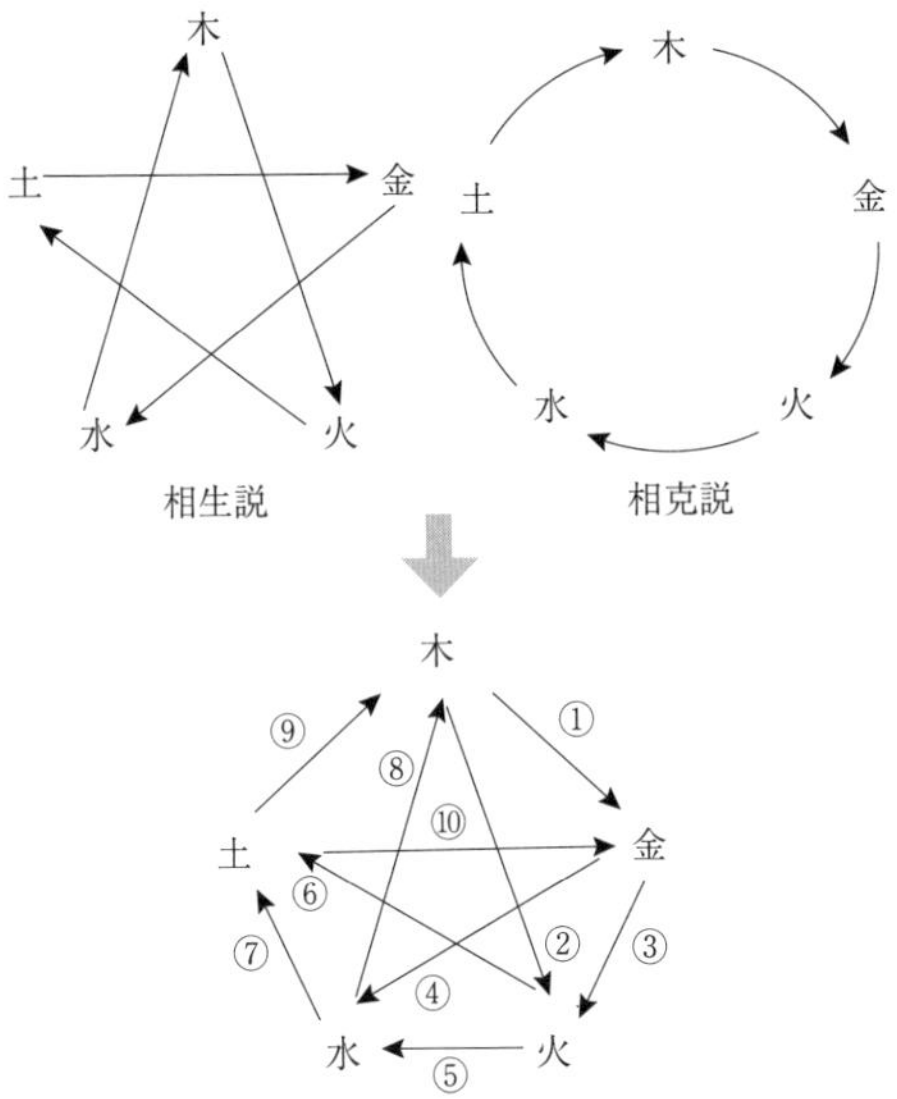

金は木に克つ①。しかし、木は火を生み出して②、金を制御し、水によって補充される。火は金に克つ③。しかし、金は水を生み出して④、火を制御し、土によって補充される。水は火に克つ⑤。しかし、火は土を生み出して⑥、水を制御し、木よって補充される。土は水に克つ⑦。しかし、水は木を生み出して⑧、土を制御し、金によって補充される。木は土に克つ⑨。しかし、土は金を生み出して⑩、木を制御し、火によって補充される。五行は相生説と相剋説があって、はじめて永遠に循環することになる。

図20　五行の循環

徳の王朝と、王朝の変遷も五行によって数えられています。十干の甲・乙・丙・丁・戊・己・庚・申・壬・癸をきのえ・きのと・ひのえ・ひのと・つちのえ・つちのと・かのえ・かのと・みずのえ・みずのとと、読むのは五行思想の影響です。漫画『鬼滅の刃』の鬼殺隊の階級にもなっているので、なんとなく覚えている人はいるのではないでしょうか。木→き、火→ひ、土→つち、金→かね（か）、水→みず、となって、兄→え、弟→と、になります。兄弟は「えと」と読んでいたのです。「中大兄皇子」は何と読みましたか。「なかのおおえのおうじ」でしたね。

元号について

さらに、重要なのが君主の即位を基準とする数え方です。これは孔子が編纂したとされる『春秋』にみられる数え方で、王の即位の年を元年として、順次数えてゆき、王が亡くなり、次の王が即位するとまた元年として最初にもどります。周の時代の各国もまたこの方法によって年を表していました。秦の始皇帝もこれと同様です。

そして、この君主の即位を基準とする数え方をもとにして、今の日本にまで続く年の数え方である**元号**（年号）が漢の武帝《ぶてい》の時代に始まりました。武帝は紀元前一一五年ごろ、武帝の即位した紀元前一四〇年にまで遡って、その年を**建元**《けんげん》元年としました。元号は皇帝の治世の最中であってもしばしば改元されるのでやや繁雑です。

しかし、明代には一代の皇帝にひとつの元号とする**一世一元制**が採用され、『春秋』の例に復されました。また元号は皇帝の死後の称号にもなっています。例えば明の洪武帝《こうぶてい》の時代の元号は洪武、永《えい》楽帝《らくてい》の時代の元号は永楽になります。元号は中国では清が滅びるまで使われていました。

日本が元号を採用したのはいつのことか知っていますか。おそらくは聞いたことがあると思います。**大化の改新**はさすがに知っていますね。実は**大化**が日本初の元号であり、六四五年、大化元年にはじめて元号が用いられ、七〇一（大宝元）年の大宝律令の施行により、元号の使用が公式のものとなり、その後、今に至るまで使用されています。壬申《じんしん》の乱、承久《じょうきゅう》の乱、建武《けんむ》の新政、応仁《おうにん》の乱、明暦《めいれき》の大火、享保《きょうほう》の改革、天保《てんぽう》の改革などなど日本史をとった人は習ったと思います。元号はその時代の出来事をあらわす場合、しばしば利用されています。それがまた繁雑で歴史が嫌いになってしまうひとつの理由になっていると思います。それはよく分かります。

日本でも明治から一世一元制が採用されています。ちなみにこれには水戸の学者藤田幽谷の「建元論《けんげんろん》」が影響を与えたとされています。以来、明治、大正、昭和、平成と続き、先の天皇が退位され今上天皇が即位するにあたり、令和に改元されました。

ちなみに明治天皇、大正天皇、昭和天皇と日本も年号を天皇の称号としていますが、これは死後に追号として在位中の元号が捧げられたもので、諡号《しごう》（死後のよび名）に相当します。そのため、存命中には使えません。

以上のように東洋の年の数えかたは、干支であっても元号であっても、必ず元にもどります。これは宇宙の運動に由来する世界の見方でした。皆さん、「昔は良かった」とぼやく大人を見たことがありますか。「今の若者は……」「古き良き時代」、なんてよくいいますが、それは、昔は良くて、だんだんと世の中が悪くなっていくという考え方が根底にあります。しかし、悪くなる一方ではなく、ある時点でまたもとの状態に戻るとも考えられているのです。「新しい朝が来た」とラジオ体操でも言っていますね。新しいものは徐々に古くなってまた新しくなる。これも循環です。善い世の中が徐々に悪くなって、又新しくなる、この繰りかえしが歴史とみるのです。しかし、繰りかえしは善悪だけではありません。五行思想にも見られるように様々なものが繰り返されるとみるのです。これが循環史観の特徴になります。

中心のある歴史

さて、このように東洋の歴史観は循環史観がその根本にあります。そして、その上に様々な思想が乗っかていくことになります。これは西洋の歴史思想の根本にキリスト教があってその上に様々な考え方が乗っかっているのと同じです。

東洋の歴史思想で循環思想についで根本にあるのが、先ほど述べた孔子が編纂したとされる『春秋』の思想になります。『春秋』については、第三章、第四章で取り上げたので読みなおしてみてください。そこで示したように『春秋』の本文は非常に簡略に記されています。そのため、そこから詳細な思想を読み取ることは困難です。それでも、魯の君主の即位に従って年代記を作成していることから、君主を中心とした循環的な歴史観がそこにあることは読み取れます。

『論語』為政篇には、

政《まつりごと》を為《な》すは徳《とく》を以《もっ》てす。譬《たと》うれば北辰《ほくしん》の其《そ》の所《ところ》に居《お》りて衆星《しゅうせい》之《これ》に共《むか》うが如《ごと》し。（徳によって政治を行えば、北極星が天の枢軸にあって、そのまわりを多くの星が回っているように、動かず言わずとも

人々は従うようになる）

という孔子の言葉があります。孔子は徳を備えた為政者（帝王）は天の中心である北辰（北極星）のようなものとしています。北の星空は北極星を中心に回っているように見えます。孔子は世界の中心には帝王があって、帝王を中心に世界は循環しているととらえていたのであって、歴史の中心もまた帝王だったのです。

儒教の歴史観の基本はこれなんです。歴史は循環するものであり、循環には中心が必要になります。その中心にいるのが帝王だとするのです。その帝王が世界の中心、秩序の頂点として理想秩序を構築しているのが『春秋』であり、王を頂点としてどのような秩序が理想であるのか、それが『春秋』の解釈を通して提示されたのです。漢代に登場した『公羊伝』『穀梁伝』『左氏伝』はそれぞれの理想とする秩序を示しています。第三章を振りかえってみて下さい。『公羊伝』では隠公の心情（意志）によって歴史を解釈していましたね。隠公の心情なんて歴史的事実からは分かりません。隠公の心情（意志）だとして、理想を作りあげているのです。

では、『史記』はどうなのでしょうか。『春秋』は王の即位を基準とした年代記である編年体であり、『史記』は伝記中心の紀伝体という形式の違いがあります。でも、帝王が世界の中心、秩序の頂点にあるというのは同じです。紀伝体は帝王の伝記である本紀が最初に掲げられており、それが歴史の中心軸になります。本紀は帝王の年代記であり、それを中心として世家、列伝が巡っているという宇宙構想になっています。十二の本紀、三十の世家も一年の月数、ひと月の日数を示しており、それを暗示していると考えられます。

紀伝体で歴史を編纂するには、中心を何にするのかが重要になります。光圀はその中心に天皇を据えて日本史を編纂したのです。水戸藩ではこの編纂作業が江戸時代を通して行なわれていました。こうして、水戸藩では日本の秩序の頂点は天皇であるということが揺るぎのないものとなり、『大日本史』の編纂を通じて、天皇を中心とする理想の国家像が模索され、江戸時代後期になるとそこに示された理想を実現しようといわゆる水戸学が興ることになったのです。

『大日本史』の歴史観については、しばしば儒教の歴史観とか、大義名分論とか**尊王思想**《そんのうしそう》とかいう言葉で語られています。おそらくそれでは何が何だかさっぱりわからないと思います。まずは、『大日本史』には、帝王を中心とした歴史観があるということをおさえておいてください。それが基本です。その上に**名分論**《めいぶんろん》とか尊王思想とかいわれる儒教の歴史思想が組み合わさって乗っています。その考え方も歴史的な変遷があり、一概にいうことはできません。『大日本史』に組み込まれている歴史思想を解きほぐしていくのはなかなか難しいことなのです。しかし、それをしないと『大日本史』の思想や、幕末に尊王攘夷運動が起こった理由も理解できません。そこで、次章では『大日本史』を説く上でしばしば語られる尊王思想と**正統論**《せいとうろん》および名分論について検討していくことにします。

第Ⅳ部　「我が東照宮、撥乱反正、尊王攘夷」

第八章　『大日本史』の歴史観

第Ⅲ部から歴史思想の解説になってきたので、ちょっと難しくなってきたかと思います。西洋の歴史思想はキリスト教の歴史観が根底にあり、歴史の終わりを設定する直線的な歴史観、発展史観でした。それに対して、東洋の歴史観の根本には帝王を中心とした循環史観があることを説明しました。中国の歴史書は、どこを切っても中心にあるのは帝王であり、同じような政治体制になります。へーゲルにとってそのような歴史は変化のない停滞した世界と捉えられていました。そこから彼はアジアの後進性を説き、それによって、ひと昔前は進んだヨーロッパと後れたアジアという図式が一般的でした。

中国が強大化し、東南アジア、インドの経済力も伸び、さらに、科学技術の発展によって生活は便利になりつつも、地球環境が破壊され、行き詰まりを感じている現状にあって、新たな世界史の見方も必要になっていると思います。

第Ⅳ部では、『大日本史』の歴史観について検討していきます。さらにややこしくなりますので、焦らずによくよく読んで、理解に努めてください。

『春秋公羊伝』における尊王思想

前章では循環史観の上にさらに様々な思想が乗っかっていると述べましたが、本章では、その中で尊王思想とそこから派生した正統論と名分論という考え方を紹介していきたいと思います。高校の教科書や資料集でも一応は紹介されています。軽く記されていますが、思想的には重要なところです。本書でも最も重要な部分になります。ただ、朱熹はしばしば大義名分論を説いたなどと記載されていますが、実は、朱熹は一度も「大義名分」という言葉は使っていません。その他、中国古典および注釈で「大義名分」という言葉は使われていないのです。どうやら、この言葉は日本で熟語化したものらしいのですが、それがどこに由来しているの分かりません。しかし、中国古典には名分という言葉は使われています。ということで、ここでは名分論として話を進めていきます。

尊王思想および正統論と名分論の基本を作っているのは、『公羊伝』になります。本書では『公羊伝』については何回か登場していますので、名前は覚えたでしょうか。まだよく理解できていない人は、まずは第三章、第四章あたりを復習しておきましょう。

第三章で紹介した『孟子』の中に、孔子が春秋を編纂した理由について「**世衰《よおとろ》へ道微《みちび》にして、邪説《じゃせつ》暴行有作《ぼうこうまたおこ》る。臣《しん》にして其《そ》の君《きみ》を弑《しい》する者之《ものこ》れ有《あ》り、子《こ》にして其《そ》の父《ちち》を弑《しい》する者之《ものこ》れ有《あ》り、孔子《こうし》懼《おそ》れて春秋《しゅんじゅう》を作《つく》る**」とありました。孔子の生きた東周の時代は、周王にはすでに諸侯に君臨する力はなく、諸侯たちが覇権を巡って争い、さらにその諸侯の地位を下の大夫たちが狙っていた時代でした。秩序は崩壊し、孟子が言うような、臣下が君を殺し、子が親を殺すという混沌とした状態でした。孔子はこのような現実を目の当たりにして、秩序を回復しようとして『春秋』を編纂したとされます。混沌とした世界にあって、孔子は、周王を頂点とした理想の秩序を歴史の中に構築し、それを現実に当てはめ秩序を回復しようとしたのです。

そのため、孔子は歴史的事実に対してほめるべきはほめ、そしるべきはそしる、すなわち毀誉褒貶をして、正しい秩序を示そうとします。しかし、それは為政者の悪を言うことになり、へたをすると殺されてしまう恐れがありました。そこで、微言大義《びげんたいぎ》、すなわち一字一句の語句に深い意味を込めて、『春秋』を編纂し、その真意は弟子に口伝したとされています。そのため、『春秋』の本文は極めて簡略に記されたのは、第三章で確認しました。そして、この真意が漢代になって記録されます。それが『公羊伝』であり、『穀梁伝』でした。さらに孔子の同時代人の左丘明《さきゅうめい》が書いたとされる『左氏伝』が前漢後半に漢の図書館から発見されます。

『春秋』自体は極々簡単な魯の年代記に過ぎません。その解説書といえる『公羊伝』『穀梁伝』『左氏伝』を読まないと意味が分からないのです。孔子は真意を弟子達に口伝しましたが、伝言ゲームで解釈が異なってきたのか、それとも別の理由なのか、この三伝は同じ事件に対して解釈を異にしている場合があります。理想とする秩序がそれぞれで異なっているのです。

とはいえ、最初に登場した『公羊伝』に秩序の大枠は示されています。儒教は漢の武帝の時代、董仲舒によって国を治める教えとして採用するよう提案がなされ、儒教経典を研究する官職として五経博士が設置されました。董仲舒も『公羊伝』を研究する公羊学者であり、五経博士設立当初は『春秋』については『公羊伝』が主に研究されていました。それは、古典として過去を過去として研究するのではなく、あくまでも現実社会を統治するために、歴史が研究されたのであり、『公羊伝』には、今に適用すべき理想の秩序が示されたのです。それに対するアンチテーゼとして、『穀梁伝』『左氏伝』が世にあらわれたのであり、秩序の基本はすでに『公羊伝』に示されているのです。

「元年春王正月」の「元年」の意味

その最も重要な事柄が隠公元年に示されています。最初が肝心なのです。隠公元年はすでに紹介しました。第三章の光圀が兄の子を後継者とした理由について検討したところを振りかえってみて下さい。光圀が藩主就任時に兄の子を養子とし、そのまま自分の後継者としたのは、本来は兄が藩主になるべきだという考えがあったからでした。その考えを示したのが『公羊伝』でした。世の秩序を乱すきっかけは、即位の時にあります。そこで、あらかじめ即位の順位を設定したのです。

しかし、それが最初の記述ではありません。隠公元年は「元年春王正月」で始まります。「元年」が最初なのです。これが最も重要なのです。二〇一九年に改元があり、令和元年になりましたが、その際、令和一年とはいいませんでした。それはなぜなのでしょうか。実はそれが『公羊伝』に示されているのです。その部分をもう一度確認してみましょう。「元年春王正月」の『公羊伝』は以下の通りです。

「元年」とは何でしょうか。君の始めの年だ。
「春」とは何でしょうか。歳の始めだ。
「王」とは誰のことを言っているのでしょうか。文王を言っているのだ。
どうして先に「王」を言って、後に「正月」を言うのでしょうか。王の正月だからだ。
なぜ「王の正月」と言うのでしょうか。一統を大《とうと》ぶからだ。

『公羊伝』では「元年」とは「君の始めの年だ」としています。でも、これだけでは、まだよくわかりません。そこで『公羊伝』にさらに解説を加えた後漢の何休《かきゅう》の注釈を確認してみましょう。

「年」とは十二ヶ月の総号であり、『春秋』は十二ヶ月を「年」と称して書く。一を変えて「元」とする。「元」は気であり、無形によって起こり、有形へと分かれていく。元は天地を造り起こすものであり、天地の始めである。だから上には繋げるものがなく、春をこの次に繋げるのである。

十二ヶ月を「年」とするというあまりに当然のことが語られています。何休注ではこのように当然すぎることを定義しています。

元について述べているのは「一を変えて『元』とする」以下のところです。これもまたちょっと難しいところです。ここは『公羊伝』そのものの思想というより、後漢以降の思想も反映されています。

ここで「一」を「元」としたのは、元によって元気を表したからだとします。気は万物を形成している根本的な物質であって、その大本が元気なのです。元気はすべての根本となっている気です。「元気ですか」の元気とは、もともとはすべてを生み出す力がそこにみなぎっていることを表現しているのです。

世界の最初は混沌とした無形であって、それが徐々に形のあるものに分かれていきます。最初に天地が分かれて、さらにそこから万物へとなっていくとされています。元気によって、天地が生まれ、万事が始まる。すべての始まりだからこそ「元」を最初に記すとしたのです。

ちなみに『日本書紀』冒頭も多少なりともここから影響を受けていると考えられます。

> **古《いにしえ》天地《あめつち》未《いま》だ剖《わか》れず、陰陽《めお》分《わか》れず、渾沌《こんとん》にして鶏子《とりのこ》の如《ごと》く、溟涬《めいけい》にして牙《きざし》を含《ふふ》めり。**（昔、天と地が分れず、陰の気と陽の気も分れず、混沌《こんとん》として未分化のさまはあたかも鶏の卵のようであり、ほの暗く見分けにくいけれども物事が生れようとする兆候《きざし》を含んでいた）（小島憲之等校注・訳『日本書紀一』十八・十九頁）

この部分は、天地陰陽が分かれる以前の元気の状態を説明しているものです。

元年は君の最初の年ですが、それにはそのような意味が込められています。令和元年を一年と書かないのはその影響です。改元は最初の元気ある状態にもどし、新しい状態で出発しましょうということなのです。これも循環史観です。

「元年春王正月」の「春」の意味

また、「元年」に次いで「春」が書かれています。今、日にちを記す場合、季節は書きませんが、『春秋』では、季節の最初に当たる記事には、春・夏・秋・冬の季節が示されます。ここで問題になるのは、なぜ元年の次に季節が記されるのか。そして、なぜ、それが春なのかなのです。

まず、なぜ季節が記されるのかという問題は、それは「天」を示しているからだとします。元から最初に分かれたのは天と地であって、そこから万物が生み出されます。中国思想では、「天」は絶対的存在（神のような存在）です。天は春、夏、秋、冬と巡っています。天の最初が春だから、「春」を書いているとするのです。

でも、どうですか。天の最初、年の最初が春だとするのは、皆さんどう思いますか。今の一月一日はバリバリの冬ですよね。どうして、冬ではなく、春なのでしょう。年賀状で新春や迎春と書いたりします。季節も春夏秋冬と春を最初に書きます。あれはどういうことなのでしょうか。そもそも春夏秋冬と循環する中で、年の最初の季節をいったい誰がどのように決めたのでしょうか。

実は、年の始めを春と決めたのは、『春秋』がそのひとつなのです。それ以前も春を年のはじめという考えがありましたが、その一方で冬がはじめだという考えもありました。『公羊伝』は、年のはじめは春という考えを採用し、その成立と同時代、前漢の武帝が太初暦《たいしょれき》を制定し、立春正月を年始にしています。それ以降、東洋では春が年のはじめとされました。旧暦は二月か三月に正月があるのはその影響です。今の日本の暦は明治になって西洋に効って変えられた暦なのです。だから、昔からの名残で正月を春としているのです。

「王正月」の意味

さらに「春」に続いて「王の正月」とあります。これは、王は勝手に王となるのではなく、天の命令によって王となることを示しています。王は地上の絶対者ですが、それは天によって命令されてはじめて権威づけられます。周において、最初に天から命令されて王になったのが周の文王であり、「王の正月」の「王」は、文王を示しているとするのです。

つづく「正月」は十二ヶ月の最初の月ですが、これは王が作成した暦（カレンダー）を示しています。王であってはじめて暦を作成することができます。王は時間の支配者でもありました。「王の正月」とは、王の暦に従って行動することを表しており、周王の支配下に魯があることを示しています。「元」から「天（春夏秋冬）」が生じ、「天」が命令を下して「王」にし、王は暦を作成して、人々を支配すると言う意味が「元年春王正月」に示されているとするのです。その構造を示すと以下の通りになります。

元年　春　王　正月

元年 → 天地を生み出す元気

春 → 天（万物の根源）を示し、春夏秋冬の最初を示す

王 → 周の文王、地上の支配者、天によって命じられた周の最初の王

正月 → 王の作成した暦の正月

日にちの書き方にこれだけの意味が込められているのです。さらに、何休の注釈は次のようなことも記しています。

> 王者になってはじめて「元」を改め、号を立てることができる。『春秋』は新王の受命を魯に仮託しているため、それに因んで「即位」を記録し、王者は天を継ぎ元を奉じて万物を養成しなくてはならないことを明らかにした。

王者であってはじめて改元して、号を立てることができるとしています。王者は時の支配者であるので、改元は王者でなくてはできないとするのです。でも、ここの元年は魯の隠公元年です。魯は諸

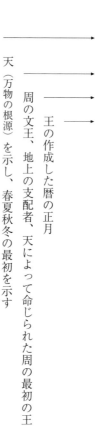

侯であり、王ではありません。すると、魯の改元は不正になってしまいます。そこで何休は「『春秋』は新王の受命を魯に仮託」すると、ちょっと無理矢理な解釈をするのです。これは『春秋』の成立の時期と利用された時期の時代背景の違いに起因するものであり、漢の武帝以降、改元は皇帝の権限下にあるということを示しています。

日本でも新たな年号の公布は、天皇によって行われていました。当然、年号決定の過程は時の権力者の意向がありました。しかし、改元の発令は天皇の職務であったのです。今は天皇の代替わりで元号を改める一世一元が導入されており、新天皇の即位にともない、時の内閣のもと新元号が決定され、最終的に天皇によって公布されます。その淵源はここになります。

大一統の思想

ところで、なぜ『春秋』は「王の正月」と書くのでしょうか。『公羊伝』ではその理由として「一統を大《とうと》ぶからだ」としています。これもよく分からないと思います。実はこれが『大日本史』に重大な影響を与えた「一統を大《とうと》ぶ」という思想になります。「大一統《だいいっとう》」ともいわれます。これが正統論の根本の考え方にあります。もともとすべてのものはひとつのものから始まるのであって、何事もその始めを重視し、始めを正しくしなければいけない、という考え方です。

『春秋』の元年の際の記述は、本来は「元年春王正月公即位」が正しい書き方とされます。この「元年」「春」「王」「正月」「公即位」が五つの最初であり、**五始《ごし》**と言われます。先ほど述べたように、すべて最初を示しています。「元」は万物の最初、「春」は天の最初、「王」は周の文王であり、天から最初に命令を受けた王（受命の王といいます）であり、「正月」は、十二月の最初になります。「公即位」は隠公元年にはなく、それが問題となっていましたが、基本的に元年には記されています。「公即位」は、諸侯の最初の行事を示しています。すべて最初を示しているのです。

そして、その最初が正しいものであって、はじめてその後も正しくなるとされます。「公即位」は諸侯の即位を示していますが、諸侯は、正しい暦、すなわち正しい王の支配下にあって、はじめて正しいとされます。諸侯は上に正当な王を戴くことによって、はじめてその政治が正当化されるとしたのです。「一統《いっとう》を大《とうと》ぶ」は、諸侯の政治はすべてひとりの王に繋がっていく、ひとりの王が始めにあるということなのです。天に認められた正しいひとりの王が地上の支配者であるとするのです。『春秋』では、その正しい王の最初は周の文王であり、それを受け継いだ王こそが正しい王であり、地上の支配者であるとしたのです。

漢においては、天から最初に地上の支配者、王（皇帝）として命ぜられたのが、高祖（劉邦）であり、それを受け継いだ者が地上の支配者であるとされました。皇帝の権威は天から命ぜられたものであるとして、そこに漢の正統性を求めたのです。

正統論と名分論

この考え方は以後の中国にも受け継がれています。漢の次の時代は、三国時代であり、魏・呉・蜀の三つの国がならび立ち、それぞれが皇帝を名のった時代でした。しかし、その中で誰が正しい皇帝なのか、それが非常に重要でした。それは、地上の支配者はひとりとされていたからです。現実には三人の皇帝が並び立ったのですが、理想の秩序を示す歴史書の中では三人の皇帝が並び立つことは許されません。

そこで、魏を受け継いだ晋の人である陳寿《ちんじゅ》が編纂した正史の『三国志』では、魏が漢を受け継いだ正しい王朝とされ、魏の皇帝にのみ皇帝の伝記である本紀が作られました。蜀や呉については、蜀書、呉書が立てられていますが、皇帝については列伝として記されています。しかし、それぞれの国の年号が記録されるなど、この時代、地上にはひとりの皇帝という意識はまだおおらかでした。

この考え方がより先鋭化するのは北宋の時代になります。天下の正しい王朝が、天下を一統しなくてはならないという正統論という考えが欧陽脩《おうようしゅう》によって編み出されたのです。欧陽脩は『新唐書《しんとうじょ》』『新五代史《しんごだいし》』の主編者であり、唐宋八大家のひとりに数え上げられる名文家であるとともに、非常にすぐれた歴史家です。

欧陽脩が編纂した『新五代史』は、唐滅亡後の五代十国時代の歴史書ですが、その時代はわずか五十三年間に中原の地に五王朝十三君があいついで即位したのです。春秋・戦国時代以上に混乱を極めた時代でした。欧陽脩は自分を『春秋』を編纂した孔子に準えて、その時代の歴史の編纂に当たったのです。

欧陽脩は唐代に勃興した新たな春秋学の影響を受け、歴史の事実に対して賞すべきものは賞し、罰すべきものは罰し、君はいかに生きるべきなのか、臣はいかに生きるべきなのか、それぞれの身分での生き方を歴史の中に示し、今の秩序を正そうとしたのです。このような『春秋』にもとづく考え方を名分論といいます。

五代十国時代の混乱を収拾して成立した宋は、自己を正統化するために、どの王朝が正しい王朝なのか、何をもって正しいとするのか、それを模索した時代でした。そのような北宋の時代に正統の問題がはじめて俎上に載せられたのが『冊府元亀《さっぷげんき》』という書物でした。そこでは、三国時代は魏が正統であるとされ、蜀と呉は「閏《じゅん》」とされました。欧陽脩はこの「正統」という言葉を緻密に整理して「正統論」という論文を著したのです。欧陽脩は『公羊伝』隠公三年「君子は正しきに居るを大《とうと》ぶなり」および元年の「一統を大ぶ」の、「正」と「統」について、次のように述べています。

正は正しからざるを正す所以《ゆえん》なり。統は天下の一ならざるを合する所以なり。不正と不一に由り、然る後に正統の論作《おこ》る。（正は正しくないことを正すためであり、統は一ではないことを合するためである。正しくないことと一ではないこととがあって、その後に正統の論が起こったのである）

正しくないことを正すという「正」と、一ではないことを合する「統」とを、合わせて「正統」とし、正統を正位に居て天下を合一することとしています。このように、正統論も『公羊伝』由来なのです。以後、論者によって正統が意味することは微妙に変化していきます。今は、正しい系統の王朝と捉えていれば結構です。いずれにしても正統という言葉がこのように定義づけられて以降、正統はどこの王朝にあるのかという目でより歴史を見るようになったのです。欧陽脩は、当初、魏を正統に位置づけていたのですが、後に魏は正しくもなく統一もしていないとして三国時代そのものを正統がなかった時代としました。

司馬光『資治通鑑』の名分論

欧陽脩の名分論・正統論の考えを、批判し発展させたのが同時代の司馬光《しばこう》になります。司馬光は新法党《しんぽうとう》の王安石《おうあんせき》に対立した旧法党《きゅうほうとう》の頭目として高校の教科書にも登場しています。その他、司馬光は編年体の歴史書『資治通鑑《しじつがん》』を編纂するなど、歴史家でもありました。『史記』は、五帝の時代から漢代までの歴史を著した通史ですが、その後の正史は、その王朝の歴史のみを編纂した断代史になります。『資治通鑑』は中国の戦国時代から五代十国までの通史です。司馬光は欧陽脩の「正統論」に対しては批判的な立場でしたが、通史を編纂するにあたって、王朝並立時代の元号を統一して執筆する方針を採りました。そのため、便宜上、三国時代は、魏の元号を使っていましたが、それは必ずしも正統な王朝を魏としたからではありません。しかし、それによって、以後の歴史書は、分裂時代についてはひとつの元号によって記されることになり、ひとつの中国、正統がより意識されることになります。

また、名分論については、司馬光はより考えを深めて『資治通鑑』の編纂に当たっています。司馬光の言葉からもう少し名分論について考えていきましょう。『資治通鑑』は周の威烈王《いれつおう》二十三年（紀元前四〇三年）から始まっています。この年は韓・魏・趙が諸侯として認められ、ここから戦国時代が始まるとされたのです。その冒頭に『資治通鑑』に込められた司馬光の意図が記されています。それは次の文章になります。

臣光曰《しんこういわ》く、臣聞《しんき》く、天子《てんし》の職《しょく》は礼《れい》より大《だい》なるはなし、礼《れい》は分《ぶん》より大《だい》なるはなし、分《ぶん》は名《めい》より大《だい》なるはなし。何《なに》をか礼《れい》という。綱紀是《こうきこ》れなり。何《なに》をか分《ぶん》という。君臣是《くんしんこ》れなり。何《なに》をか名《めい》という。公《こう》・侯《こう》・卿《けい》・大夫《たいふ》、是《こ》れなり。（臣の司馬光が言う。私はこのようなことを聞いております。天子の職は礼よりも重大なことはなく、礼は分よりも重大なものはなく、分は名よりも重大なものはない。何を礼というのか。綱紀がこれにあたる。何を分というのか。君臣がこれにあたる。何を名というのか。公・侯・卿・大夫がこれにあたる）

司馬光は、天子の職務で最も重要なものは「礼」であるとし、その礼において最も重要なものが「分」であり、その分においてもっとも重要なものが「名」であるとしています。ここの「分」と「名」で「名分」なのです。つまりここは名分論を説いているところなのです。長大な『資治通鑑』の冒頭にこの文章を記して、司馬光は名分論に基づいて『資治通鑑』を著そうという意思を表明したのです。でも、これではちんぷんかんぷんですね。じっくり考えていきましょう。

そもそも「礼」が分かりません。礼とは何か。ここでは「綱紀」であるとしています。綱とは太いつな、紀とは細いつなのことであり、そこから国家を治める大法と細かな規則という意味が出てきます。天子の職務は国を治めることであり、国を治めることは国の秩序を整え安定させることになります。それは天子という個人の力だけではどうにもなりません。臣下の手助けが必要であり、さらに、国を治める綱紀、つまり、礼が何よりも重要になります。儒教における礼は、今の法に相当します。今の政治においても、法が最も重要であることをイメージすれば分かりやすいと思います。

そして、その礼の中で最も重要なものが「分」であるとしています。「分」は文字通り分けること、区別することになります。ここでは「君臣」としていますが、上下関係だと考えてください。君と臣とを明確に分けること、誰が上で誰が下なのか、区別することが、「分」になります。

これだけでは、まだ分かりにくいと思います。もう少し説明しましょう。人間は集団で生活する生き物です。どんな孤独な人であっても、ひとりで生きることはできません。必ず人と何らかの関係を結んで生きています。このことはよくよく考えてみてください。とにかく、人は何らかの集団を作ります。家族、学校、クラス、会社、様々な集団がありますね。その集団を維持し安定させるには、その集団を秩序づける必要があります。儒教において、その集団を秩序づける機能を担っているのが礼であり、その礼においては君臣関係、つまりは上下関係を区別することが重要だとするのです。

家族においては親と子を区別し、兄と弟、姉と妹、夫と妻とを分け、学校では、先生と学生、先輩と後輩などを分け、会社においては上司と部下、社長と部長、部長と課長などを分けていると思います。なんとなく、誰が上で、誰が下なのか、意識できるのではないでしょうか。それは儒教においては上下関係が重視され、現在の日本でもその影響があるからです。

さらに「分」の中で重要なのが「名」であり、それは「公・侯・卿・大夫」が該当するとしています。君である諸侯においても、公《こう》・侯《こう》・伯《はく》・子《し》・男《だん》の爵位があり、臣下においても卿・大夫・士などの身分があることを述べているのですが、それは爵位や身分などの名をつけることによって、はじめて区別がつけられることを示しています。今、「分」を説明している中でも、君臣とか親子とか兄弟など、様々な名称がありましたね。「君」と「臣」という名があって、はじめて「分」を説明できるのです。

混沌とした世界に秩序を与えるのは、何よりも何らかの事象に名をつけて、混沌から分離する必要があります。名を与えることによって、はじめてその事象をその事象として認識することができるのです。世界の諸事物に名を与えて、秩序をつけ、人と人との関係にも名を与えて分けて、その職務やあり方を規定し、秩序化するのです。

儒教では君臣に加えて、父子・夫婦を三綱とし、さらに兄弟・朋友を加えて、五達道としています。まず、君臣・父子・夫婦・兄弟・朋友を区別し、それを基準にしてさらに細かく人間関係を区分けして、それぞれの役割を規定し、礼を定めて、世界の秩序を整えていこうというのです。

つまり、世界を秩序づけるには、まずは、人と人との関係に名をつけ区分けし、様々な関係の中における礼（法・規則）を規定し、それぞれの人が自分はどのような身分（立ち位置）なのかを把握し、その身分（立ち位置）に則った行動、礼に従った行動をとらせることが必要だとするのです。これを歴史の中で示していこうというのが、名分論です。

ちょっと考えてみましょう。例えば、皆さんが学生だとして、学校で先生と対応する場合、どのように接するでしょうか。一応は先生に対して、自分の口の聞き方、行動を律しているのではないでしょうか。また、先輩と後輩もちゃんと区別して、先輩に対しては敬語を使い、一方で後輩からは敬語を使われていると思います。その他の場面でも、相手がどのような身分で、自分との関係はどうなのか、それを考えて行動していることが多いと思います。実はこれを作りあげているのが名分論なのです。

司馬光は『資治通鑑』をこのような名分論をもとに記すとしたのです。この名分論で重要なのが、司馬光も記すように「礼」でした。それは理想の秩序と言うこともできます。歴史を編纂する以前に、まずはこのような秩序であってほしいとあるべき礼を想定しないといけないのです。まずは、枠組みを作って、それに歴史的事実を入れ込み、そして、その枠組み、つまり礼に沿っているのか否かで、評価していくのです。

諸侯に君臨する王人

もう一度、『春秋』に立ちかえって考えていきましょう。『春秋』は、現実社会では諸侯に君臨する力のなかった周王を、上記のように秩序の頂点としました。その他にも様々な筆法によって周王を頂

点とした秩序が示されています。そのひとつに諸侯の並べ方があります。例えば、僖公八年に

八年《はちねん》、春《はる》、王《おう》の正月、公《こう》、王人《おうひと》・斉侯《せいこう》・宋公《そうこう》・衛侯《えいこう》・許男《きょだん》・曹伯《そうはく》・陳《ちん》の世子款《せいしかん》・鄭《てい》の世子華《せいしか》に会《かい》し、洮《ちょう》に盟《めい》す。

とあります。『春秋』は魯の歴史書であり、魯を主として書くため、魯の君主である「公（僖公）」を最初に掲げますが、ついで記されるのが「王人」になります。それは周王の臣下を意味しています。王の臣下であっても、王の代理として会議に出席しており、王に相当する者として、諸侯の斉侯・宋公よりも上に書くことで、王を尊んでいるのです。現実社会では力がなくとも、理想の秩序では王が頂点なのです。

さらに「斉侯」以下諸侯が順次並べられています。斉侯は覇者の斉の桓公であり、この会議の主催者として、「王人」の次に書かれています。

続いて宋公・衛侯・許男・曹伯とつづきますが、宋・衛・許・曹は国名であり、公・侯・伯・子・男は爵位を表しています。「公」は最上位の爵位であり、前代の王だった国の君主に使われます。宋はもとは殷として諸侯に君臨していました。周代になって王から陥落し、諸侯になっても、「公」として尊ばれ、宋の君主は「宋公」と記されるのです。

「公」に続く爵位の「侯・伯・子・男」は本来、領地の大きさで格付けされます。『公羊伝』では

「侯」が百里四方の領地を持つ大国であり、伯は七十里、子・男は五十里とされています。ただし、『公羊伝』では「伯・子・男」には大きな違いを認めていません。

また「世子」とはまだ君位に就いていない次期君主です。『春秋』は人を列記する場合、偉い順に並べているのです。現実には本当にそのような順で並んでいたのかは分かりません。偉い順に並べて書くことによって、理念としての正しい秩序を示しているのです。整理すると「公、王人・斉侯・宋公・衛侯・許男・曹伯・陳の世子款・鄭の世子華」は次のようになります。


公　……魯の君主の僖公、『春秋』は魯の歴史書であり、魯を主として最初に書く。

王人……周王の臣、会議の出席者は王の代理の臣であり身分は低い。しかし、王の命を受けて会議に参加しているため王と同格であり、諸侯よりも上に書く。

斉侯……斉の君主、斉の桓公。会議の主宰者。

宋公……宋の君主。宋は前代、王であったため最上位の「公」の爵位が与えられ、尊ばれた。

衛侯……衛の君主、衛は大国。

許男・曹伯……許と曹の君主。本来は「伯」の方が上だが、公羊伝は、伯・子・男をひとつとして解釈する。

陳の世子款・鄭の世子華……陳と鄭の次期君主（世子）。

映画のテロップでも主役が最初に示されますね。それと同じです。最初に偉い人を掲げるのです。テロップでは事実として重要な人から示していくのですが、『春秋』はあくまでも理想です。このように書くことによって、孔子の理想の秩序が『春秋』に示されていると『公羊伝』は説くのです。この孔子が理想とした秩序の大枠は、実は教科書にも出ている古代中国社会そのものになります。周王が君臨していて、その下に諸侯、その下に卿・大夫・士という身分の臣下がいるという構造です。それは周代初期、周の武王の弟、周公旦が作りあげたものだとされます。孔子の頭の中にまずこのような理想秩序があって、さらにどのような行為をすれば善であり、悪なのかを、春秋の筆法という書き方を駆使して、この理想秩序の世界を『春秋』という書物の中に構築し、あるべき秩序を示したとされるのです。

ちなみに、「公」が爵位の最上位にあることから「公」が最上級の敬称になりました。ややこしいのですが、『春秋』において、「宋公」と記される場合の「公」が本来の爵位になります。その他『春秋』には「〇公」と多く記されています。隠公や僖公、斉の桓公とか晋の文公などです。この場合の「〇公」の「公」は、爵位ではなく、敬称になります。今で言う「様」のようなものです。また、「〇公」の「〇」に当てはめられる隠・桓・荘・閔・僖・文などの漢字は諡《おくりな》と呼ばれるものであり、死後にその君主の業績を評価して与えられた名です。臣下の立場から君を言う場合は、最も尊んで「公」とするため、各国の君主に対しては「諡＋公」で、その人物を著したのです。

水戸藩においても、初代頼房を威公、第二代光圀を義公、第九代斉昭を烈公というのは、「威」

「義」「烈」が諡であり、公が敬称になります。

朱熹の正統論と名分論

欧陽脩や司馬光はこの『春秋』の考え方を応用して、歴史書を執筆し、正しい秩序とその中での人のあるべき行動を示したのです。さらに、南宋の時代になると、朱子学を創始した朱熹が『資治通鑑《しじつがん》綱目《こうもく》』を編纂し、名分論・正統論の考えをさらに先鋭化しました。

朱熹の方針は『資治通鑑綱目』の凡例に示されています。そこで朱熹は、正統は周・秦・漢・晋・隋・唐のみであり、魏は乱に乗じて帝位を簒奪した僭国であるとし、漢の正統は、漢皇帝の末裔である劉備に受け継がれ、蜀の滅亡まで漢が継続していたとみなしています。つまり、正統は蜀としたのです。これ以降、朱熹の見方が一般的となりました。

皆さん、『三国志』は読んだことありますか。筆者は小学生の頃NHKで放映された『人形劇 三国志』に夢中になり、中学・高校では、その原作である吉川英治の『三国志』にはまっていました。今は青空文庫で読むことができます。読んでいない人はぜひ読みましょう。その他、多くの人が『三国志』を題材に小説を書いていますし、映画やゲームにもなっていたりしますので、どこかで『三国志』に触れていると思います。その多くが、曹操が悪役で、劉備が善人と捉えていたのではないでしょうか。これは明代に著された羅貫中の作とされる『三国志演義』の影響であり、その基礎には朱熹が蜀を正統とみなしたことがあるのです。

この朱熹によって確立された名分論と正統論の考えが様々に変容しつつ、『大日本史』に影響を与えているのです。『大日本史』では、現実社会では徳川将軍が絶大なる権力を握っているにもかかわらず、想定された理想の秩序は天皇を頂点とするものでした。水戸藩では江戸時代を通じて、『大日本史』の編纂作業が行われました。『大日本史』は南北朝が統一された後小松天皇までの歴史を扱っており、現代史は扱っていません。しかし、編纂作業に携わった人々の頭の中には天皇を頂点とする秩序があり、それは眼前の社会にも適用されていて、徳川将軍の上には天皇がいると意識されていたのです。こうして、水戸藩では、天皇を尊ぶ尊王思想が醸成され、江戸時代後半には『大日本史』に描かれた理想の秩序を実現しようといわゆる水戸学へと発展し、「尊王攘夷」という言葉を生み出し、全国に影響を与えたのです。

第九章　『大日本史』の三大特筆と尊王攘夷の思想

前章では、筆者が中高生の時に『三国志』にはまっていたことを述べました。実はそれ以上にはまっていたものがあります。それがテレビドラマ『水戸黄門』なのです。その頃、午後四時から毎日再放送が放映されていてかかさず見ていました。部活もまじめに出ていたので、どうやって時間を作ったのかは、今となっては分かりません。でも、見られなくなった時に、ビデオデッキをせがんだ思い出があります。その時の黄門様は東野英治郎、最後の「かーっかっかっかー」と笑う時の笑ってない目がたまらなく好きでした。戦隊ものやタイムボカンシリーズなどの勧善懲悪ものは基本的に悪の方に肩入れしていたのですが、『水戸黄門』は不思議と黄門様を応援して見ていました。それは黄門様がちょっと悪そうだったからかもしれません。

さて、その勧善懲悪のもとになっている正統論と名分論を前章で紹介しましたが、ちょっと難しかったと思います。さらに爵位としての「公」と敬称としての「公」も混乱を助長してしまったかもしれません。宋代の春秋学は、おそらく『大日本史』の思想にもっとも大きな影響を与えているのですが、筆者もまだまだ勉強中で、うまく整理できませんでした。でも、水戸学を理解する上で、最も重要な箇所になります。本章ではもう一度名分論について整理しておきます。

『論語』の正名論と名分論

そもそも、名分という言葉は『荘子』天下篇の「春秋は以《もっ》て名分を道《い》う」を典拠とするものであり、『春秋』は名分を追究し述べているものとして古くから認識されていました。『春秋』は歴史書の規範です。つまり、中国において、歴史書は世の中に名分を示すということが基本にあったのです。また、『論語』には「名を正す」ということで、名分の基本が述べられています。本章ではそこから検討していくことにしましょう。

『論語』子路篇《しろへん》には次のような言葉があります。

子路《しろ》曰《いわ》く、衛《えい》の君《きみ》、子《し》を待《ま》ちて政《まつりごと》を為《な》せば、子《し》将《まさ》に奚《なに》をか先《さき》にせんとす。子《し》曰《いわ》く、必《かなら》ずや名《な》を正《ただ》さん。（中略）名《な》正《ただ》しからざれば則《すなわ》ち言《げん》順《したが》わず。言《げん》順《したが》わざれば則《すなわ》ち事《こと》成《な》らず。事《こと》成《な》らざれば則《すなわ》ち礼楽《れいがく》興《おこ》らず、礼楽《れいがく》興《おこ》らざれば、則《すなわ》ち刑罰《けいばつ》中《あた》らず。刑罰《けいばつ》中《あた》らざれば、則《すなわ》ち民《たみ》手足《てあし》を措《お》く所《ところ》なし。（子路は言った。「衛国の君主が先生を待ちうけて政治をすれば、先生はまず何から手をつけますか」。孔子は言われた。「まずは名を正そう。（中略）名が正しい物事を示していないと、言葉も正しい物事を言い表さなくなってしまう。言葉が正しい物事を言い表さないと、物事を考える術がなくなってしまい、何ひとつ物事を成し遂げることはできなくなってしまう。そうすると、秩序や調和が生じることがなく、い。刑罰が機能しないと、人々は何を基準に行動してよいか分からなくなってしまう」）

正しい礼楽が興らない。正しい礼楽が興らないと、その礼楽で政事をしたとしても、刑罰が適正に機能しな

孔子の弟子である子路が、政治をするにあたって最も先にすべきことを尋ねると、孔子は「名を正す」ことだと答えています。それは物事を示す名と、その物事とを一致させるということになります。父は父、子は子であるとすることです。当たり前のこと過ぎて分かりにくいかもしれません。第三章で紹介した光圀と兄の頼重が将軍と謁見した際に、兄の頼重を弟としたことを覚えているでしょうか。これは名が正しくないことになります。同じ父母を持ち（どちらかのみの場合もあります）、自分より年上の者が兄であり、年下の者が弟であるのだから、頼重は光圀の兄とすることが名を正すということです。

名と事実を一致させることは、人と人とが共通の物事を認識することであり、名を正し物事を共通に認識することで、ひとつの目的に向かって皆で考え、はじめて事を成し遂げることができるようになります。そこで、孔子は、名を正す、すなわち名と実とを一致させることが政治の最も基本にあるとするのです。これは今も同じです。

さらに、孔子は『論語』顔淵《がんえん》篇で次のように述べています。

斉《せい》の景公《けいこう》、政《まつりごと》を孔子《こうし》に問《と》う。孔子《こうし》、対《こた》えて曰《いわ》く、君《きみ》は君《きみ》たり、臣《しん》は臣《しん》たり、父《ちち》は父《ちち》たり、子《こ》

は子《こ》たり、と。（斉の景公が政治について孔子に尋ねた。孔子は次のように答えた。「君は君、臣は臣、父は父、子は子として行動するのだ」と）

　ここでは、孔子は、君は君として、臣は臣として、父は父として、子は子として、それぞれすべきことを行わせることが政治の基本だとしています。これらをあわせて考えてみると、孔子はそれぞれの立場にまずは正しい名をつけ、その立場ですべきことをすると述べているのです。これが名分ということになります。名を正し、それぞれの身分にあって、すべきことをすることが政治の基本であり、世の秩序を回復するための原点だとしたのです。

　孔子はこのように政治の基本を唱えました。しかし、現実に政治に携わって秩序を回復することはできませんでした。そこで、『論語』で語られたような自らの理想を後世に実現しようと教育に従事し、儒教経典を整備したとされたのです。

　そのひとつが歴史書の『春秋』でした。『春秋』は、混乱した世の中にあって秩序を回復しようと編纂されました。では、どうやって、秩序を取り戻そうとしたのか。まずは、理想の秩序を想定したのです。『春秋』において理想とされた社会構造は、王を頂点として、諸侯、大夫、士という身分がピラミッド型に構成されている社会でした。そして、その身分の中で人はいかに行動すべきなのか、善なる行動、悪なる行動も想定したのです。その上で、その想定された秩序の中に、歴史的事実を落とし込み、評価することによって理想の秩序を歴史書の中に示したのです。

普段生きていく中で皆さんが見える世界は限られています。普通に生きている中で、水戸市がどういう形なのか、日本がどういう形なのか、まして地球がどういう形なのか分かりませんよね。それは、地図や地球儀を見ることで理解できます。世の中の秩序や、様々な場面でいかに行動すべきなのかも、これと同様、普通に生きている限り、意識することはできません。人間社会の中で人はいかに生きるべきなのか、それが四次元構造で示されているのが『春秋』なのです。地図を見て地形を確認し行くべき方向を確認するように、『春秋』の中には人間社会の秩序とその中でのあるべき行動が示され、人は『春秋』を読むことで社会の秩序を認識し、いかに行動すべきなのかを確認したのです。名分論とはこのような『春秋』に込められた思想に起因している考え方なのです。

正統論も『春秋』から派生した考え方になります。『春秋』で示された秩序において、王はひとりのみです。ひとりの王が諸侯に君臨することが、秩序を維持する上で最も重要だと考えられたのです。そのため、『公羊伝』では「一統を大《とうと》ぶ（大一統）」と謳われ、地上に王はひとりだけだと強調され、たとえ王朝が並立していたとしても、正しい王朝はひとつで、正しい王はひとりだとされたのです。

北宋の時代になると、自らの正当性を示すために、この考え方が先鋭化し、正統という言葉が強調されました。そして、欧陽脩が「正統論」を著しその理論を整理し、南宋の朱熹がより厳格な名分の考えによって、司馬光の『資治通鑑』を再編纂した『資治通鑑綱目』を著し、そこで蜀を漢の継続として正統とみなしました。朱熹の学問は後に朱子学として広く東アジアに浸透します。かくして、朱熹は名分を説き、蜀を正統としたと広く認識され、歴代、正統を受け継いだ王朝はひとつとされたのです。

この考え方は今の中国にまで影響を及ぼしています。今も中国はひとつの中国を標榜しています。台湾の正式名称は中華民国であり、政治的には大陸の中華人民共和国と分かれており、別国ともいえます。しかし、中華人民共和国はそれを認めることは決してありません。正統は自分たちにあるとするからなのです。そのため、外国に対しても台湾（中華民国）を国と認めないことを要求しています。日本が台湾と正式な国交を結んでいないのはそのためです。

日本においても、名分論および正統論は今に至るまで影響を及ぼしています。どんなことが影響を受けているのか、よくよく考えてみてください。

『大日本史』における名分論と正統論

では、名分論と正統論が『大日本史』の中でどのように取り入れられたのか簡単に紹介していきましょう。

『大日本史』は、中国正史の編纂方法である紀伝体という形式で編纂されています。歴代天皇の伝記である本紀、そして、個人の伝記を主体とした列伝を骨子として、制度史である志、さらに年表である表によって構成されていることは第五章で紹介しました。その形式にすでに理想の秩序の基本的な枠組みが示されているのです。

紀伝体における秩序の頂点、宇宙の中心は本紀になります。本紀に記された帝王こそが世界の中心であり、秩序の頂点にあって人びとに君臨しているのです。すなわち、本紀に何を配当するのかで、世界の中心、秩序の頂点が決まります。『大日本史』は本紀を歴代の天皇としたのです。『大日本史』の本紀は、初代神武天皇から第百代後小松天皇の伝記です。それによって『大日本史』の中では、歴代の天皇を頂点とする秩序が示されたのです。

天皇を頂点とする世の中にあって、各身分のものがどのように行動すべきなのか、それが歴史の中に示されることになります。そのため、まず検討すべき事項が、先ほど掲げた「名を正す」ということでした。それも最も頂点である天皇の名を正す、歴代、誰が天皇であったのかを確定することが重要になったのです。最初を正すことが重要なのです。

実はこれが『大日本史』の「三大特筆」になる部分になります。それは、①**神功皇后**《じんぐうこうごう》を后妃伝に列したこと、②**大友皇子**《おおとものおうじ》を天皇大友として本紀に記したこと、③南朝を正統としたことの三つとされています。これだけ掲げられてもよく分かりません。南朝を正統としたことは、正統論とも関わってきますので、まずは、最初の二つについて説明しましょう。

神功皇后

神功皇后とは、第十四代、仲哀《ちゅうあい》天皇の皇后とされます。仲哀天皇が即位後九年にして亡くなり、以後、子の応神《おうじん》天皇が即位するまで、六十九年間天皇に代わって政務を掌り、その間、九州の熊襲《くまそ》や朝鮮半島を服従させた（三韓征伐）ことが『日本書紀』、および『古事記』に記されています。『日本書紀』『古事記』では、神功皇后は「皇后」もしくは「皇太后」と記されていますが、神功皇后が政務を掌っていた六十九年間は、神功皇后を主として編纂されており、天皇に準ずる扱いがなされています。

現在は、神功皇后の実在について様々に議論されていますが、問題はそこではありません。『大日本史』では当然、実在の人物とみなしています。問題は、六十九年間、日本の頂点は一体誰であったのか、ということになります。『公羊伝』文公九年には「一日も君なかるべからず」とされ、一日でも天下に君主がいないことはあってはならないとされます。六十九年間はありえません。『日本書紀』では、実質的には天皇と同列に記載されており、以後の史書では神功皇后を歴代天皇の中に数えるのが一般的でした。それは北畠親房の『神皇正統記』や林羅山・鵞峰親子が編纂した『本朝通鑑』も同じです。

しかし、それでは皇后が日本の頂点にあったことになります。名を正すことにはなりません。神功皇后を天皇とみなすのか、それとも天皇は別にあって、神功皇后はあくまでも皇后であったとするのかは重大な問題であったのです。この問題に対して『大日本史』は、神功皇后の摂政三年に皇太子となった誉田皇子《ほんだのみこ》（後の応神天皇《おうじん》）を天皇に見立てて本紀を立て、神功皇后を后妃伝に列しました。こうすることによって、神功皇后が天皇の職分を行ったのは越権行為であるとみなしたのです。

歴代の天皇について検討することは、天皇の祖先に対する批判にも繋がるため、当時は前代の見解を踏襲することが一般的だったのですが、『大日本史』は、紀伝体を採用し、名分を厳格に規定しようとしたがために、歴代の皇統にまでに手を加え、まずは神功皇后を天皇ではなく、皇后であるとしたのです。

天皇大友

大友皇子を天皇本紀に掲げたのも、名を正すことによります。大友皇子は、大化の改新を行った**天智天皇**《てんじ》の子です。天智天皇が六七一（天智天皇十）年に崩御すると、皇位を巡って大友皇子と天智天皇の弟である**大海人皇子**《おおあまのおうじ》との争い、いわゆる**壬申の乱**《じんしん》が起こりました。この争いに勝利したのが、大海人皇子であり、六七三年に天皇として即位し、**天武天皇**《てんむ》となります。天武天皇は様々な改革に取り組み、「天皇」という称号もこの時から始まったとされています。『日本書紀』の編纂を命じたのも天武天皇であり、天武天皇は勝利者として、『日本書紀』の編纂をしたのです。そのため、『日本書紀』において天武天皇の悪が隠されるのはやむを得ません。

では、天智天皇が六七一年十二月に崩御して、六七三年二月に大海人皇子が天皇に即位するまで、一体誰が天皇であったのでしょうか。『日本書紀』にはその間、天武天皇を「天皇」と称していますが、それは後付けです。もし、その間大友皇子が即位していたとすると、大海人皇子は天皇に対して反乱を起こし、皇位を簒奪《さんだつ》した者とみなされてしまいます。天武天皇が自らを簒奪者として記録することはありません。その辺りの証拠は『日本書紀』ではきれいに消されているのです。きれいに消されているというのが何よりの証拠となるのですが、大友皇子が天皇に即位したことを実証することはできません。『大日本史』編纂でも歴史的事実の実証が重視されていました。しかし、『大日本史』では、皇統は途切れることがなく受け継がれたとして、天智天皇が崩御してから、まもなくして大友皇子が天皇として即位したはずだとみなして、大友皇子を天皇大友として本紀に列したのです。したがって、六七二年は『日本書紀』では天武天皇の元年としていますが、『大日本史』では天皇大友の元年として記されています。これによって大海人皇子を天皇に対する反乱者として名分を正したのです。これも今までの歴史書にはみられなかった画期的なことだったのです。

天皇権力の変遷

次は、南朝を正統にしたことになりますが、その前に天皇権力の変遷について簡単に述べておきましょう。『大日本史』では、天皇を頂点とした秩序を想定し、歴史が編纂されました。しかし、天皇が実質的に権力を持って日本に君臨していた時代はそれほど長くはありません。平安時代には、藤原家の摂関政治《せっかんせいじ》があり、後期には天皇を引退した上皇や法王が実質的な権力を振るった院政《いんせい》となりました。すでに天皇に実権はなかったのです。さらに平安時代後期以降、武士が力をつけ、武士の頭領の**平清盛**《たいらのきよもり》が太政《だじょう》大臣になり、平氏が世を謳歌し、それを**源頼朝**《みなもとのよりとも》が破って、鎌倉に幕府を開きました。時代の主役は武士であり、もはや朝廷の勢力も以前ほどではなくなっていたのです。さらに**承久**《じょうきゅう》**の乱**（変）によって**後鳥羽**《ごとば》**上皇**が鎌倉方に敗れたことにより、朝廷はますます弱まってしまいました。

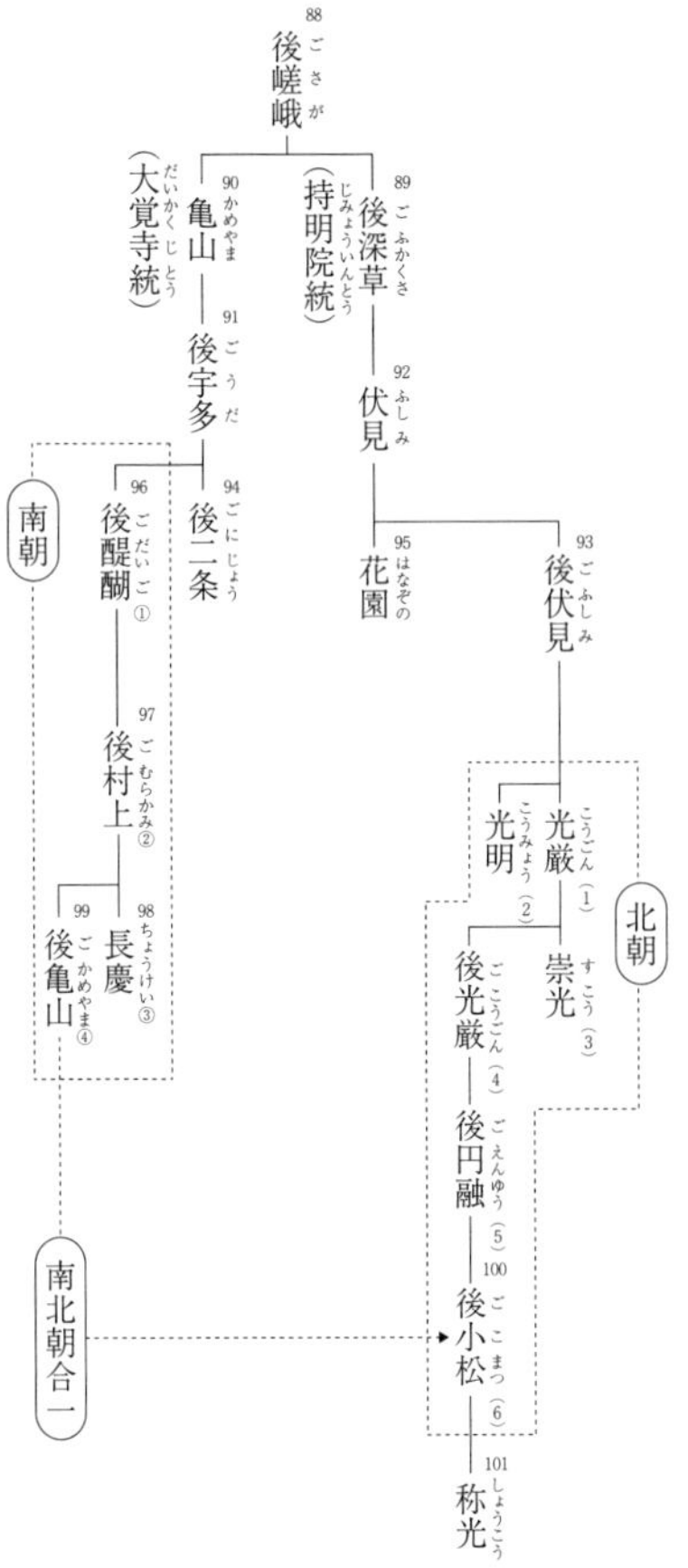

図21　南北朝皇室系図

注：数字は皇位継承の順。（　）は北朝即位順，〇は南朝即位順。

しかし、蒙古襲来によって鎌倉幕府が混乱し、その力が衰えるのを見ると、後醍醐天皇は朝廷の復権を目指し、統幕計画をたてます。これは事前に幕府に発覚してしまい、後醍醐天皇は捕縛廃位され、隠岐の島に流されてしまいます。しかし、彼はそこから脱出、多くの人物を味方につけ、討幕運動を再興します。その時、源氏の名門であった足利尊氏・新田義貞も朝廷方にくみし、鎌倉幕府は滅亡したのです。かくして、後醍醐天皇が復位し、自らが主体となって**建武《けんむ》の新政**をはじめました。ここに、一時的に天皇の権力が復活したのです。

しかし、これに不満を持った足利尊氏が持明院統《じみょういんとう》の光明天皇《こうみょうてんのう》を擁立し、征夷大将軍に任ぜられ室町幕府を開きます。一方、後醍醐天皇はそれを認めず、吉野に逃れて自らも天皇であることを主張しました。ここに二人の天皇が同時に存在する南北朝時代がはじまります（図21）。

南北朝時代は足利義満《あしかがよしみつ》の時代に南朝の後亀山《ごかめやま》天皇が北朝の後小松天皇に譲位をする形で統合されます。これ以降、もはや朝廷の権力はないにも等しいものになっていました。それでもなお朝廷の権威は残っており、豊臣秀吉は関白《かんぱく》太政大臣という地位を得て権力の後ろ盾とし、徳川家康もまた天皇から征夷大将軍を授かる形式によっています。権力の背景には天皇の権威があったのです。それでも、江戸時代、天皇の実質的な権力はほぼありません。絶大な権力は徳川将軍にあったのです。光圀はそのような時代に生きていました。

『大日本史』における春秋の筆法

光圀はそのような徳川将軍の権力が絶大な時代にあって、天皇を秩序の頂点とする歴史書を編纂したのです。天皇に対していかに行動したのか、いかに行動すべきなのかが、基本的な善悪の基準であり、秩序を示す上で何が必要な出来事なのかを取捨選択し、一字一句を厳密に考証し歴史的事実を記し、そして歴史の中の人物を評価したのでした。

一字一句の選び方、つまり表現の仕方も天皇を頂点とした表記方法になります。そのような表記方法を春秋の筆法といいました。これはややこしいので、少しずつ紹介しているのですが、もう慣れてきたでしょうか。さきほど、承久の乱がでてきましたので、ここでも説明しておきましょう。「乱」というのは、権力の側から見て、下にあるものが反乱を起こしたという表現です。すると、承久の乱とは、鎌倉方が上位にあって、その秩序を乱すという意味が込められているとされます。承久の乱と記すと、後鳥羽上皇、朝廷方が反乱を起こしたということになってしまいます。天皇を頂点とする立場からすると、それはおかしな表現です。そこで、『大日本史』においては、承久の乱ではなく、承久の変、ないし承久の難という表現にしました。承久の時代におこった異変や難事として、天皇側からみた表現に改めたのです。このように一字一句の表現にも注意をはらい、天皇を頂点とする理念的な世界を歴史書の中に構築しているのです。

南朝正統論

このような天皇を頂点とする秩序を想定し、『大日本史』は編纂されたのですが、後小松天皇までの歴史を編纂する中で、ひとつ大きな問題があります。もう分かりますね。南北朝時代です。その時代は現実的には天皇がふたり並び立っていました。しかし、理想秩序を示す歴史書の中では、トップはひとりのみでなくてはいけません。これは正統論の考えでした。『大日本史』でも名分を正す上で南北朝のどちらが正統なのかを示さなくてはなりません。

後小松天皇以降、天皇は北朝の血を引く天皇になります。徳川家康も北朝の血を引く天皇から征夷大将軍に任命されています。当然、北朝の天皇を正統とみる方が自然な考えです。幕府が編纂を命じた林羅山・鵞峰の『本朝通鑑』も北朝を正統としています。

しかし、その流れに逆らい光圀は南朝を正統としました。正統は三種の神器を受け継いだ天皇にあるとしたのです。そのため、南北朝時代にあっては後醍醐天皇から三種の神器を受け継いだ南朝の天皇に正統があるとみなしました。これが三大特筆の最後のひとつです。

しかし、それは南北朝合一以後の北朝系の天皇を正統としないものではありません。三種の神器が南朝最後の天皇の後亀山天皇から北朝の後小松天皇に継承されたことによって、それ以降は北朝系の天皇が正統となったのです。

三種の神器の継承に正統の根拠を求めたことによって、現天皇の正統を損なうことなく、南朝を正統とみなすことができたのです。このように南朝を正統とみなしたことは、朱熹が漢の血筋を引く劉備の蜀漢を正統と見直したことの影響とされます。確かにこれは朱熹の影響があるといえましょう。

しかし、理由はそれだけではありません。それは光圀の出自、徳川家の出自にかかわっていると考えられます。当時、征夷大将軍に任命される家柄は、清和源氏に限られていました。それは清和天皇を祖にもつ源氏であり、源頼朝はその直系でした。直系は頼朝の孫の代で絶えてしまいましたが、多くの傍系の源氏はいました。足利氏はそのひとつです。ややこしいですが、足利氏の本姓は源になります。徳川家康が征夷大将軍に任命されるには、源氏の一族ということにしなくてはいけません。そこで家康は新田氏の子孫であるとしたのです。本当かどうかはわかりません。

新田氏は足利氏と並ぶ源氏の名門であって、武家の棟梁の家系でした。そのため新田義貞は鎌倉幕府を滅ぼすだけの勢力を集めることができたのであり、後醍醐天皇の南朝方の有力な武将として活躍したのです。分かりますか。徳川家の祖先に値する新田義貞は南朝方なのです。光圀はその系統の血を引いていたのです。だからこそ、光圀は南朝を正統とみたのではないでしょうか。『大日本史』では、後醍醐天皇の南朝についた新田義貞、楠木正成は、天皇の忠臣としてその行動が誉め讃えられました。一方、北朝の足利尊氏は賊とされ、その行動は悪とされています。北朝を正統とみなしたらどうなるのでしょうか。自らの祖先を悪としなくてはいけません。そんなことはできませんよね。

ちなみに、筆者は群馬県の新田氏の影響力のあった地域の出身です。足利もすぐ隣で、むしろそちらの方が近いのですが、親近感は新田義貞にあります。やはり、新田氏が誉め讃えられていると ちょっとうれしく感じてしまいます。新田氏を祖先とする光圀はなおさらのような気がします。

尊王攘夷思想

では、尊王攘夷について、話を進めていくことにしましょう。尊王攘夷という言葉は皆さん聞いたことがあったでしょうか。教科書にも出ていますし、幕末を扱ったドラマには必ず出て来ますし、幕末に関するアニメや漫画にも必ず出て来る言葉です。この言葉を掲げて、討幕運動が展開され、結果、天皇を頂点とした明治政府が成立しました。「尊王攘夷」は討幕運動のひとつの標語だったのです。

実はこの言葉を発明したのは、水戸の学問です。弘道館の設立理念を記した「弘道館記《こうどうかんき》」には次のような言葉があります。

我《わ》が東照宮《とうしょうぐう》、撥乱反正《はつらんはんせい》、尊王攘夷《そんのうじょうい》、允《まこと》に武《ぶ》、允《まこと》に文《ぶん》、以《もっ》て太平《たいへい》の基《もとい》を開《ひら》きたまふ。（我らが東照宮、徳川家康公は、乱を治めて正しい世にもどし、王を尊び夷狄を追いやった。その業績は実に武、実に文であり、それによって天下太平の基礎をお築きになったのである）

これは、水戸藩第九代藩主徳川斉昭の名で出されていますが、その草稿を書いたのは、藤田東湖になります。ここに示された水戸の学問の理念を表す言葉である尊王攘夷が全国に広まり、幕末の志士達に影響を与え、結果として徳川幕府を滅ぼすに至ったのです。

水戸藩は藩主が徳川家康の血を引く御三家であり、幕府の藩屏として最も重要な藩でした。事があれば幕府を守るべき立場にあります。それにもかかわらず、幕府を滅亡に導く言葉を発明したのです。

これはどういうことなのでしょうか。

実はこれも徳川光圀が『大日本史』を編纂したことに由来し、さらには中国の歴史思想の基礎を築いている『公羊伝』にその遠因があります。「撥乱反正」はまさに『公羊伝』がその出典になります。

哀公十四年に

君子《くんし》、曷何《なんすれ》ぞ春秋《しゅんじゅう》を為《つく》るや。乱世《らんせ》を撥《おさ》めて、諸《これ》を正《ただ》しきに反《かえ》す。（どうして君子は春秋を編纂したのですか。それは、乱世を治めて正しい世の中に反そうとしたからだ）

とあります。太字の部分を原文にすると「撥乱反正」になります。

尊王攘夷も『春秋』の解釈による言葉です。尊王攘夷は、文字通り、王を尊んで夷狄《いてき》（外国）を攘《はら》う（追い払う）という意味で、尊王と国防の思想になります。尊王攘夷の説明として、『大日本史』を編纂する時に尊王思想が論じられ、江戸時代後期、外国船が頻繁に日本近海に現れたことに伴い攘夷論が生まれて、両者が結びついて尊王攘夷論となったとされる場合が多々あります。確かにそうともいえますが、しかし、尊王攘夷はもともとひとセットの思想だったのです。

尊王思想は、徳川氏の天下の中にあって、天皇を頂点とした歴史書を編纂したことにもすでに現れています。『史記』の歴史思想の基礎にある『公羊伝』にも、すでに尊王思想があります。これは前章で、年の書き方を説明した際に紹介しました。「元年春王正月」の「王」は、周の文王を意味し、それによって文王の統治下にあることが示されました。

『公羊伝』によると、『春秋』は一字一句に尊王の意が込められているとされます。東周の時代の周王は現実的には諸侯に君臨する力はありませんでした。しかし、理念的には諸侯に君臨する絶対者とされたのです。そこで、王は諸侯に君臨する、王はすべてを保有する、王に敵対する者はいない、もしくはあってはならない、ということを表現によって示したのです。事実は事実として書くのですが、春秋の筆法を駆使して微妙に表現を変えることで尊王の意が示されたのです。

覇者の容認と尊王攘夷

このように『春秋』では、周王は理念的には諸侯に君臨するとされました。しかし、権威の失墜した周王は、現実的に中華の地を治めることはできません。現実的には武力を備えた覇者《はしゃ》が中華世界を牛耳っていました。覇者は『孟子』公孫丑上には

力《ちから》を以《もっ》て仁《じん》を仮《か》る者《もの》は覇《は》たり。覇《は》は必《かなら》ず大国《たいこく》を有《たも》つ。徳《とく》を以《もっ》て仁《じん》を行《おこな》う者《もの》は王《おう》たり。王《おう》は大《だい》を待《ま》たず。（実力を用いながら、仁道を行うごとく見せかける者は覇者である。覇者は必ず大国を持たねばならぬ。みずからの徳をもって仁政を行う者は王者である。王者は国力の大を必要としない）（宇野精一『孟子』百十三頁）

とされ、王の徳治に対して、武力による治を行った者とされます。『孟子』において覇者は否定的存在でした。

しかし、『公羊伝』では、現実的に力を備えた覇者の存在を認めています。その最初に登場するのが斉の桓公になります。桓公は強大な武力を背景に諸侯の旗頭《はたがしら》となり、諸侯会議をしばしば主催し、さらに諸侯連合軍を率いて、夷狄の楚を打ち負かしました。

『公羊伝』では、桓公は夷狄の脅威から中華を救った英雄とされます。そこで、覇者としての理想像が桓公の業績に重ねて表現されたのです。

『公羊伝』に示された覇者の条件は次の通りになります。①諸侯会議を主催する。②弱者を救済する。③絶えた国や滅んだ国を再興させる。④諸侯を率いて王に朝見をする。⑤楚（夷狄）の脅威から中華諸国を守る。これらが理想的な覇者像として示されたのです。これらは④以外は本来は王者のことになります。

しかし、『公羊伝』では

上《うえ》に天子《てんし》なく、下《した》に方伯《ほうはく》なく、天下諸侯《てんかしょこう》に相《あ》い滅亡《めつぼう》する者《もの》有《あ》りて、力能《ちからよ》く之《これ》を救《すく》えば、則《すなわ》ち之《これ》を救《すく》うは可《か》なり。（上に天子がいず、下に諸侯の旗頭である方伯がおらず、天下の諸侯で滅亡しあう者がいて、これを救済する能力があれば、救済してもかまわない）

と、実質的な力を備えた王者や、その下にあって諸侯を束ねるリーダー（方伯）がいない場合、その実力を有する覇者が王者や方伯に代わって弱者を救済することはやむを得ないとされたのです。

そして、この考えも宋代以降より尖鋭化します。北宋の時代に胡安国《こあんこく》によって編纂された『春秋伝』という書物があります。胡安国は朱熹に影響を与えた人物であり、彼の著した『春秋伝』は朱熹の『資治通鑑綱目』、およびその後の『春秋』解釈に大きな影響を与えました。その荘公十三年には、

桓公《かんこう》、始《はじ》めて諸侯《しょこう》を合《がっ》し、中国《ちゅうごく》を安《やす》んじ、夷狄《いてき》を攘《はら》い、天王《てんのう》を尊《とうと》ぶ。（斉の桓公は始めて諸侯を

糾合し、中国を安定させ、夷狄の楚を打ち負かし、天王を尊んだ）

と、桓公は尊王の意志を持ち、諸侯を合して、夷狄を攘い、中国を安定させたとします。桓公が尊王の意志を持ち合わせていたことなど分かりません。むしろ、『公羊伝』でも桓公は王の権威を利用して、諸侯を集めたとされています。しかし、胡安国は、桓公は尊王の意志を持ち攘夷を実現したとしたのです。以後、尊王の意志を持ち、強力な夷狄（外国）の脅威から中華を守ること、すなわち尊王と攘夷が覇者の条件とみなされたのです。

『論語』憲問篇「子曰《しいわ》く、晋《しん》の文公《ぶんこう》は譎《いつわ》りて正《ただ》しからず、斉《せい》の桓公《かんこう》は正《ただ》しくして譎《いつわ》らず」（孔子は言われた。「晋の文公は詭道を用い正道によらなかった。斉の桓公は正道によって詭道を用いなかった」）の朱熹の集注にも、

二公は皆《み》な諸侯《しょこう》の盟主《めいしゅ》、夷狄《いてき》を攘《はら》い以《もっ》て周室《しゅうしつ》を尊《とうと》ぶ者《もの》なり。（晋の文公・斉の桓公の二公は、いずれも諸侯の盟主であり、夷狄を追い払い、周室を尊んだ者である）

と、あります。このような胡安国の『春秋伝』を起点とした考え方が、水戸学に強い影響を与えて「尊王攘夷」という言葉が熟成されてきたのです。

水戸藩の学問において、この覇者に準《なぞら》えられたのは、誰でしょうか。もう答えは出ています。そう徳川家康です。「弘道館記」には「我《わ》が東照宮《とうしょうぐう》、撥乱反正《はつらんはんせい》、尊王攘夷《そんのうじょうい》」と謳われていましたね。我が東照宮とは、徳川家康を指しています。徳川家康（もちろん呼び捨てなどできません）は、乱れた世の中を治めて、正しい秩序を取り戻し、天皇を尊び、夷狄（外国）を追い払った、つまり、徳川家康を、天皇に代わって日本を治めた覇者に位置づけているのです。水戸藩の学問においても覇者は認められ、覇者である条件が尊王攘夷であったのです。

第Ⅴ部　江戸時代の学問と新たな学風の構築

第十章　水戸学に影響を与えた江戸時代の学問

これまで、前期水戸学と『大日本史』の思想について述べてきました。さっそく、後期水戸学へと話を進めたいところですが、その前に、水戸藩の学問の形成に影響を与えた江戸時代の学問の概観について確認しておきましょう。

徳川幕府は室町時代後期の戦国時代を承けて成立しました。当初は圧倒的な武力を背景にした力による統治、武断政治でしたが、後に学問による統治、文治政治に切り替わったことは第三章で紹介しました。これは第四代将軍家綱《いえつな》の時代、第三代将軍家光の弟の保科正之が主導して実施した政策であり、まさしく光圀が藩主であった時代にあたります。光圀もその流れの中で『大日本史』を編纂したのであり、自らの行動も儒教に基づいて律していたのです。こうして儒教は江戸時代を通して徐々に普及していきますが、この時代の主流の儒教は、南宋の朱熹が創始した朱子学を基本とするものでした。儒教の展開については第一章や第四章などでも述べていますので、確認してください。

朱子学派

ここでも簡単に儒教の展開について確認しておきましょう。儒教は漢代に国を治める学問として提言され、その基本書物である五経（易経・書経・詩経・礼・春秋）が再整備されました。それらは周代に編纂された古典ですが、これらの書物に基づいて政治が行われたのです。現代の憲法のようなものです。

憲法の改正が難しいように、その時に再整備された儒教経典は聖人の言葉として絶対化され、それ以降、文字の改変は認められませんでした。当然、時代にそぐわない箇所もしばしばあらわれます。それは解釈の変更という形で対処してきました。これも憲法と同じです。有名な解釈者が後漢の鄭《じょう》玄《げん》、唐の孔穎達《くようだつ》、南宋の朱熹であり、鄭玄や孔穎達などの解釈に基づいた儒教が漢唐訓詁学、そして、朱熹の注釈に基づいたものが朱子学になります。

朱熹は『大学』『中庸』『論語』『孟子』の四書を選定し、それらに独自の注釈をつけて学問の基礎に据えました。「性即理《せいそくり》」という教科書に載っている言葉は、この中に見られるものであり、朱熹は形而上学的な理を根底に置いた壮大な学問体系を構築したのでした。朱熹の学問は当初は弾圧されましたが、元代に科挙に採用されて以降、学問の主流となります。さらに、明代になると朱熹の注釈に基づいた『四書大全《ししょたいぜん》』『五経大全《ごきょうたいぜん》』が編纂され、それが科挙に採用されます。こうして朱子学は盤石なものとなります。

しかし、それはもはや純粋な朱子の学問ではありませんでした。この時の解釈によって、朱子学は、皇帝の手となり足となる官僚を育てる内容に変容されていたのです。さらに、朱子学は朝鮮半島でも採用され、そこでも独自の変容を遂げます。

江戸時代の当初、利用された朱子学は、そのような変容を承けた後の朱子学だったのです。江戸時代の儒教は、京の儒学者**藤原惺窩**《ふじわらせいか》の弟子、林羅山が徳川家康に召し抱えられ幕政に参画する頃から、政治に利用されるようになりました。中国の明や朝鮮半島で当時の政治により適した形に変容した朱子学だからこそ、江戸時代の統治理念として利用されたのだともいえます。江戸時代の儒学の主流はこのような朱子学でした。

この藤原惺窩・林羅山にはじまる江戸時代の朱子学の系統は、羅山の息子、鵞峰《がほう》に受け継がれます。鵞峰は、羅山が編纂を始めた日本の歴史書『本朝編年録』を受け継ぎ、『本朝通鑑』として完成させた人物です。そして、その子の林鳳岡《ほうこう》の時代に、江戸の湯島（御茶ノ水駅付近）に学問所である聖堂が築かれました。聖堂は当初、林家の私塾でしたが、後に幕府の学問所となり**昌平坂**《しょうへいざか》**学問所**（**昌平黌**《しょうへいこう》）と名づけられ、林家が代々、大学頭《だいがくのかみ》となり、江戸時代を通じて学問の中心地として栄えます。昌平黌には、諸藩から優秀な子弟が留学し、そこで研鑽をして、各藩に帰ってその学問を伝えたのです。こうして、朱子学が全国へと伝播していくことになりました。

ところで、日本は様々な外国文化を独自に変容させつつ受容してきましたが、朱子学も同様、そこを起点に様々な学派が登場しました。第五章でも述べましたが、水戸藩では光圀が『大日本史』編纂のため、多くの学者を武士として採用しました。その際、様々な学派の人物を採用し、水戸の学問に多大な影響を与えたのです。そのうちのいくつかの学派を紹介していくことにしましょう。

崎門学派

前期水戸学に大きな影響を与えた学派として、まず挙げられるのは、山崎闇斎によって創始された**崎門《きもん》学派**になります。彰考館総裁となった鵜飼錬斎《うかいれんさい》・栗山潜鋒《くりやませんぽう》は崎門学派出身となります。

山崎闇斎は当初、熱心な朱子学者でした。彼は明代に編纂された『四書大全』や『五経大全』、もしくは朝鮮経由の朱子学ではなく、朱熹が著した『大学章句』『中庸章句』『論語集注』『孟子集注』といういわゆる『四書集注』や、朱熹が呂祖謙《りょそけん》とともに編纂した『**近思録**《きんしろく》』、そして朱熹の弟子達が編纂した『**朱子語類**《しゅしごるい》』などから、直接朱子の学問を理解しようと励んだのです。

闇斎は京都堀川のほとりに塾を開き、多くの門人を育てました。彼の講義はとにかく厳しいことで有名です。それは闇斎が理解した朱子の学説を弟子達に講義をする形式で行なわれました。闇斎は遅刻は一切許さず、弟子達がおしゃべりや講義に集中していないと厳しく叱責しました。当然といえば当然なのですが、かなり厳格に弟子と接したようです。弟子達は闇斎の講義の際には、心が縮こまり、終わるとほっとしたようなことをしばしば記しています。先ほど紹介した鵜飼錬斎も闇斎の講義の際に叱責された逸話が残っています。弟子達にとって、闇斎は相当恐ろしい存在だったようですが、それは学問、そして、弟子の教育に真摯に取り組んでいたからだとも言えます。このような闇斎の業績によって、日本の朱子学理解は飛躍的に高まったのです。

このように熱心に朱子学を学び、多くの弟子を育てた闇斎ですが、その一方で同時に神道にも傾倒していきます。彼は伊勢神道、吉田神道の要素を取り入れ、独自の**垂加神道**《すいかしんとう》（垂加は、「しでます」、とも読みます）を確立し、神道の方面でも様々な研究を残し、多くの弟子を育てました。

水戸の学問は、光圀以来、神道と儒教は根本において同じであるとする神儒一致を標榜していました。この点で闇斎の学問は水戸に受けいれられる下地があったのです。闇斎は儒教と神道を同時に研究するものの、両者を截然と区別していました。しかし、『日本書紀』神代に見られる神々の生成を朱子学の理論で説明するなど両者の影響関係を認めることができます。

光圀は、『大日本史』編纂と並んで『神道集成《しんとうしゅうせい》』の編纂も命じています。『大日本史』においては、記紀神話のほとんどは除外されていますが、後期水戸学は神話もまた重視され、それを根拠にして立論されている場合もしばしばあります。『大日本史』の編纂所である彰考館には、総裁となった鵜飼錬斎をはじめ、多くの闇斎の門下生が名前を連ねています。水戸の学問に闇斎の学問がどのような影響を与えていたのか、今後より明らかにされていくと思います。

古義学派

次いで、水戸の学問に影響を与えた学派としてあげられるのは、京都の町人、伊藤仁斎が開いた**古**《こ》**義学派**《ぎがくは》があげられます。古義学派からも彰考館総裁となった酒泉竹軒《さかいずみちくけん》を代表として、多くの人物が水戸藩に出仕しています。

伊藤仁斎も闇斎同様、当初は熱心な朱子学の徒でした。当初は、朱子の注釈によって、孔子や孟子の真意を探ろうと模索していたのです。熱心のあまり周囲との交際を一切絶って学問に打ち込み、一時うつ病にもなりかけてしまいます。それでも孔子や孟子の真意を得ることはできません。そのような苦しみの中で、彼は朱熹の注釈を通して経書を理解することは、あくまでも朱熹の学問を理解することであって、それでは孔子や孟子の真意を得ることはできないと気づいたのです。

中国における儒教は、解釈を変更することで時代に対応させてきました。鄭玄の解釈は後漢という時代を背景にしたものであり、唐代に生きた孔穎達は、鄭玄などの前代の注釈を基本としつつも、やはり唐という時代を背景にして『五経正義』を編纂したのです。朱熹もまた宋という時代の中で自らの学問を構築し、明代ではそれを変容させて時代に適用させているのです。それぞれの解釈者は自らの解釈こそ、聖人の真意だとしています。しかし、それは実のところ各時代に対応させた解釈なのです。

仁斎はこのことに気づき、孔子や孟子の時代の解釈を求めたのです。そのため、彼は『論語』や『孟子』の言葉によってそれらの意味を理解しようと試みました。そして、より正確な解釈を得ようと、彼は塾を開き同志を集め、ともに研鑽に励んだのです。その方法は、闇斎の講義形式のものとは異なりました。それぞれの担当部分を決めて、担当者がその部分の解釈を提示し、それに対して同志が意見を言い合うという形です。以後、このような会読《かいどく》という学問方法が主流となっていきます。そこは真理を追究する志を同じくした者の集まりであり、身分からは開放されていました。武士も町人も同列で学んでいたのです。

こうして、仁斎は『論語』と『孟子』の重要語句を解説した『語孟字義《ごもうじぎ》』を著して、自らの学問方法を確立します。さらに長年に渉る同志たちとの研鑽の中で、朱子の解釈を完全に否定して、自ら解釈した『論語古義《ろんごこぎ》』『孟子古義《もうしこぎ》』をまとめ上げたのです。仁斎の構築した学問方法は画期的なものであり、その成果は成立当初の『論語』『孟子』の意味を明らかにするに十分なものでした。

仁斎の開いた塾は古義堂《こぎどう》と名づけられ、多くの門弟がそこで学問に励みました。おもしろいことに、仁斎の塾と闇斎の塾は、堀川を挟んで向かいに位置していました。しかし、厳しく弟子達に臨んだ闇斎とは異なり、仁斎の塾は厳格な師弟関係はなく、いわばわきあいあいと仲良く学問に取り組んでいたのです。闇斎の学派からすると仁斎の学問は生ぬるいと思われ、仁斎からすると、闇斎は仁斎が重視する仁すなわち愛が薄いとみなされました。しかし、両者はライバルとして、お互いに切磋琢磨する形で学問のレベルを高めていったのです。

仁斎やその学問を受け継いだ子の伊藤東涯《いとうとうがい》は官に仕えることがなく、一生町人でした。政治には関わらなかったのです。彼の学問は古代を明らかにすることにおいては確実な方法でした。しかし、儒教はあくまでも現実社会に対応するための実学です。中国の科挙を受験した士大夫たちは程度の差こそあれ政治に携わったのであり、儒教はそのための基礎教養として位置づけられていたため、時代によって変容していました。仁斎の場合は、その変容してきた過程を否定し、成立当初の意義を明らかにしようとしたのです。それはそれで意義のあることなのですが、それによって明らかにされたものは、必ずしも現実政治に適用できるものではなかったのです。

古文辞学派

仁斎が官に仕えず、一生民間人であったことに対して、官の側にあって仁斎の学問を批判的に継承発展させたのが荻生徂徠《おぎゅうそらい》になります。またの号の蘐園《けんえん》が彼の塾名や学派の通称になっています。荻生徂徠もまた朱子学から学問に入ります。これはこの時代としては当然なのです。しかし、真面目に勉強し、考えれば考えるほど朱子学に不満を持つようになってしまいます。徂徠もその口です。そこで当時一世を風靡していた伊藤仁斎の学問に興味を持つようになったのでした。彼は仁斎と接触すべく何度も手紙を書きます。しかし、返事は一向にありません。実は仁斎はすでに高齢で、返事をする力も残っていなかったのです。結局、仁斎は徂徠に返事をすることなく亡くなってしまいました。

このままだったら、尊敬する学問の大家が亡くなった、実に残念だったと思うでしょう。ところが、まもなくして徂徠の仁斎宛の手紙が、仁斎の息子の東涯によって勝手に出版されてしまったのです。著作権の確立した現在ならば考えられませんが、印刷文化がようやく広まりつつあった当時としては、そのような考えはありません。しかし、勝手に出版された徂徠としては怒り心頭です。以後、仁斎の学問を批判し、その学問を乗り越えるべく研鑽に勉めることになったのです。

徂徠もまた朱子やその他の注から経書を理解することを批判し、経書の文章から直接、文意を理解しようとしました。仁斎と同じ路線です。しかし、仁斎が『論語』や『孟子』をその言葉から理解しようとしたのに対して、徂徠は同時代に著された『老子』『列子』など諸子の文辞（ことば）を重視し、経書の文辞とそれらの文辞を比較検討し、合理的に経書の意味を解き明かそうとしたのです。そのため、彼の学派は**古文辞学派**《こぶんじがくは》と言われます。

さらに、当時の学問は漢文を訓読文（書き下し文）にして理解していくものでしたが、徂徠はそれも批判し、日本語の文法で漢文を読むのではなく、あくまでも古代中国語として、中国語音で読んでいったのです。もちろん、中国語音にも変遷があり、当時の中国語音は孔子や孟子の時代の音とは違うものでした。漢文を中国音で語順通りに読んで理解していくことは、英語をひっくり返して読むことがないように、当たり前のことだと思うかもしれません。しかし、厩戸皇子の時代に中国文化を受容して以来、漢文を訓読文にし、日本語として読んできた日本において、それは画期的だったのです。

さて、では徂徠はその結果、経書をどのようなものと捉えたのでしょうか。経書に記されているのは、聖人の道とされる聖人の教えであり、学問によってこれが何であるのかを追究するのは古今変わりません。朱子学では、聖人の道は、ひとつに万物を根底で支える理とされ、抽象的・形而上学的なものとされました。深遠な哲学的原理であるとされたのです。これは難しいといえば難しいのですが、様々に現れる諸現象をひとつの理が支えているということなので、単純といえば単純なのです。

それに対して、徂徠は、聖人の道を古代の聖人たちが整えた人としての行為のあり方、礼や制度にあらわれている具体的な政治制度や人の行為だと捉えました。礼楽刑政といわれる具体的な制度ばかりではなく、儒教の徳目である孝弟仁義も聖人が定めた具体的な行為を示しているとしたのです。そして、その制度の中でその行為をすることによって、人は正しく生きられるとみたのでした。それが徂徠にとっての聖人の道でした。その制度・行為（礼楽）を古代の文辞（詩書）によって解き明かし、それを実際に行い徳を身に付けることが彼にとっての学問であったのです。

こうして、徂徠は思弁的な朱子学を排し、実証的な方法論によって古代中国の聖人が行ったとされる政治を追究し、それを理想として今に適用しようとしたのです。仁斎は生涯町人であって、たとえそのような理想を持っていたとしても、自らが実現する術はありません。しかし、徂徠は第五代将軍徳川綱吉の側用人《そばようにん》として活躍した柳沢吉保《やなぎさわよしやす》に仕え、彼の意見は実際の政治を動かす力にもなっていたのです。

ちなみに、大石内蔵助《おおいしくらのすけ》に率いられた赤穂浪士四十七士が吉良上野介《きらこうずけのすけ》を討ち取り、主君の浅野内匠《あさのたくみの》頭《かみ》の復讐を果たしたいわゆる赤穂事件（『忠臣蔵』）の際に、断固として彼らに切腹をさせることを主張したのが徂徠になります。さらに言うと、四十七士のうちの何人かは今の茨城県の出身です。これは浅野家のもとの領地が真壁・笠間だったことに由来します。

仁斎や徂徠の実証的な方法論は様々な学問にも応用可能であり、以後の学問に大きな影響を与えていきます。とはいえ、彼らが古代中国を理想とし、それへの復古を目指したことに対する反発もありました。その主流をなしたのが**国学**という学問になります。国学もまた水戸の学問に大きな影響を与えています。次に国学について紹介しましょう。

国学とその展開

儒学が中国由来の学問であり、仁斎や徂徠が古代中国への復古を目指したことに対して、国学は日本古代の精神性を明らかにしようとした学問になります。

江戸時代、その先鞭をつけたひとりに契沖《けいちゅう》があげられます。契沖は真言宗の僧侶であり、仏教哲学に深い理解を持ち、また、和書漢籍に至るまで幅広い知識の持ち主でした。彼は特に『万葉集』の研究に力を入れており、その能力が買われ、徳川光圀から『万葉集』の注釈書の作成を依頼されます。そして、実証的で緻密な研究によって『万葉代匠記《まんようだいしょうき》』を執筆しました。契沖は水戸の学問にゆかりが深い人だったのです。しかし、契沖はあくまでも『万葉集』や和歌の研究者であって、儒教に対する国学というステージには至っていません。

そのような国学の創始者としてあげられるのが、荷田春満《かだのあずままろ》になります。中世においても『古事記』や『日本書紀』『万葉集』などの日本古典の研究はなされていましたが、それらは仏教や老荘思想、そして儒教思想の影響を強く受けたものでした。春満はそれらを排し、古代の言葉の解釈を通じて、日本の古典を解明しようとしたのです。これは、仁斎や徂徠と同様の方法論になります。ただ、その目指すものが古代中国なのか、古代日本なのかの違いがあるだけです。しかし、春満の弟子である賀《か》茂真淵《ものまぶち》によって、それは深い対立点となっていくのです。

賀茂真淵は国学の確立者となる人物ですが、当初は古文辞学派の人物から学問を受けていました。真淵が春満に師事するのは三十七歳の時になります。師事してわずか四年で春満は亡くなってしまいます。それでも真淵は師の教えを深く理解し、日本の古代の言葉によって古代に記された書物の意味、さらには古代日本人の精神性を解き明かそうと研究に従事し、『万葉考』『国意考』『語彙考』などの書物を残しました。

真淵はこれらの書物を仁斎や徂徠が発明した方法論によっていますが、それによって解き明かそうとしたのは仏教や儒教の伝来以前の日本でした。そのため、仏教、特に儒教は彼にとって批判の対象だったのであり、その批判を通して国学を確立したのです。

真淵はもともとは古文辞学派に連なっており、仁斎や徂徠のように朱子学の理を否定します。その上で徂徠が理想とした中国古代の聖人の道をも否定したのです。それは、徂徠が理想とした中国古代の聖人が制作した礼楽刑政は日本に害悪をもたらしたものと捉えたからでした。真淵にとって古代日本社会はそれだけで充足し、理想的な世界として捉えられていたのです。この真淵の意を受け継ぎ、国学を大成したのが**本居宣長**《もとおりのりなが》になります。

本居宣長は、松阪牛で有名な伊勢松坂の出身です。宣長はこの地で医業に従事しつつ、『古事記』の研究に携わりました。たゆまぬ努力の結果『**古事記伝**《こじきでん》』を完成させ、国学の大成者となったのです。

宣長の生家は伊勢の豪商であり、彼は本来ならば家業を継ぐところでした。しかし、彼は生来、商売に向いておらず、母と相談の上、医業で生計を立てることを決意します。そこで、二十二歳の頃から京都で医学を修行することになりますが、当時の通例として儒学も同時に勉強していました。しかし、彼はもともと日本の古典に興味があったのです。契沖の『万葉代匠記』を読み、『源氏物語』や

『伊勢物語』の中世文学や、和歌などの研究にも従事していたのです。

そして、医学の修行が終わると松坂にもどり小児科の医院を開業し、同時に『源氏物語』の講義も行います。昼は医学に従事し、夜は研究と講義です。これは彼が有名になった後も続いたスタイルでした。

このような生活の中で彼は賀茂真淵の著作と出会い深い感銘を受けます。そして、真淵が伊勢参りで松坂を訪れた際、宣長は真淵に直訴して弟子となったのです。しかし、彼には彼を待っている患者がいます。真淵の住む江戸に行くことはできません。彼は主に文通によって真淵の指導を受けたのでした。

こうして真淵の指導によって、宣長は日本の古語の解明をはかりつつ、『古事記』に込められた仏教や儒教が流入する以前の日本のすがたを探求したのです。もちろん、宣長は『古事記』ばかりを研究していたのではありません。高校時代にならった『源氏物語』といえば「もののあはれ」というのは、宣長の研究によってはじめて提唱されたものですし、古代から中世の日本文学に関する幅広い研究に取り組んでいます。

しかし、やはり宣長の研究の根幹は『古事記』の研究であり、『古事記伝』の完成こそが国学の完成ともいえるのです。それは、日本の古典のうち、最も古く難解なものが『古事記』であったからです。当時、日本の古代の歴史書としては『古事記』と同時期に完成した『日本書紀』の方が重きを置かれていました。それは『日本書紀』は正史であり、正式な漢文で書かれていたからです。

一方、『古事記』は日本国内向けに書かれた歴史書であり、日本語の古語が混じった変体漢文で記されています。そのため、『日本書紀』は漢文を読める素養があれば読めたのに対して、『古事記』は非常に難解だったのです。しかし、その一方でより古代日本人のこころのあり方が残されているものが『古事記』だとされていました。

そのため、賀茂真淵も『古事記』を読み解くことを最大の目的とし、古語の解明を図ったのです。真淵はその目的を遂げることなく亡くなってしまいましたが、彼の意志は宣長に受け継がれ、宣長の不断の努力によって、遂に『古事記』の実証的な解釈書である『古事記伝』は完成し、儒教や仏教以前の日本人の精神性を垣間見ることができるようになったのです。

とはいえ、『古事記』はあくまでも天皇の日本統治の正当性を表明した書物であり、天皇が神の子孫としての崇拝の対象であることを示唆する書物でもありました。宣長は『古事記』成立時のその様子を厳密な考証を通して明らかにしたのです。そして、徂徠や仁斎が儒教における聖人の道の復古を目指したように、宣長は『古事記』の世界における神々の道こそが追い求めるべき理想世界であるとしたのです。ここに天皇を頂点とする秩序を実現しようとする気運が生じることにもなったのです。

宣長自身は政治に身を置く立場にありません。天下国家を治め民を安んずるという気概を持って学問に臨んでいた訳ではないのです。むしろ、自らの興味関心に従ってその道を大成したともいえます。自身が明らかにした神々の道が現実に適用できるのかは考えの外であったのです。

しかし、彼の理想は彼の学問を受け継いだものにとって実現すべきものとされたのです。これが江戸時代末期の尊王攘夷思想の流れに絡んできます。

さらに国学において重要な人物に平田篤胤《ひらたあつたね》がいます。彼の思想も幕末に大きな影響を与えています。国学の系譜では、篤胤はしばしば本居宣長の弟子と位置づけられていますが、それは篤胤の自称であって、直接、宣長から教えを受けたことはありません。篤胤が宣長の学問に出会ったのは、宣長の死後でした。しかし、宣長の学問に感銘を受けて篤胤は、夢によって宣長から弟子と認められたとしたのです。真淵や宣長の学問は実証的であり、日々のたゆまぬ努力によって地道に築きあげたものであり、彼らも学者として雰囲気を備えていました。

しかし、篤胤の場合は、上の例が示すように実証できないことを根拠にする傾向があります。彼は死後の世界やオカルト的現象に強い関心を持ちました。そして、独創的な神話的世界を構築したのです。その神話的世界は架空のおとぎ話的世界ではなく、理想の世界としてそれを実現しようとしたのです。

理想の世界を想定し、それを実現しようというのは宣長も水戸の学問も同じです。しかし、水戸においては天皇を頂点とした古代秩序を理想として、その秩序を実証しつつ歴史書の中に構築したのであり、宣長もまた『古事記』にあるべき理想を求め、実証的な研究により『古事記』の内容を明らかにした上で自らの説がありました。最終的には古代社会・神話的世界に対する信仰的なものがありますが、そこに至るには実証的検証があったのです。

それに対して、篤胤はまずは自らが想定した独創的な神話世界があり、それに合うように文献操作をして、その世界を明らかにしたといえます。『大日本史』は約二百五十年間の年月をかけて完成し、『古事記伝』も宣長が生涯をかけて完成させた書物であるのに対して、篤胤が『古事記』『日本書紀』『古語拾遺《こごしゅうい》』など神代に関する記述がある書物や自説を証明するに足る書物を集めて、決定版の日本古代史として編纂した『古史成文《こしせいぶん》』『古史徴《こしちょう》』は、ひと月ほどで書き上げているのです。実証的客観的な研究ではこのような短時間で書物を書き上げることはできません。主観的独創的だからこそできるのです。それにしてもすごいパワーであることは否めません。

そのため、篤胤は学者というよりも、宗教者としての雰囲気を備えていたといえます。彼は気吹舎《いぶきのや》という私塾を開き、身分を問わず自説を教えました。そこで様々な階級の人々が熱心に学び、平田国学は日本中に広まったのです。それは、彼の説に人々を魅了するだけの力があったからだと言えます。

水戸藩でも平田篤胤を彰考館に採用する動きがありました。彼を推薦したのは、後期水戸学の代表的人物である藤田東湖になります。東湖は一時『神道集成』の編纂にも携わり、平田篤胤とも親交がありました。篤胤が水戸藩に仕えることはありませんでしたが、彼の学問が多少なりとも藤田東湖に影響を与えているともいえます。東湖の学問はもう一人の後期水戸学を代表する人物である会沢正志斎に較べてより国学的なのです。

江戸時代の学問は、その他、陽明学、蘭学、数学、天文学など様々な分野に渉って展開しています。そのすべての影響を受けて、江戸時代後期、後期水戸学いわゆる水戸学が発生することになったのです。

第十一章　尊王思想と攘夷思想——後期水戸学の理念の形成

第九章で筆者が群馬県の出身で新田義貞にシンパシーを感じていることを述べました。実家の近所にある大信寺には新田義貞の武将として活躍した篠塚伊賀守重広《しのづかいがのかみしげひろ》の墓があり、父からは伊賀守や新田義貞の話を聞かされたり、『太平記』に関する本なども読みあさっていたので、その影響かもしれません。

また、高校は地元の男子校に進学したのですが、そこでは対抗戦と称して、隣の男子校と毎年様々な競技での交流戦があり、三年に一度、全校生徒同士が参加する大きなイベントがありました。男ばかりの高校生活で、溢れんばかりのエネルギーをそぎ落とそうとした先生方の戦略だったのかもしれません。交流戦では、筆者の高校は新田氏の家紋である大中黒の旗を掲げ、相手校は足利氏の家紋である二つ引きの旗を掲げて、新田氏と足利氏の戦いを装っていました。当時はちょっと冷めた目で見ていたのですが、今はいい思い出です。久しぶりに思い出したので、今はどうなっているのかと調べたところ、なんと、隣の男子高が共学になったことで打ち切りになったそうです。合掌。

後期水戸学の時代

本章から江戸時代後半の水戸藩の学問について述べていきたいと思います。光圀が一六五七（明暦三）年に『大日本史』編纂事業を始めてから、一七三八（元文二）年に安積覚が亡くなるまでの水戸藩の学問を前期水戸学といいます。『大日本史』の編纂が中心であり、後期のように強い思想性がそれほど表に出ていない段階です。その後、財政難と人材難のため、しばらく編纂事業は停滞してしまいます。

しかし、安積の死から約五十年、一七八六（天明六）年に立原翠軒が彰考館総裁となると、状況は一変します。立原翠軒は『大日本史』の完成を目指し、編纂事業を再興したのです。この後に起こった水戸藩の新たな学風が後期水戸学とされ、これが一般的には水戸学とされています。

この江戸時代後半に生じた水戸学が幕末から太平洋戦争に至るまで日本全国に大きな影響を与えたのです。まずは、水戸学が影響を与えはじめた幕末の日本の様子をざっと確認してみましょう。一八五三（嘉永六）年、ペリーが四隻の軍艦を率いて浦賀に来寇し、翌一八五四（嘉永七）年、幕府は日米和親条約を締結し開国すると、これまで絶対的であった幕府の力がかげりはじめ、日本は幕末の動乱期へと突入していきます。アメリカはさらなる通商を求めて、幕府との交渉を始めると、賛成派と反対派の激しい対立が生じます。反対派の中心的人物が水戸藩第九代藩主徳川斉昭であり、彼の行動は水戸学によって支えられていたのです。「弘道館記」に記された「尊王攘夷」という言葉が全国に流行したのもこれがひとつのきっかけになります。

一八五八（安政五）年には賛成派の井伊直弼が大老に就任し、勅許のないまま日米修好通商条約が結ばれます。その後、直弼は反対派を弾圧し、安政の大獄を引き起こし、徳川斉昭は水戸に永蟄居《えいちっきょ》、その子の一橋慶喜（当時、慶喜は将軍候補者の家系である御三卿の一橋家の養子になっていました）は隠居・謹慎が命じられます。しかし、直弼は一八六〇（安政七）年、脱藩水戸浪士を中心にして起こされた桜田門外の変によって暗殺され、混乱はいよいよ深まっていきます。

そして、最終的には薩長を中心とした倒幕派と、徳川慶喜を将軍とした幕府との争いとなり、結局、一八六七（慶応三）年、慶喜の大政奉還によって、幕府は幕を閉じることになります。慶喜は水戸藩出身の人物であり、水戸学は、彼の行動原理になっています。実は彼と対立した討幕派も水戸学の強い影響を受けていたのです。薩長を中心とした明治政府が天皇を頂点とした国家を構築したのは、まさに水戸学の影響といえます。水戸学は日本を変革へと導く強い思想性を伴う学問に変容していたのです。

前章では江戸時代の学問を概説しましたが、その他様々な学問が江戸時代を通して展開しています。江戸時代後半に起こった水戸学は、徳川光圀がはじめた『大日本史』の編纂事業を土台にして、前代の様々な学問の諸要素を取り込みつつ形成されています。そのため、幕末にこれほどまでに強い影響を与えた水戸学なのですが、一概には説明しがたい学問になっているのです。

そのような後期水戸学を解きほぐすため、つぎに後期水戸学が生じた時代背景について確認していきましょう。

後期水戸学の世界史的背景

後期水戸学が生じた時代背景については、日本ばかりではなく、世界の情勢も把握しておかなければなりません。世界史の展開の中に水戸学勃興の理由はあるのです。まずは、西洋諸国のアジア進出について、簡単に触れておきましょう。

そもそもなぜ戦国時代に鉄砲とキリスト教が伝来したのでしょうか。それは西洋におけるキリスト教の改革と連動しています。西ローマ帝国滅亡以降の中世ヨーロッパは、キリスト教が人々の精神世界を支配し、教会および教皇の力は絶大なものとなっていました。しかし、その権力は十字軍の失敗によってほころびはじめ、日本の戦国時代に当たる十六世紀にはルターやカルヴァンなどが従来のキリスト教の考えを大胆に改め、新たな宗派を生み出しました。これがいわゆる**宗教改革**であり、ここで生まれた新たな宗派が**プロテスタント**になります。プロテスタントはスイス・ドイツ以北に広まり、旧来の**ローマ・カトリック**と対立することになったのです。

ローマ・カトリックは中世後期、免罪符の発行などにより堕落し、宗教改革の時代、一時勢力を弱めました。しかし、**ドミニコ会**、**イエズス会**などの改革により健全化します。そして、大航海時代、新たな航路が開発されたことに伴い、世界への布教活動をはじめたのです。イエズス会の**ザビエル**が日本で布教活動をしたのはその一環になります。

日本への布教活動は主にポルトガル人・スペイン人の宣教師が担っていました。彼らの布教活動によって信者は順調に増えていきます。しかし、宣教師たちの布教活動は、純粋なキリスト教の布教ばかりではなく、本国の植民地獲得とも密接に繋がっていたのです。そのため、それを見抜いた豊臣秀吉は**バテレン追放令**を発布して彼らの日本での布教活動を禁止したのでした。

この政策は徳川政権にも発展的に受け継がれ、日本人がキリスト教を信仰することは固く禁止され、外国との貿易は平戸と長崎のみに制限されました。キリスト教禁令は徹底され、信者を摘発するため**踏み絵**などが行われ、キリスト教信者や宣教師は厳しく弾圧されます。そして、キリスト教信者が中心となった**天草・島原の乱**が鎮圧された翌年の一六三九（寛永十六）年には、布教活動を中心的に指導してきたポルトガル（スペイン）との貿易が禁止され、貿易は長崎の**出島**で、プロテスタント系のオランダと中国にのみ許可されることになったのでした。以後日本はいわゆる鎖国状態となります。こうしてキリスト教禁令と鎖国が江戸幕府の祖法となったのでした。ちなみにポルトガルは一五八〇～一六四〇年にかけてスペインに併合されています。

こうしてオランダはポルトガルに代わって日本貿易の主人公の地位を得ました。それは、この当時のオランダが、スペインから独立し、ポルトガル・スペインに代わって世界貿易の主役となっていたことも一因です。しかし、世界貿易の覇権は十七世紀半ばに起こった三度に渉る英蘭戦争のすえ、イギリスに移ってしまいました。

そのイギリスでは十八世紀、**産業革命**がおこります。機織《はたおり》機から始まった機械化は様々に応用され、生産能力は飛躍的に向上します。そして、原料供給地や余剰物資の市場を海外に求めたのです。産業革命によって発明された蒸気機関を動力源とした汽船がその物資の輸送を容易にし、武器の能力の向上なども伴い、イギリスはアジア、アフリカへ植民地獲得に乗り出したのでした。さらにこれに後れをとるまいと、西洋諸国は次々と産業革命を起こし植民地の争奪を競いあうようになったのです。

さらに、ロシアの存在も忘れてはいけません。ロシアは十六世紀なかごろイヴァン四世が中央集権政治を確立して以降、東方へ領土を拡大していきます。そして、十七世紀後半にはシベリアに到達、一六八九年には清と**ネルチンスク条約**によって国境を定めるに至りました。さらに、ロシアは領土を拡大しようとカムチャッカ半島、そして樺太へと手を伸ばしはじめたのです。

十七世紀から十九世紀にかけて日本が国を閉じている中で、世界の状況は急速に変化していました。産業革命を経てより強力となった西洋諸国が十八世紀後半以降、アジアに植民地を求めて、日本を狙うようになっていたのです。

その脅威は、まず北方からやってきました。十八世紀後半からロシアは北海道沿岸にしばしば顔を出していたのですが、一七九二（寛政四）年、ロシアの**ラクスマン**が**エカチェリーナ二世**の命により北海道の根室に来航し、通商を要求したのです。幕府は要求を拒絶し、長崎の入港許可証を交付して、一度は帰国させます。しかし、一八〇四（文化元）年、その許可証を持参し、**レザノフ**が長崎に来港し、同じく通商を要求したのです。幕府は再度拒否しますが、以後、ロシア船は北海道沿岸を中心に日本近海を跋扈するようになりました。

さらにイギリス船も日本近海にしばしば現れます。一八〇八（文化五）年にはイギリス軍艦が長崎を襲撃するという**フェートン号事件**が起こり、それ以降しばしば通商を日本に求めるようになりました。

そして、一八二四（文政七）年には、水戸藩領内の常陸大津浜にイギリス捕鯨船員が薪水を求めて上陸するという事件が起こったのです。これは水戸藩にとって衝撃的な事件でした。

このように外国船が日本沿岸に跋扈していては、いつ日本は外国から侵略を受けるか分かりません。そのような時代を背景にして後期水戸学が生まれたのです。

藤田幽谷の正名論

では、後期水戸学の検討に入っていくことにしましょう。後期水戸学の実質的な創始者は立原翠軒の弟子の藤田幽谷になります。古着屋の次男として生まれた幽谷は、幼少期からその才能が認められ、翠軒の弟子となりました。翠軒の推薦により十五歳の時に彰考館に入り、『大日本史』編纂事業に従事します。そして、彼の才能は十八歳の時に執筆した「正名論」によって、広く知れ渡ることになったのです。**「正名論」**は幕府老中**松平定信**《まつだいらさだのぶ》が所望して著されたものであり、わりと短い論文ですが、彼の早熟さを垣間見ることができます。すでに、そこには後の水戸学に連なる思想が表れています。そのいくつかを確認しておきましょう。「正名論」には、

周《しゅう》の方《まさ》に衰《おとろ》うるや、強覇《きょうは》こもごも起《お》こり、列国力争《れっこくりょくそう》して、王室《おうしつ》、絶《た》えざること綫《せん》のごときも、なお天下《てんか》の共主《きょうしゅ》たり。而《しか》して孔子《こうし》、春秋《しゅんじゅう》を作《つく》りて、以《もっ》て名分《めいぶん》を道《い》うに、王《おう》として天《てん》と称《しょう》し、

以《もっ》て二尊《にそん》なきを示《しめ》し、呉《ご》・楚《そ》の王《おう》を僭《せん》するには、貶《おとし》めて子《し》と称《しょう》し、王人《おうひと》、微《び》なりと雖《いえど》も、必《かなら》ず諸侯《しょこう》の上《うえ》に序《じょ》す。其《そ》の惓々《けんけん》として名《な》を正《ただ》し分《ぶん》を厳《げん》にする所以《ゆえん》は、一《いつ》にして足《た》らず。故《ゆえ》に「天《てん》に二日《にじつ》なく、土《つち》に二王《におう》なし」と曰《い》うは、一《いつ》に統《す》べらるるを言《い》うなり。（周の力が衰えると、強大な力を持った覇者が次々と起こり、列国が力を争い、周の王室は細糸のように今にも断ち切れそうであったが、それでもなお天下が共に戴く王であった。そこで、孔子は『春秋』を作り、名分を言うにあたって、周王に対しては天を繋げて天王と称して高めて、ひそかに王を称していた呉と楚に対しては、子《し》の爵位をつけて呉子・楚子と称して貶め、王の家臣である王人は、身分は低いが、必ず諸侯の上に序列させるなどした。慎重に名を正し、分を厳密にしたため、ひとつだけでは十分ではなく、様々に述べたのである。そのため『礼記』には孔子が『天には二つの太陽はなく、地には二人の王はいない」と述べているであり、それは一つものに統べられることを言っているのである）

と、記されています。この文章は幽谷が今でいうと高校三年生から大学一年生くらいの時に記したものです。十八歳の時にこんな小難しい文章を書いていたのです。光圀でさえグレていた時です。ちなみにもとは漢文です。ちょっと信じられません。

ところで、この文章をよくよく読んで見ると、なにかすでに読んだ気がすると思う人がいるのではないでしょうか。もちろん、以前示した漢文訓読をよく読んでいればの話ですが。当時は、何かもとになる文があって、それを下敷きにして文章を書いていました。この文章は以前確認した『論語』

『孟子』『荘子』『公羊伝』『資治通鑑』、さらに『礼記』を加えて名分論を語っているのです。

確認していきましょう。まずタイトルの「正名論」は『論語』の「必ずや名を正さんか」に由来しています。これは第九章で紹介しました。タイトルに正名をつけているのですから、内容も「名を正す」ことを基軸にして述べられています。

その内容ですが、基本は第三章で紹介した『孟子』や『公羊伝』があります。それをベースにして、周王の力が衰え、諸侯が覇権を巡って争い、夷狄である呉や楚が王を僭称するなど、混乱した時代にあって、孔子は『春秋』を編纂し名分を述べ、一人の王によって天下が統べられている理想秩序を歴史の中に構築し、それを示すことで秩序の回復を図ったとしています。幽谷もまた歴史書は名分を示すために編纂されるものと捉えているのです。

また、理想の秩序を構築する手法として、春秋の筆法を述べています。歴史をねつ造するのではなく、表現上の工夫で理想秩序を構築するとするのです。

呉や楚に対する春秋の筆法

春秋の筆法については、本書でも第三章、第八章、第九章など、ところどころで説明しています。幽谷もまた『公羊伝』に示された春秋の筆法によって名分論を説いていますので、ここでも説明しておきましょう。周王が世界に君臨していることを示すために、王の家臣である「王人」であっても、諸侯の上に書くとしたことは、すでに説明しました。

春秋時代にあっては、実際には、周王の他に、夷狄の呉や楚も王を自称していました。それに対して、『春秋』ではどのような筆法を駆使したとするのでしょうか。『礼記』にも孔子の言葉として「天に二日なく、土に二王なし」（天にはふたつの太陽がなく、地上にはふたりの王はいない）とあり、『公羊伝』でも「一統を大《とうと》ぶ」とあったように、地上に王は一人しかいないとしなくてはなりません。そこで、周王に対しては「天王」と称して、王を天に繋げて、その名をより高めます。そして、夷狄であった呉や楚の君主に対しては、公・侯・伯・子・男という五等の爵位の中の「子《し》」を与えて、「呉《ご》子《し》」「楚《そ》子《し》」と書くことで、彼らを王から諸侯の地位へと引き下げたのです。それによって周王の支配下に呉と楚を組み込んだことにもなります。

ところで、呉や楚は大国でしたので、本来であれば、侯・伯などの爵位が与えられるべきです。にもかかわらず、比較的に低い子の爵位が与えられました。それは、夷狄から中華の一員に組み入れる場合は、その身分をいきなり高めることはせずに、徐々に進めていくとしたからです。『春秋』では、楚に対しては最初、甚だ卑しんで地域名としての「荊《けい》」と記されました。楚が中華の礼を取り入れることで、その人物の呼称を「荊人《けいひと》」とし、さらに国の名を称すことを認めて「楚人《そひと》」とするなど、徐々に進めていき、最終的に中華の一員として認めて、楚の君主に対して「楚子」と記したのです（楚を水戸、荊を茨城、子を市長と読み替えるとわかりやすいと思います）。それでも新参者にはいきなり高い地位を与えなかったのです。しかし、その地位は盤石ではありません。礼に背くことがあればすぐさま夷狄の呼称に戻されたのです。

「正名論」における尊王思想と攘夷思想

幽谷は、以上のように『春秋』は筆法を駆使して名分を述べた歴史書の規範であると捉えました。この規範は『大日本史』においても当てはめられて考えられていたのです。

中国の春秋時代の状況は、どこか日本の江戸時代の状況に似ていると思いませんか。江戸時代の天皇には軍事力はありませんし、権力もありません。かろうじて、京都に存続しているのみです。しかし、将軍の権力の証しである征夷大将軍は天皇が授けたものであり、将軍の権力は天皇の権威によって保証されています。江戸時代にあっても形式的には天皇は日本の頂点に君臨していたのです。幽谷はそのような状況を見て、日本はなお天皇を頂点とする秩序が保たれているとみていたのです。

さらに、孔子が『春秋』を執筆して、世の秩序を回復しようとしたことは、徳川光圀の『大日本史』編纂事業と重ねてみることができます。光圀の時代は、下剋上の戦国時代から、いかにして秩序の確立を図るのかが重大な問題でした。幕府は武力を背景にした武断政治から、学問を背景とする文治政治へと舵を切っていました。時代は、学問によっていかに社会を安定させるのか模索していたのです。光圀は歴史を編纂することによって理想の秩序を示し、安定した世界を目指しました。それが、天皇を頂点とする世界でした。徳川将軍が絶対的な権力を持つ世界にあって、光圀は天皇を頂点とする秩序を『大日本史』の中に構築していたのです。その秩序が日本のあるべき秩序であり、徳川政権下の日本であってもその秩序は実現されてはいるが、より完全な形にすべきものと見ていたのです。

前期水戸学は歴史の編纂が主でしたが、後期水戸学は『大日本史』の中に示された理想秩序を実現

すべく行動が求められたのです。それが「正名論」ではすでに表明されています。そこにはさらに

> **幕府《ばくふ》、皇室《こうしつ》を尊《とうと》べば、すなわち諸侯《しょこう》、幕府《ばくふ》を崇《とうと》び、諸侯《しょこう》、幕府《ばくふ》を崇《とうと》べば、すなわち卿大夫《けいたいふ》、諸侯《しょこう》を敬《けい》す。夫《そ》れ然《しか》る後《のち》に上下《じょうげ》相《あ》い保《たも》ち、万邦協和《ばんぽうきょうわ》す。**（幕府が皇室を尊ぶことによって、諸侯が幕府を敬うようになり、諸侯が幕府を敬うと、その家臣である卿大夫が諸侯を敬うようになる。こうしてはじめて上下の秩序が保たれ、世の中に平和がもたらされるのだ）

とあります。すなわち、世の秩序を安定させるためには、何よりもまずは、幕府、すなわち将軍が皇室・天皇を尊ばなくてはならないとしたのです。これが水戸学における尊王思想の基本になります。将軍が天皇を尊ぶことによって、上の者を尊ぶという規範が示され、将軍の臣にあたる諸大名が将軍を尊ぶようになり、それがまた規範となって、その家臣の卿大夫がそれぞれの君主を尊ぶようになり、はじめて上下の秩序が保たれ、世の中が安定するとみなすのです。尊ぶのは直属の上司であり、下々のものが直接天皇を尊ぶとはしていません。

逆に命令指揮権も、直属の臣下にしかないとみなされます。皇室・天皇が命令を下せるのは、武家社会においては将軍のみです。そこから、順次、その命が下っていくということになります。これが本来の尊王思想なのですが、後に下々のものが直接天皇を尊ぶことに変容し、天皇が臣の臣にあたる大名に命令を下す事態も生じたのです。実はこれが幕末の混乱のひとつの原因になります。

それともうひとつ重要な思想があります。それは攘夷思想です。これも『公羊伝』に由来する思想で、覇者の任務は、夷狄（外国）を追い払うことだとする考えでした。覇者は外国から国を守る防衛の任務を背負っているとされたのです。

『春秋』における最初の覇者は、斉の桓公ですが、桓公は中華の諸国を団結させて、当時、夷狄（外国）とされた強大な楚から中国を守ったとされています。この点は孔子も誉め讃えており、『論語』憲問篇で「桓公《かんこう》なかりせば、吾《われ》それ髪《かみ》を被《こうむ》り衽《えり》を左《ひだり》にせん」と、桓公がいなければ私は夷狄の風俗に従い、髪をふりみだし、着物を左前にしていたでしょう、としているほどです。桓公は夷狄の侵略から中国を守り、さらに諸侯の旗頭となって、諸侯会議を開催し、王者の事をなしたからこそ『公羊伝』では覇者として認められていたのです。『公羊伝』僖公四年には、桓公について次のように述べられています。

南夷《なんい》と北狄《ほくてき》と交《こも》ごもし、中国《ちゅうごく》、絶《た》えざること綫《せん》のごとし。桓公《かんこう》は中国《ちゅうごく》を救《すく》い、夷狄《いてき》を攘《はら》い、卒《ことごと》く荊《けい》を帖《ふく》す。此《これ》を以《もっ》て王者《おうじゃ》の事《こと》を為《な》す。（南方と北方の異民族が交々侵略を繰り返し、中国は細糸のように今にも断ち切られそうであった。桓公は中国の諸侯を救い、夷狄を追い払い、ことごとく荊（楚）を服従させた。これによって王者の業績を成し遂げたのである）

このように『公羊伝』では覇者の任務として攘夷が語られていました。それが第九章で確認したように宋代の春秋学を経て、尊王と攘夷が覇者の任務とされていたのです。「正名論」では攘夷について直接触れていません。しかし、「正名論」では、

今《いま》、夫《そ》れ幕府《ばくふ》は天下《てんか》国家《こっか》を治《おさ》むるものなり。上《かみ》、天子《てんし》を戴《いただ》き、下《しも》、諸侯《しょこう》を撫《ぶ》するは、覇主《はしゅ》の業《ぎょう》なり。（今、そもそも幕府は天下国家を治める任務を背負っている。上に天子を戴き、下の諸侯を安撫するのは、覇主の務めである）

と幕府、ここでは将軍を指しますが、将軍を覇主、すなわち覇者に準えています。将軍は天皇を尊び、諸侯を治めることが務めだとしています。ここには攘夷のことは記されていません。しかし、幽谷の頭の中には当然、覇主の任務としての攘夷があったはずです。時代は西洋諸国の脅威が日本に迫っていました。幽谷は、将軍が攘夷、すなわち国防の任務に当たることも要請するようになっていくのです。まさに宋代春秋学において理解された覇者桓公と同じ尊王攘夷の任務を将軍に期待したのです。

立原翠軒と藤田幽谷の対立

このような時代背景にあって、幽谷は『大日本史』編纂の過程で生じた理想の秩序を今に実現させるため、その思想をより先鋭化させます。

幕藩体制下において、各藩は独自の軍事力を備えていましたが、その軍事力は国内戦を想定したも

のであり、当時、脅威となっていた外国との戦いを想定したものではありませんでした。外国の脅威に対抗するためには、そのための旗頭が必要になります。幽谷にとって、それが将軍であり、将軍の権力は天皇の権威の下にあるとし、天皇の下、将軍が諸大名をまとめることによって、諸外国との脅威に立ち向かおうとしたのです。そのために、まず強調されたのが尊王思想だったのです。

『大日本史』に込められた尊王思想を実現するために、幽谷は果敢に行動します。朱子学は陽明学の**知行合一**《ちこうごういつ》に対して、**先知後行**《せんちこうこう》を主張していました。学んだことは実行せよということです。その意味では幽谷は朱子学的な人間だったと言えます。

それは幽谷の師である立原翠軒と対立する形で現れます。翠軒は未完であった志・表の完成を諦め、本紀と列伝のみで『大日本史』の編纂事業を終わらせることを主張します。そして、光圀の百周忌までに本紀と列伝の完成を終わらせるよう編集作業を急がせ、遂に一八〇一（享和元）年の百周忌の時に光圀の廟にその浄書本が捧げられたのです。しかし、この時、翠軒は彰考館総裁の地位にいませんでした。弟子の幽谷との対立によって、その地位から下ろされていたのです。

幽谷が翠軒と対立し主張したのは、志・表の編纂の継続、『大日本史』の書名を『史考』に変更、『大日本史』の論賛の削除の三点です。志・表の編纂の継続は、『大日本史』の編纂作業の継続を主張するものですが、後の二点は尊王思想の実現を主張するものでした。

『大日本史』を『史考』に変更せよとの主張は、日本の歴史の編纂は天皇の権限下において行われるべきとの考えと絡んでいます。『孟子』に「**春秋は天子の事なり**」（『春秋』は天下の諸侯や大夫士をほめたり、けなしたりしているが、それはもともと天子のなすべき仕事だ）とあったように、中国において歴史を編纂し、歴史的事実に評価を下すのは帝王にのみ認められたものでした。それは、時に権力者を断罪するものでもあったからです。孔子はそのために自分が権力者を批判していることがわからないように一字一句に深い意味を込め、いわゆる微言大義によって『春秋』を編纂したのです。

後に中国の正史は紀伝体という形式となり、本紀や列伝の最後に論賛としてその人物の批評が記されるようになりました。中国の正史は、滅亡した王朝について、次の王朝が批判を加えるものであり、前王朝の皇帝の批判は許されるものでした。

しかし、日本は万世一系の天皇が連綿と統治していたとみなされています。そのため、天皇の祖先に対する批判は現天皇を批判することにもなり許されないとするのです。こうして安積覚が心血を注いで執筆した論賛の削除を幽谷は主張したのです。

また、『大日本史』はあくまでも水戸藩の編纂物であり、朝廷のものではありません。にもかかわらず日本の国号を題名に掲げているのは、天皇を尊んでいないと幽谷はみたのです。ちなみに「大日本」と称していることも批判しているのですが、ここではそれは置いておきます。そこで、日本の国号を外し、『史考』にすべきだと主張したのです。

これら幽谷の主張は『大日本史』の名称が朝廷から正式に認められたことで、題名に関する点は取り下げられましたが、その他の二点は幽谷の主張が通りました。『大日本史』の編纂作業は継続され、論賛は削除されたのです。

こうして幽谷は自説を強靱に主張した結果、師の翠軒との対立は決定的なものとなり、翠軒と幽谷は絶交、後の水戸藩内の対立の原因にもなっていくのです。

幽谷の弟子たち

さて、このような思想を持つ藤田幽谷は、水戸の梅香《ばいこう》の自宅に**青藍舎**《せいらんしゃ》という私塾を作り、多くの弟子を育てました。その中で特に優秀な人物が会沢正志斎、**豊田天功**《とよだてんこう》（亮）、そして、幽谷の息子の東湖になります。

ちなみに水戸市南町に会沢正志斎、梅香に藤田東湖の銅像があります。豊田天功の銅像は水戸にはありませんが、彼の出身地である常陸太田市の旧賀美小学校にあります。今は廃校になってしまいましたが、今のところ銅像はもとのままです。また、その孫である豊田芙雄《とよだふゆ》の銅像は水戸市大町の水戸二校の正門前にあります。彼女は日本の女子教育の先駆者として表彰されています。

このように今は銅像となって表彰されている幽谷の弟子達の活躍によって、水戸の学問は、水戸学といわれる学風が築かれ、全国にその影響を及ぼすことになったのです。彼らの思想には尊王思想に加えて、攘夷思想が色濃く反映しています。それは、当時、茨城沿岸にしばしば外国船が顔を出していたからであり、一八二四（文政七）年、イギリス捕鯨船が大津浜に寄港し、船員が上陸した事件によって決定的になりました。

この時、通事としてイギリス人と交渉したのが会沢正志斎でした。正志斎は不自由ながらもイギリス船員から様々な事を聞き出します。正志斎は彼らは単なる捕鯨船員ではないとし、何らかの処罰を加えなければならないと考えていました。しかし、水戸藩には彼らを処罰する権限がありません。彼らの処遇は幕府から派遣された官吏に任されていたのです。そして、幕吏は、イギリス人は捕鯨船の船員であり、病人のための食糧調達で上陸したに過ぎないとし、食糧を与えて放免したのでした。正志斎はこの対処に対して大いに不満を持ったのです。

幽谷・東湖父子もまたこの事件に大きな衝撃をうけていました。イギリス人の大津浜上陸を聞いた幽谷は東湖を呼び出し、イギリス人を皆殺しにしてくるよう命令したのです。父が過激であれば、子も過激です。十九歳の東湖はこの命を受け、死を決意し大津浜に向かおうとしたのです。しかし、父と最期の別れを告げている時、すでに幕吏によってイギリス人が釈放されたという連絡が飛び込んできました。そのため、東湖は事に及ぶことはありませんでしたが、この時の印象が強烈であったことは、彼の代表的な歌であり、広く知られた「回天詩史《かいてんしし》」に窺うことができます。

そして、この外国船がいつ襲ってくるか分からない状況が、彼らをより過激な攘夷論へと導くことになりました。正志斎はこの経験をもとにして、一八二五（文政八）年、天皇を中心とした国家を構築し、全国民が一致団結して、夷狄を追い払うこと、つまり尊王と攘夷を主とした『新論《しんろん》』を執筆したのです。『新論』は水戸藩第八代藩主徳川斉脩《とくがわなりのぶ》（哀公）に上呈したものであり、当初は内容があまりに過激であるため公表されませんでした。しかし、これを読んだ師の幽谷は感激し、門人達の間でひそかに読み伝えられ、さらに作者不詳として書き写され広まりました。筆者の手元には、一八五〇

（嘉永三）年、大江三万騎訳、無名居士『雄飛論』として書写されたものがあります。これはおそらく国学者が訓読したものであり、『新論』で「神州」とあるところを「皇国」と書き換えたりするなど改変されている箇所がみられます。このようでは正志斎の真意が枉げられてしまうおそれがあります。そこで、一八五七（安政四）年、正式に『新論』が出版されることになったのです。この『新論』が全国の志士たちに強烈なインパクトを与えたのです。

東湖もまたこの事件の影響で過激な攘夷論者へとなっていきます。こうして、彼が草稿を書いた「弘道館記」に、「尊王攘夷」という言葉が使われ、これが幕末の動乱期に掲げられた標語となったのです。

徳川斉昭の藩主就任と水戸藩天保の改革

藤田幽谷の門下生たちが本格的に活躍し、水戸の学問が一世を風靡するようになったのは、水戸藩第九代藩主徳川斉昭の時代になってからです。

弘道館は斉昭が創設した水戸藩の藩校ですが、その建学理念を示したものが、藤田東湖が起草し斉昭の名で公表された「弘道館記」であり、それを刻んだ石碑が弘道館の聖域にある八卦堂《はっけどう》に納められています。そこで示された理念こそが、後期水戸学の理念そのものであり、水戸藩では弘道館ばかりではなく、その他の郷校においてもその理念によって教育が施されました。この学問が幕末の志士達に強い影響を与えたのであり、弘道館は水戸学の中心地として機能したのです。水戸学を全国的なものにしたのは、当然、藤田幽谷とその弟子達の力になりますが、彼らに活躍の場を与えたのが斉昭であり、彼なくして水戸学の発展はなかったのです。彼が藩主に就任する経緯を述べて、本章を終えることにしましょう。

徳川斉昭は、水戸藩第七代藩主徳川治紀《とくがわはるとし》（武公）の三男として一八〇〇（寛政十二）年に生まれました。治紀の諸公子達の教育係を務めたのが、藤田幽谷の弟子であり、後に弘道館初代教授頭取となる会沢正志斎だったのです。正志斎の教育によって、斉昭にはたっぷり幽谷の学問が注ぎ込まれたのでした。しかし、家督を受け継ぎ第八代藩主となったのは長兄の斉脩であり、次兄と弟がそれぞれ高松藩、宍戸藩に養子にゆき、藩主となって活躍したのに対して、斉昭は斉脩の手元に残り、部屋住みとしてその能力を発揮することができないでいました。

これには、斉脩の配慮があったのかもしれません。斉脩は優秀ではあるものの生来病弱であり、政治の実権は門閥派《もんばつは》の重臣達が握っていました。彼らは藩祖頼房以来水戸藩に仕えていた家の出身者が中心であり、旧来からの幕府中心の政治を重視していたのです。

それに対して、幽谷の学問は、『大日本史』に込められた理念を実現することを重視しており、幽谷の弟子達（藤田派）は大胆な改革を主張していました。時代もまた外国船が常陸沖に跋扈しており、改革を必要としていたのです。斉脩がどちらの考えを重視していたのかは分かりません。斉脩も光圀の再来といわれるほど聡明であったとされ、幽谷の意見も時に聞き入れているので、やはり改革の必要性を感じていたのではないでしょうか。

斉脩は一八二九（文政十二）年、後継者を公表せずに重い病に罹ってしまいます。この時、門閥派の重臣達は、幕府からの莫大な財政的支援を得ようと、将軍家から養子を迎えることを画策したのです。それに対して、藤田派を中心とする改革派の藩士たちは、その動きを阻止しようとします。彼らは、頼房以来の血統を重視し、藩政改革のために、斉昭こそが次期藩主に相応しい人物であるとみたのです。そのため、いよいよ斉脩が危篤に陥ると彼らは藩に無断で水戸を出立し、江戸に上り、斉昭の擁立を陳情しようとします。この中には会沢正志斎と藤田東湖も含まれていました。

この対立は結局、斉脩の死後に斉昭を次期君主にせよとの遺書が見つかったため、無事に決着しました。それにしても、生前、後継者を公表しなかったのはなぜでしょうか。それは斉昭の擁立をこころよく思わない門閥派によって、自分の考えを潰されたくなかった、斉脩はそのように考えていた気がします。これはあくまでも推論であって確たる証拠はありません。しかし、そのように思わずにいられません。

さて、こうして紆余曲折を経て水戸藩第九代藩主となった斉昭ですが、彼は藩主に就任すると門閥派から政治の実権を奪い返し、水戸藩の藩政改革に乗り出します。これを**水戸藩の天保の改革**といいます。日本史の教科書に出てきた**天保の改革**は、水野忠邦《みずのただくに》が行った幕政改革であり、これは水戸藩の改革の後のことでした。ここでも水戸は全国に先駆けて改革を行ったのです。

この水戸藩の天保の改革で重用されたのが、藤田派を中心とする改革派の藩士でした。藤田東湖や会沢正志斎も当初は無断で水戸を離れた罪により処分を受けますが、すぐに斉昭により抜擢され、水戸藩の中枢で活躍することになったのです。こうして、斉昭が藩主となったことにより、藤田派に活躍の場が与えられ、水戸学が全国に広まる下地が作られたのです。

第Ⅵ部　後期水戸学の中心地・弘道館

第十二章　弘道館の創設と水戸の都市構造

本章では、水戸藩藩校の弘道館について考察していきます。序章でも述べましたが、弘道館は日本遺産にも指定されています。ぜひ一度は見学してみてください。でも、その前に多少の知識を頭の中に入れておくとより楽しめます。

弘道館は江戸時代後期、水戸の三の丸の地に譜代の家臣の屋敷を撤去して建設され、一八四一（天保十二）年に仮開館式、一八五七（安政四）年に本開館式が挙行され、一八七二（明治五）年、学制の発布とともに閉鎖されました。その歴史はわずか三〇年ほどしかありません。一〇〇〇年以上の歴史を持つプラトンが創設したアカデメイア、アリストテレスのリュケイオンとは較べようもありません。しかし、弘道館から発せられた水戸の思想はこの短い期間に日本に多大な影響を与えたのです。

江戸時代の学校

皆さんは当たり前のように学校に通ってきたかと思います。小学校・中学校は義務教育ですが、高校へも当たり前のように進学し、多くの友達が大学にも入学したのではないでしょうか。しかし、義務教育が始まったのは明治時代であり、高校・大学への進学率が高まったのは、つい最近の出来事です。江戸時代以前は学校教育は義務ではありませんでした。しかし、江戸時代の日本人の識字率は高く、多くの人が何らかの教育を受けており、学校の制度もある程度は整っていました。それはなぜなのでしょうか。

そもそも、日本に教育機関が必要になったのは、厩戸皇子が大陸文化を本格的に導入して以降のことです。それ以降、日本は律令制度が施行されることになったのですが、律令は文字に記されています。命令の伝達も文字によります。そのため、役人には文字の修得が必須になったのです。律令制度を支える人材を教育するための機関は律令制度のなかに組み込まれることになります。しかし、そこに通ったのは主に貴族の子弟でした。

その他、教育に従事していたのは寺院であり、僧侶でした。奈良時代、都には東大寺、地方には国分寺、国分尼寺が建設されましたが、僧侶になるには国家試験に合格する必要がありました。そして、僧侶になって以降は、主に仏典研究に従事したのです。当時の寺院は今の国立大学に相当するものです。以来、研究・教育に従事したのは主に僧侶でした。

戦国時代を扱うNHK大河ドラマで主人公の幼少期、僧侶から学問を授けられている場面がしばしばあります。筆者には『独眼竜政宗』で、伊達政宗の幼少期梵天丸《ぼんてんまる》を教えた虎哉宗乙《こさいそういつ》（大滝秀治）が強烈に印象に残っています。「梵天丸もかくありたい」。古い話ですみません。

徳川家康に仕え、幕府の制度を整えた**金地院崇伝**《こんちいんすうでん》や**南光坊天海**《なんこうぼうてんかい》などはそもそも僧侶ですし、儒者として家康に仕えた林羅山も僧侶になるよう命じられています。それは、当時、学問に携わるのは主に僧侶だと認識されていたからなのです。

武士は戦闘者として、武芸が第一であり、学問は二の次でした。力によって相手をいかに制圧するのかが重視されていたのです。しかし、そのような風潮は次第に変化していきます。幕府の方針が諸大名を圧倒的な武力によって制圧する武断政治から、学問による統治、文治主義に変化し、武士は為政者として学問が必要とされたのです。

このように幕府の政治方針の変更により学問が重視され、武士も学問を修めることが求められるようになりました。そのため、江戸では幕府の学校である昌平坂学問所が設立され、林家が代々大学頭となり教育に携わります。諸藩でも一六六九（寛文九）年に岡山藩が最初の藩校を開設して以降、米沢藩の**興譲館**《こうじょうかん》、会津藩の**日新館**《にっしんかん》、長州藩の**明倫館**《めいりんかん》などなど多くの藩校が設立されました。その他、岡山藩の郷校**閑谷学校**《しずたにがっこう》や、伊藤仁斎の**古義堂**《こぎどう》、荻生徂徠の**蘐園塾**《けんえんじゅく》などを代表とする私塾も開設され、多くの者がそこに通い研鑽に励んだのです。こうして学問をする人が増えるに従って、教育はさらに庶民へと広がっていきます。学問を身に付けた僧侶や浪人が先生となり、寺子屋（手習所《てならいしょ》）を開き、庶民教育に携わったのです。

弘道館の創設

以上のように、江戸時代は多くの藩で学校が建てられ、藩士を教育していました。水戸藩では、

『大日本史』編纂所である彰考館がそれに準じる機能を備えており、また、藩士や有力者は自分の子弟を有能な人物に弟子入りさせて、教育を受けさせていました。しかし、藩校といえるものは斉昭の時代までありませんでした。藩士を教育する機関としての学校はなかったのです。

前章で紹介したように、徳川斉昭は、紆余曲折を経て水戸藩第九代藩主に就任しました。斉昭は、藤田幽谷の弟子である会沢正志斎が教育係のひとりであったため、藤田幽谷の影響を強く受けており、藩主就任以前の部屋住みの時代から藩政改革の必要性を感じていました。斉昭は斉脩の遺言により一八二九（文政十二）年、第九代藩主に就任すると、まもなくして藩政改革を表明します。その中に学校の設立もあったのです。

斉昭は藤田東湖や会沢正志斎など中下級の改革派藩士を重用し、藩政改革を推進しようとします。しかし、藩の重要な役職は、譜代の家臣である門閥派が占めており、ことある毎に門閥派の反対にあい、改革はスムーズに進みませんでした。しかし、斉昭の強い意志により改革は実行され、藩校の設立も決定されたのです。

弘道館記と尊王攘夷

そして、斉昭は、藩校建学の理念となる学校御碑文の草案執筆を藤田東湖に命じます。東湖が草案を書き上げると、昌平坂学問所の佐藤一斎《さとういっさい》、後に弘道館教授頭取になる青山拙齋、会沢正志斎などの意見によって修正が加えられ、斉昭の名で公表されました。これが「弘道館記」になります。「弘道館記」には、忠孝一致・文武一致・学問事業一致・神儒一致・治教一致の弘道館建学の理念が示された他、「尊王攘夷」という言葉が記されました。

ここに記された「尊王攘夷」という言葉が幕末激動の時代にあって、討幕運動の標語になっていくのです。この言葉は、第九章で紹介したように、当初は徳川将軍のもとにあって、諸大名が一致団結して、天皇を尊び、外国の脅威から日本を守っていこうという意味を持っていました。御三家として、将軍をもり立てていこうというものであり、決して倒幕を唱えているものではありません。しかし、『公羊伝』に由来する尊王と攘夷は、北宋の胡安国の『春秋伝』において、尊王と攘夷が覇者の条件とされ、さらに南宋の朱熹の『論語集注』によってそれは確固たるものとなっていました。逆に言うと、尊王と攘夷を行えなければ、覇者とは認められなかったのです。水戸学において、将軍は覇者に擬えられていました。将軍が尊王攘夷を行えないと、将軍は将軍とみなされないことになってしまいます。日米和親条約では、幕府はアメリカの力に屈して開国をし、日米修好通商条約は勅許を得ずに締結されました。この結果はどうなったのでしょうか。このことについては、また後に述べます。

弘道館の立地

さて、「弘道館記」の冒頭は、『論語』衛霊公篇の「**子曰**《しいわ》**く、人能**《ひとよ》**く道**《みち》**を弘**《ひろ》**む。道**《みち》**、人**《ひと》**を弘**《ひろ》**むるに非**《あら》**ず**」（孔子は言われた。「人こそが道を大きく育てあげるのであり、道が人を大きくするのではない」）に基づいて「**弘道**《こうどう》**とは何**《なん》**ぞ。人**《ひと》**、よく道**《みち》**を弘**《ひろ》**むるなり**」で始まります。しかし、斉昭が、学校御碑文の草案執筆を東湖に命じた時点では、まだ校名は決まっていなかったのです。東湖は、建設される藩校の名称が「弘道館」だと想定して、この文章を書いたのです。後に学校名が「弘道館」と決定されたと聞くと、東湖は「愉快《ゆかい》至極《しごく》」であったと記しています。

そして、弘道館の敷地が水戸の三の丸の地に決定されます。しかし、三の丸は空き地ではありません。その地には重臣達の屋敷がありました。彼らの屋敷を撤去して学校を建設しようとしたのです。当然、彼らからの激しい反発がおこります。その多くは斉昭の藩政改革に批判的であり、学校の建設にも反対していた門閥派です。なぜ、そうまでして三の丸の地に学校が建設されたのでしょうか。以下、その点について考えていくことにします。

三の丸に学校が建設されたことは、藤田東湖によると、三の丸は水戸の中心だからだとされています。三の丸の地は水戸の藩庁があった二の丸の隣であり、確かに藩政の中心に位置し、治教一致を唱える水戸学の理念を示しているともいえます。でも、それだけでしょうか。実は弘道館は水戸藩領内にある有力な神社の中心に位置しているのです。図22、図23を確認してください。

弘道館は**日光東照宮奥宮**と**水戸城**を軸として、**常陸二の宮静神社《しずじんじゃ》**と**常陸三の宮吉田神社**、**水戸東照宮**と**大甕神社《おおみかじんじゃ》**、**酒列磯前《さかつらいそさき》神社**と偕楽園のそれぞれを結ぶ直線の交点に位置しています。さらに、その交点にあるのは、ややずれますが八卦堂になります。当時の測量技術を考えるとこの程度の誤差はないようなものです。弘道館の中心地域には、八卦堂・鹿島神社・孔子廟・要石《かなめいし》が配置されており、聖域とされているところになります（十頁の図5も参照して下さい）。

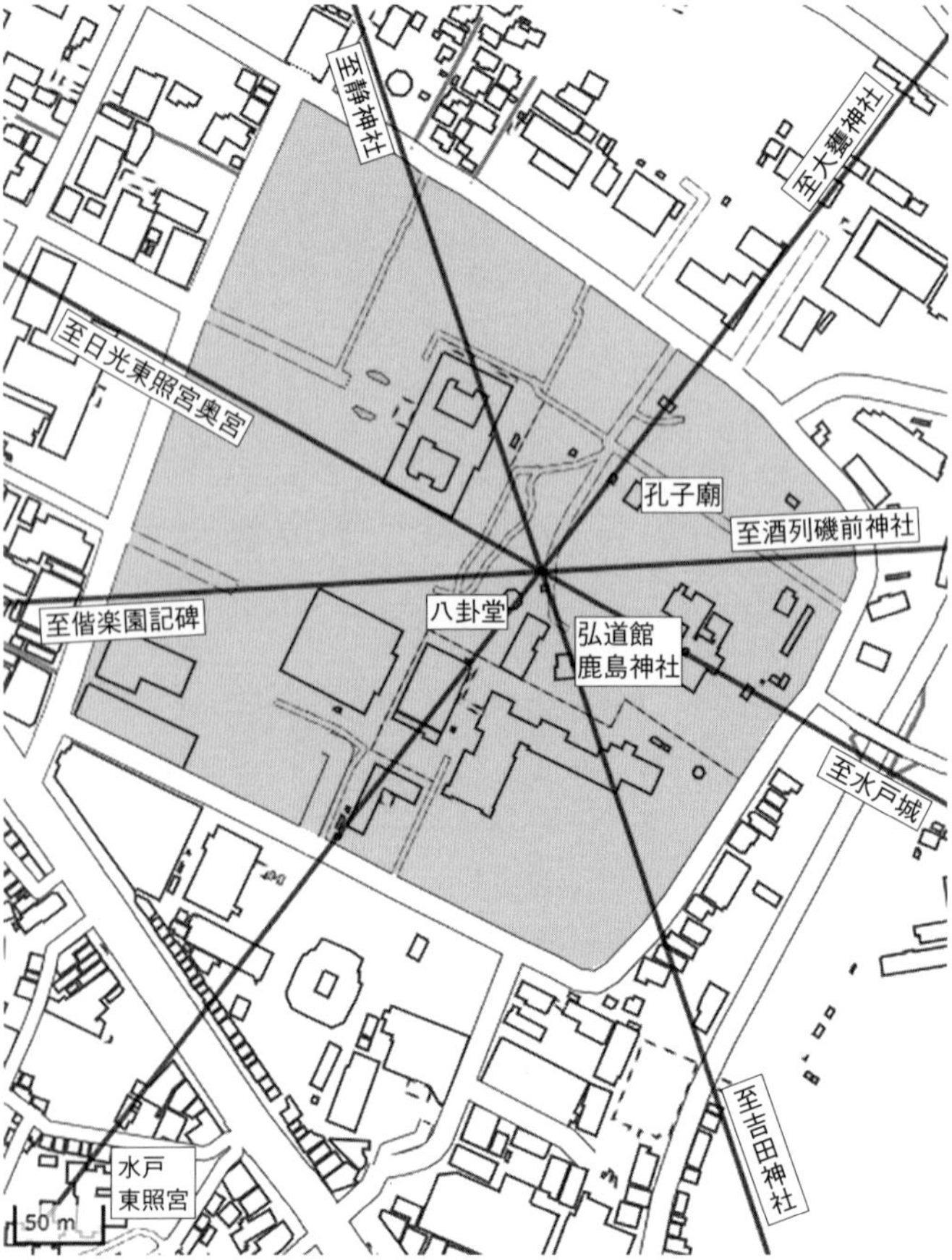

図 22　弘道館八方位図

注：色のついた部分が弘道館。

出所：国土地理院「地理院地図 vector」を使用し，筆者作成。

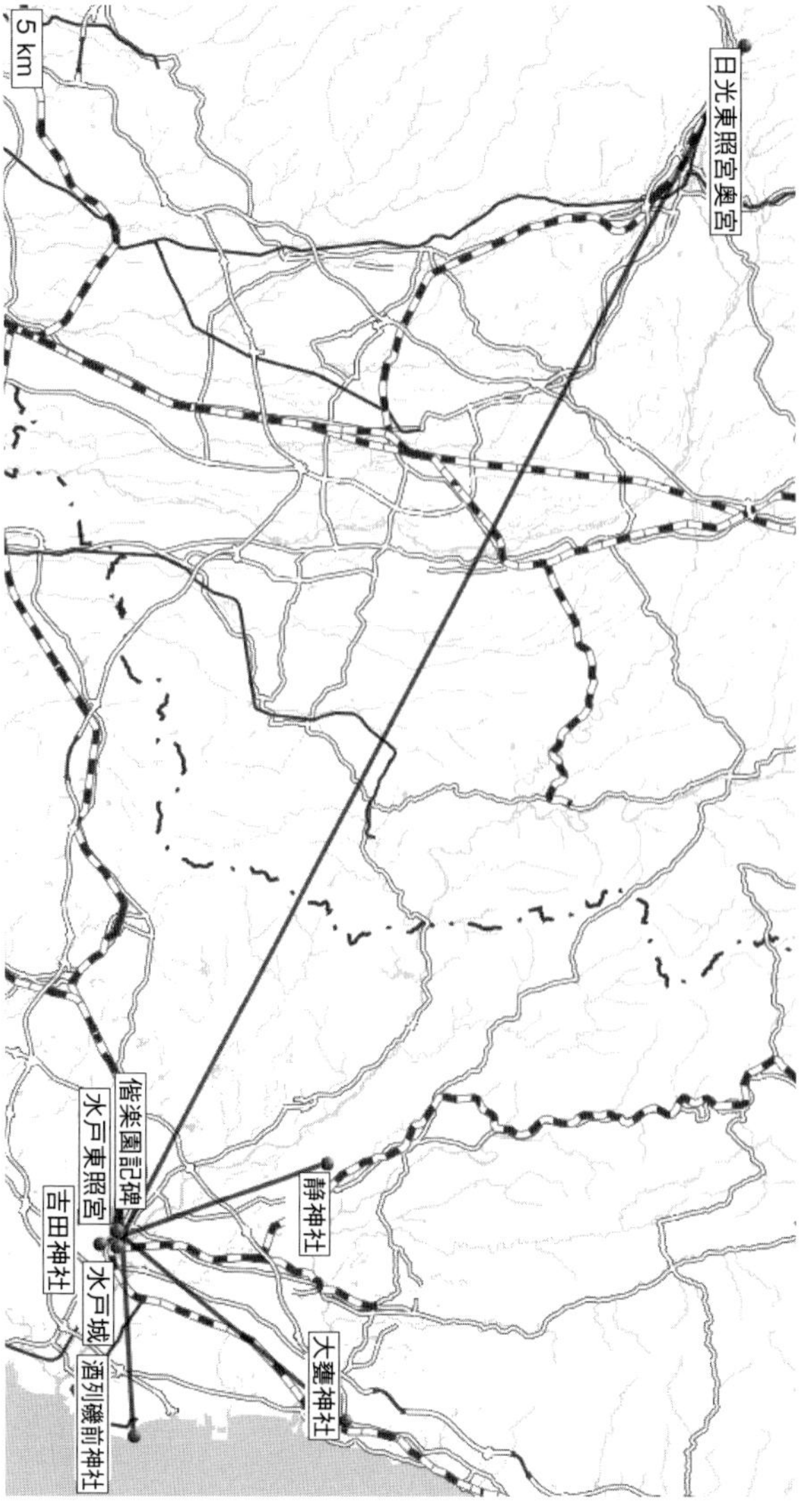

図23　弘道館八方位拡大図

出所：国土地理院「地理院地図 vector」を使用し，筆者作成。

八卦堂には、弘道館創設の理念を記した「弘道館記」が刻まれた石碑が納められており、鹿島神社には、常陸一の宮鹿島神宮の祭神、武甕槌神《たけみかづちのかみ》が分祀され、孔子廟には儒教の創始者孔子が祀られています。武甕槌神は日本神話の天孫降臨の際、天孫瓊瓊杵尊《ににぎのみこと》の降臨に先だって、日本を平定した神様で日本神話最強の神様と言えます。弘道館は、その中心に文武の神が祀られ、さらにそこは水戸藩領内の有力な神々が祀られる神社の中心地点だったのです。

儒教の都市構造

弘道館はなぜそのような配置になっているのでしょうか。筆者がこの構造に気づいたのは、水戸の寺院を調査している時でした。隣あっている神社なのに、素直に行き来できなかったり、向いている方向が違ったりすることが、しばしばありました。それはなぜなのだろうと、地図を眺めていると、水戸の街並みが日光に向かっていることに気づいたのです。

さらに、以前、儒教の都市構造について論文を書いたことがあり、その構造が頭の中にありました。その都市構造とは、社稷神《しゃしょくしん》を中心に東西南北に功臣を神として祀るというものです。社稷神とは、土地の神である社《しゃ》と穀物の神である稷《しょく》であって、その土地を治める諸侯が祀るとされた神です。その神が都市の中央で祀られ、五行の土に配当されます。さらに東南西北に祀られる神は、それぞれ五行の木・火・金・水に配当されます。五行は第七章で簡単に触れました。五行神の配置は図24の通りになります。

東西南北に祀られる功臣は、いろいろ説があるのですが、一説では、東が句芒《こうぼう》、南が祝融《しゅくゆう》、西が蓐収《じょくしゅう》、北が玄冥《げんめい》とされます。このように中央と東西南北に神々を配置するというのが、儒教の都市構造としてあります。

弘道館――神々の中心地

これを水戸に当てはめてみるとどうなるのだろうかと思い、当てはめてみたのです。水戸藩内における有力な神は、まずは常陸二の宮**静神社**に祀られる**倭文神建葉槌命**《しとりがみたけはづちのみこと》、そして、常陸三の宮**吉田神社**に祀られる**日本武尊**《やまとたけるのみこと》があげられます。建葉槌命は武甕槌神の日本平定事業に最後まで抵抗した**星神香香背男**《ほしのかみかかせお》（天津甕星香香背男《あまつみかほしかかせお》）を平定した神様です。日本武尊は第十二代景行天皇の息子で、日本平定に活躍した英雄とされています。それらの神社を結んだところ、その直線上に弘道館の鹿島神社が浮かび上がったのです。鹿島神社は常陸一の宮鹿島神宮に祀られる武甕槌神を分祀した神社です。鹿島神宮は水戸藩領内ではありませんが、武甕槌神は常陸の国の最も有力な土地の神様です。

図24　五行神と方位

さらに**水戸東照宮**に祀られる東照大権現（徳川家康）は、ご存知の通り、江戸幕府の創始者であり、水戸藩にとって最も大切な祖先神になります。水戸東照宮と弘道館聖域を結んでみると、なんとその延長線上に日立市の大甕《おおみか》神社がありました。大甕神社は建葉槌命を祀った神社ですが、建葉槌命に倒された星神香香背男を封じ込めたとされる宿魂石があります。大甕神社は宿魂石の上に建葉槌命が祀られている構造となっています。

なぜ香香背男が大甕神社の宿魂石に封じ込められたのでしょうか。それは香香背男が日立地方一帯を治めていた豪族であったからではないでしょうか。彼はもとの常陸一帯の支配者であって、大和朝廷の支配に最後まで抵抗したため、神話として語り継がれてきたとも考えられます。もとの土地の支配者は、出雲大社で祀られる大己貴神《おおあなむちのかみ》（大国主）のように神として祀るという風習があります。香香背男も常陸の国のもとの支配者として神として扱われていたと考えられます。

するとどうでしょう。弘道館は常陸の最も有力な神である武甕槌神を社稷として、四方に建葉槌命、日本武尊、香香背男、そして東照大権現（徳川家康）が祀られる構造となっていました。東西南北に配置されているとは言えませんが、それは弘道館がもっとも後に建てられたからであり、三の丸に弘道館の建設が決定されたのは、それらの神々が意識されていたことは間違いありません。偶然にしてはあまりにも正確すぎます。

易の八卦と八卦堂

このように儒教の都市構造から三の丸が水戸藩領内の有力神の中央に位置していることが導かれました。確かにそれは儒教の都市構造の影響があるといえましょう。しかし、その中心に位置している八卦堂は、易の八卦《はっか》に由来して名づけられた建物です。その中には弘道館建学の理念である「弘道館記」の石碑が建てられており、弘道館にとって非常に重要な建物です。

易は陰《いん》と陽《よう》の二進法の世界観です。陰と陽を三つ重ねると八種類の組み合わせが出てきます。これを八卦《はっか》といいます。当たるも八卦《はっけ》、外れるも八卦、どこかで聞いたことがあると思います。八卦は学術用語としては「はっか」と読む場合が多いのですが、占いでは「はっけ」と読んでいます。読みはどちらでもかまいません。

八卦とは、乾《けん》☰・坤《こん》☷・震《しん》☳・巽《そん》☴・坎《かん》☵・離《り》☲・艮《ごん》☶・兌《だ》☱です。韓国の太極旗にあるマークがこれらのうちの四つになります。易はこの八卦を重ねて六十四卦で占いますが、基本となるのは八卦です。八卦に様々な意味を込めて、その組み合わせで占いをするのです。

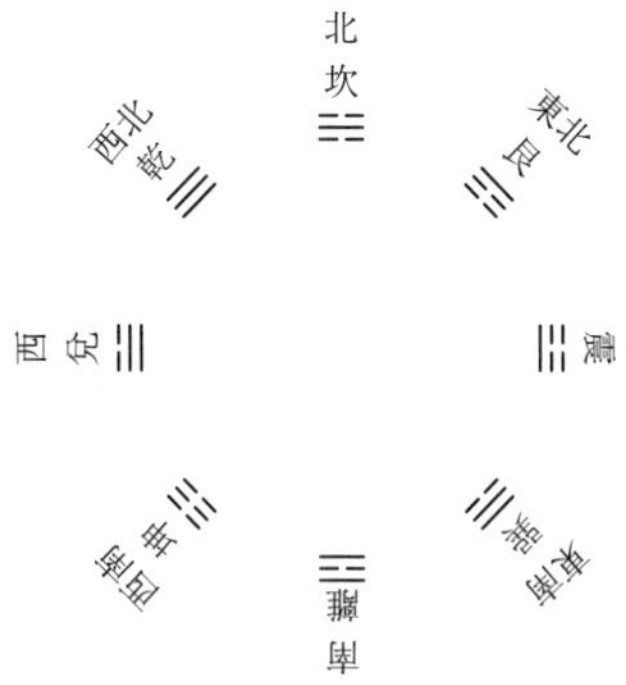

図25　八卦と方位

八卦に込められた意味の中には方向も含まれています。八卦は八方位も示しているのです。八卦にあてはめると、一般的な文王八卦方位では、北が坎、東北が艮、東が震、東南が巽、南が離、西南が坤、西が兌、西北が乾になります（図25）。巽と書いて「たつみ」、乾とかいて「いぬい」と読む姓を知っていますか。それは巽が辰巳《たつみ》（東南）の方向　乾が戌亥《いぬい》（西北）の方向を示しているからです。

八卦堂は八角形であり、それぞれの方向にあてはまる卦が刻まれています。すると、八卦堂は八方位の中心を示していると考えるのが自然です。あとは地図を眺めると自ずと導かれます（図22、図23）。まずは、最初に気づいた日光東照宮奥宮と水戸城が当てはまります。水戸の街並みは水戸城と日光東照宮奥宮を軸としています。理念的には、弘道館は南面に水戸城、北面に日光東照宮を背負っています。さらに酒列磯前神社と偕楽園を加えて八方位になります。

酒列磯前神社に祀られる神は**少彦名命**《すくなひこなのみこと》であり、『古事記』において造化三神としてあげられる**高皇産霊尊**《たかみむすひのみこと》の指の間からこぼれ落ちた神様であり、**大洗磯前神社**《おおあらいいそさきじんじゃ》に祀られる**大国主命**《おおくにぬしのみこと》とともに国づくりに活躍したとされています。ここで偕楽園が少し浮いていると思うかも知れませんが、偕楽園も斉昭によって建設された公園であり、酒列磯前神社と八卦堂を結ぶ起点に**偕楽園記碑**があります。やはり、それは弘道館の八卦堂を意識して建てられていると考えられます。

こうして弘道館の聖域は、日光東照宮・水戸城・静神社・吉田神社・大甕神社・水戸東照宮・酒列磯前神社・偕楽園の中心に位置していることが判明しました。

これは社稷神と五行神では説明できません。これらの思想的根拠は現在調査中です。

江戸城の鬼門と水戸東照宮

このように神社やお寺が孤立して建設されているのではなく、他の寺院と関連付けられているのは、何も弘道館だけではありません。様々な寺院にその傾向がみられます。水戸では、頼房の時代に建設された水戸東照宮も当てはまります。水戸東照宮は、常陸一の宮鹿島神宮と常陸二の宮静神社の直線上に配置されています。さらに、江戸城の鬼門と裏鬼門に位置する**神田神社**《かんだじんじゃ》（神田明神《みょうじん》）と**日枝神社**《ひえじんじゃ》を結ぶ延長線上にも位置しているのです（図26）。

グーグルアースや地図で確認すると、日枝神社と神田神社のラインには江戸城があることが分かると思います。江戸城も広いですが、中心はおそらく天守ではありません。少しずれますが、中心は江戸城内で東照宮が建てられていた**紅葉山**だと考えられます。もともとそこには江戸城の守り神として日枝神社がありました。日枝神社は、秀忠の時代に麹町の隼町に遷され、一六五七（明暦三）年の明暦の大火で被災し、現在の地に遷されました。

神田神社は平将門を祀った神社になります。平将門は平安時代、自ら新皇と称して朝廷に逆らった人物です。平将門の乱として習ったと思います。この反乱は鎮圧され、将門の首ははねられ、京にさらされましたが、その後、首に関する様々な伝説が各地に生じるなど、平将門は関東において最も恐ろしい怨霊とされたのです。最も恐ろしい怨霊であっても、それを鎮めれば、最も頼もしい守り神となります。こうして神田神社に将門が祀られ、江戸時代においては江戸の総鎮守とされ、崇敬されたのです。この神田神社は一六一六（元和二）年に現在地に遷されました。

この日枝神社と神田神社を結ぶライン上に少しずれるのですが江戸城紅葉山があります。ここが江戸のおへそだと考えられます。秀忠の時代に遷された麹町隼町は、日枝神社のパンフレットによると、「現在の国立劇場付近」とされていますが、神田神社と現日枝神社のラインからすると、今の最高裁

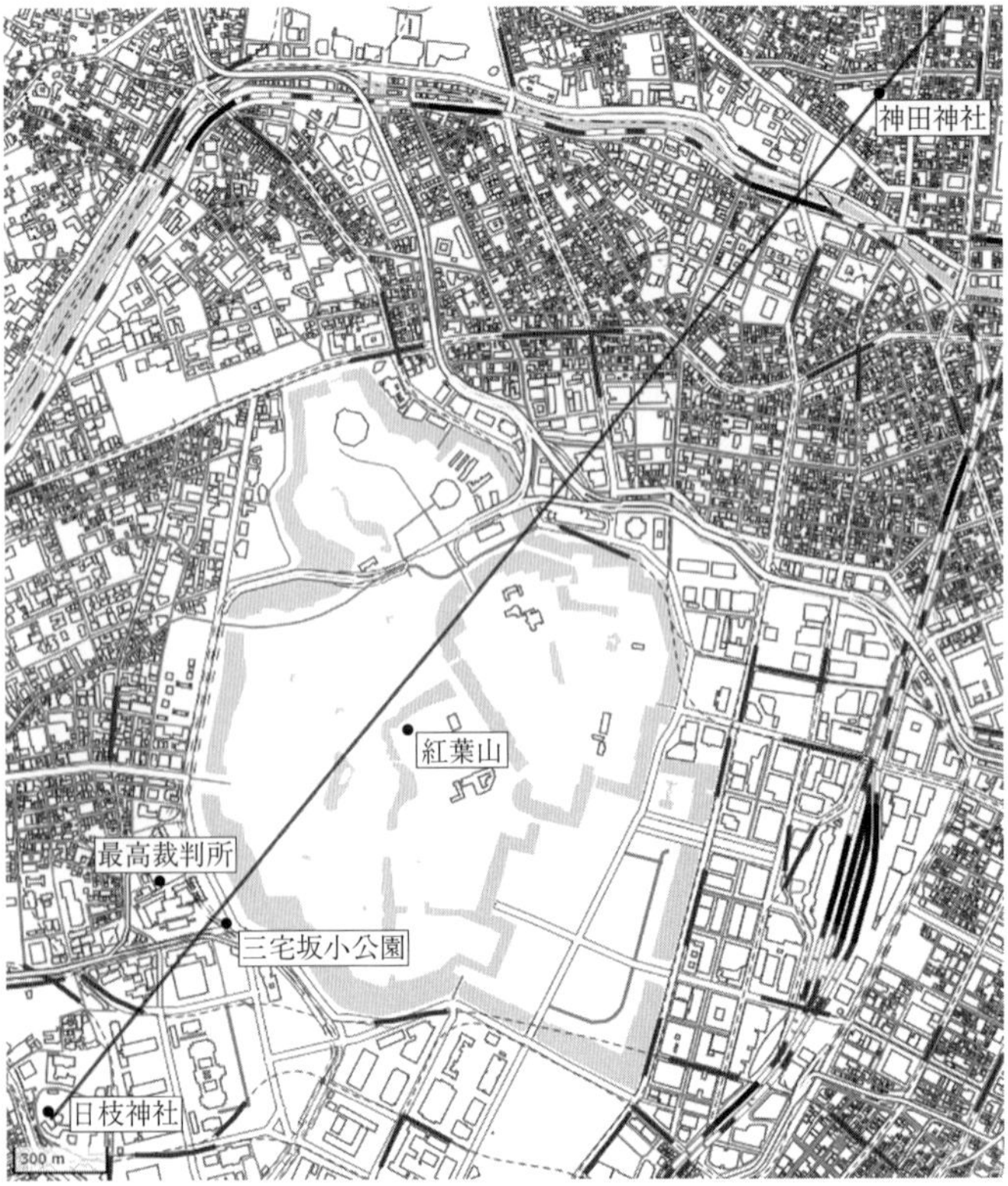

図 26　日枝神社－紅葉山－神田神社

出所：国土地理院「地理院地図 vector」を使用し，筆者作成。

判所、三宅坂小公園付近のような気がします。明暦の大火以前の『正保年間江戸絵図』（図 27）をみると、その辺り（松平越前守の屋敷の角）に神社らしきものが描かれています。真相は分かりませんが、現在の日枝神社と神田神社を結ぶライン上の延長線上に水戸東照宮があります。やはり何らかの意図があって、この地に水戸東照宮は建てられ

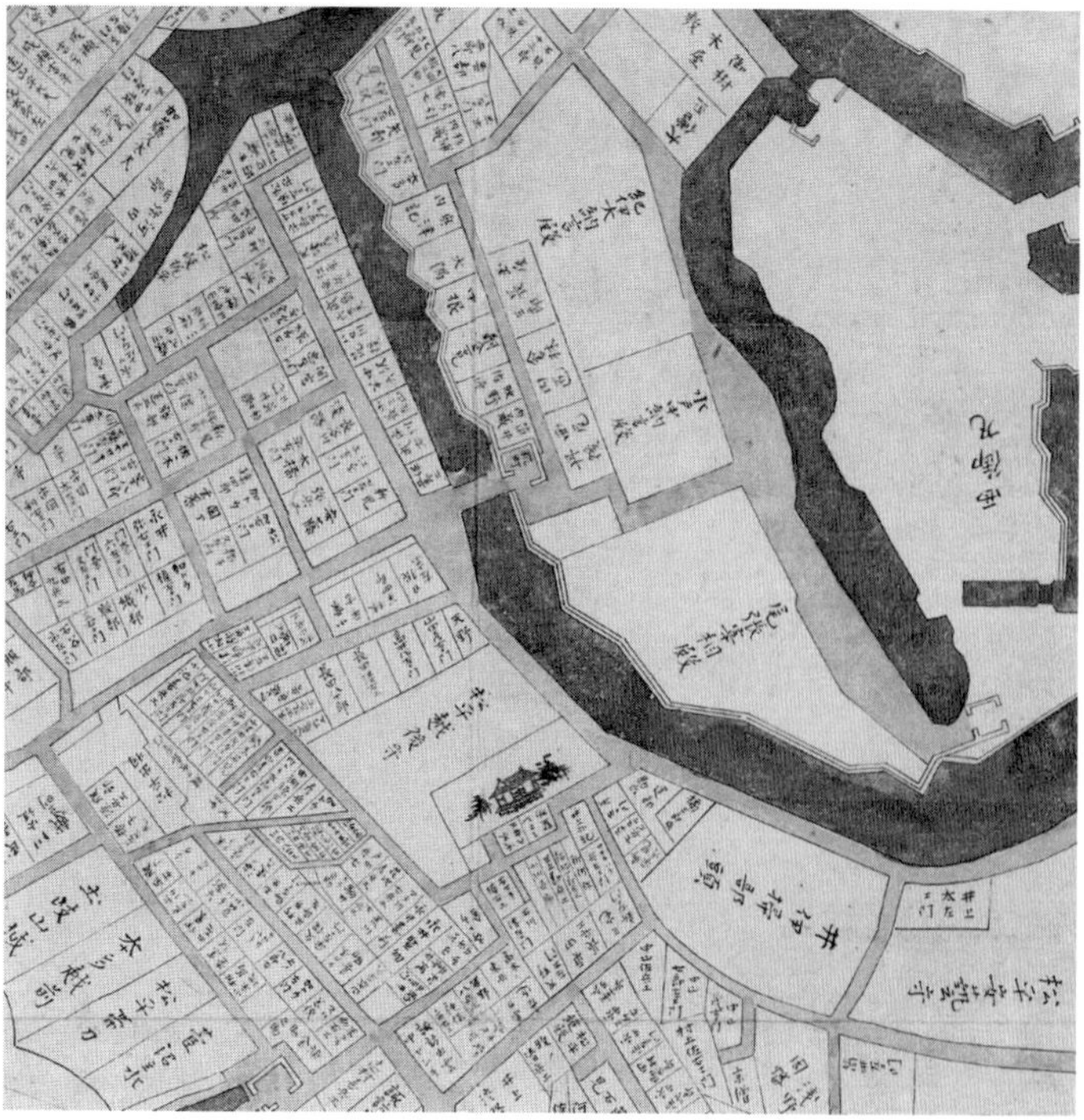

図 27　『正保年間江戸絵図』
出所：国立公文書館蔵。

たのでしょう。

光圀の号と諱の謎

また、さきほど水戸は日光東照宮を背負っているとしましたが、どうも光圀はこのことを知っていたことが窺われるのです。

光圀の号は梅里《ばいり》が有名です。知らなかった人は覚えておきましょう。その他にもいくつかあるのですが、そのひとつに「常山《じょうざん》」という号があります。その常山の号を使う際の花押《かおう》（サイン）は、道教に由来する五獄（岳）真形図（図28）

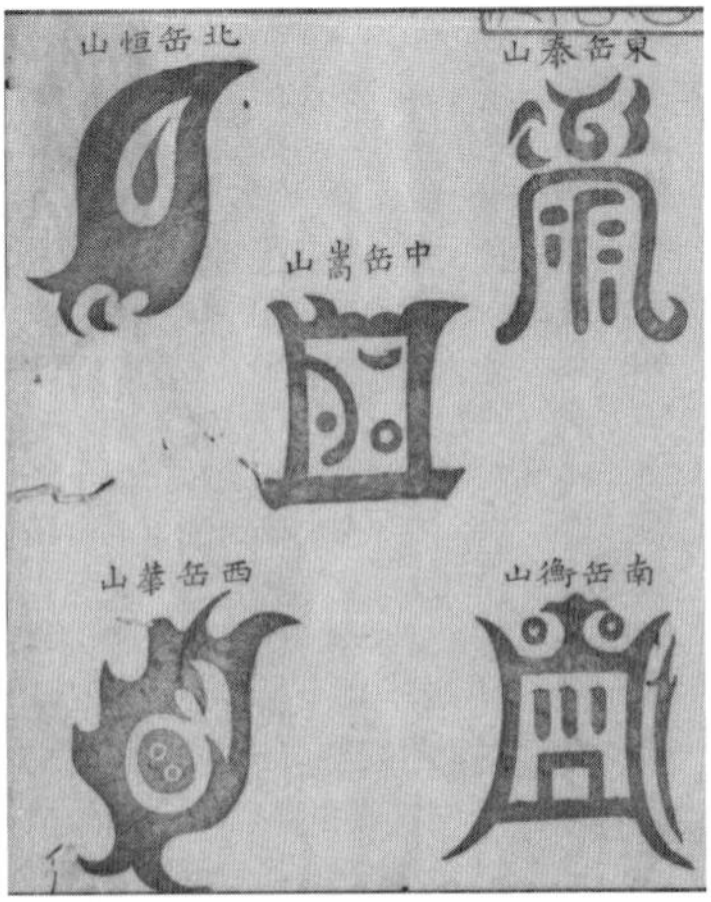

図28　五岳真形図
出所：『五岳真形図集』（国立国会図書館蔵）。

の恒山《こうざん》の図を模したものが用いられました。その理由が『桃源遺事《とうげんいじ》』に次のように書かれています。

> 御判《ごはん》は、五嶽《ごがく》の真形《しんけい》の図《ず》の恒山《こうざん》の図《ず》の形也《かたちなり》。常山《じょうざん》の号《ごう》につき、常山《じょうざん》、恒山《こうざん》の字《じ》と同事《どうじ》なるに依《より》て、御用《ごよう》なされ候《そうろう》。

恒山は五嶽（岳）真形図において、北に位置する山です。水戸において仮想的に北となっているのは、どこでしょうか。それは先ほど書きましたように、日光東照宮であり、その背後にある**日光男体山**を中心とした山岳群である**日光山《こうざん》**ではないでしょうか。恒山と日光山の光山は同音です。

また、光圀が常山の号を用いる際に恒山の図を花押に用いたのは、恒山と常山は同義だからだと述べています。これは、恒は訓読みでは「つね」であり、常と同じ意味ということです。果たしてそれだけなのでしょうか。水戸において「常山」は何なのでしょうか。ちょっと考えてみて下さい。茨城は常陸の国だから、常陸山なのでしょうか。いや、たぶん違うと思います。水戸には常磐という名のついたものが様々あります。偕楽園は明治時代、常磐《ときわ》公園と言われていました。そこには常磐《ときわ》神社もあり、義公徳川光圀と、烈公徳川斉昭が祀られています。その周辺の地名は現在でも常磐《ときわ》です。また、常磐《ときわ》小学校もありますし、常磐《ときわ》大学もあります。では、なぜ常磐なのでしょうか。水戸市を通る常磐線《じょうばんせん》の常磐《じょうばん》は常陸《ひたち》（茨城県）と磐城《いわき》（福島県浜通り地域）を結ぶ路線として、その頭文字を採ったものです。常磐《ときわ》もそうなのでしょうか。いや、それとは違うのです。水戸地域は万葉の昔から常石郷《ときわごう》と呼ばれ、その後、常葉、常磐などと記されるようになりました。常磐《ときわ》は万葉以来の古くからの地名なのです。むしろ、水戸は中世に登場した新しい地名です。水戸大学とするよりも常磐大学の方が、地名としては伝統的なのです。

　光圀が「常山」を号としたのは、この常磐を意味しているのではないか、と考えると、「常山」は「常磐山」になります。では「常磐山」なんてあるのでしょうか。実はあるのです。水戸東照宮の山号が「常葉山（常磐山）」なのです。それも光圀がつけたそうです。「恒山」が日光東照宮（日光山）、「常山」が水戸東照宮（常磐山）ではないのでしょうか。

　光圀が恒山をモチーフとした花押をする際に、常山の号を記すのは、俺のバックには、おじいちゃん（徳川家康）がいるんだ。俺は水戸（常磐）の家康なんだ。ふふふ……などの意味が含まれているのではないでしょうか。

　考えてみると光圀の「圀」の字はかなり特殊な文字です。この字は学校で習ったでしょうか。これは中国唯一の女帝である則天武后《そくてんぶこう》という人が作った文字であり、**則天文字《そくてんもじ》**というものです。当初は國の字を用いており、五十六歳頃から圀の字を使うようになったのですが、なぜ、光圀が「國」ではなく「圀」にしたのかはよく分かっていません。でも圀の中には「八方」が含まれていますよね。光圀の時代に建設された江戸の後楽園にも八卦堂はあります。そうすると、光圀は八方位を意識していたのではないかと考えてしまいます。

都市の構造と宗教

その他、宗教施設と関連付けられている建物を挙げると、江戸の水戸藩藩邸は、江戸城と日光東照宮の直線上にありますし、強いて言えば後楽園八卦堂がその線上にあると見えなくもないです。さらにもうひとつのライン、江戸城紅葉山と上野東照宮、将軍の墓所である**寛永寺**《かんえいじ》のラインの延長線上に**筑波山神社**があることを確認してみてください（図29）。偶然にもほどがあると思います。これらは必ず何らかの意図があって設計されたと考えるべきです。

現在は、合理的、すなわち人の考え方、人間理性によって導き出された世界が正しいと信じています。しかし、理性が正しいことを証拠づけることはできません。昔は、人間の考えである理性よりも、神を基準にして世界を構築していたのです。ヨーロッパでは、キリスト教の神、聖書の記述が絶対的だとされ、人間が考えること（哲学）はそれを補足するものに過ぎませんでした。人間の考えは、聖書の内容を越えてはいけなかったのです。コペルニクスが科学的知見によって地動説を唱え、ケプラーがその説を補強し、ガリレイもまた天体観測によって、その説を支持しました。しかし、ガリレイは、天動説を主張する教会から異端裁判にかけられ、自説を撤回することになってしまったことは

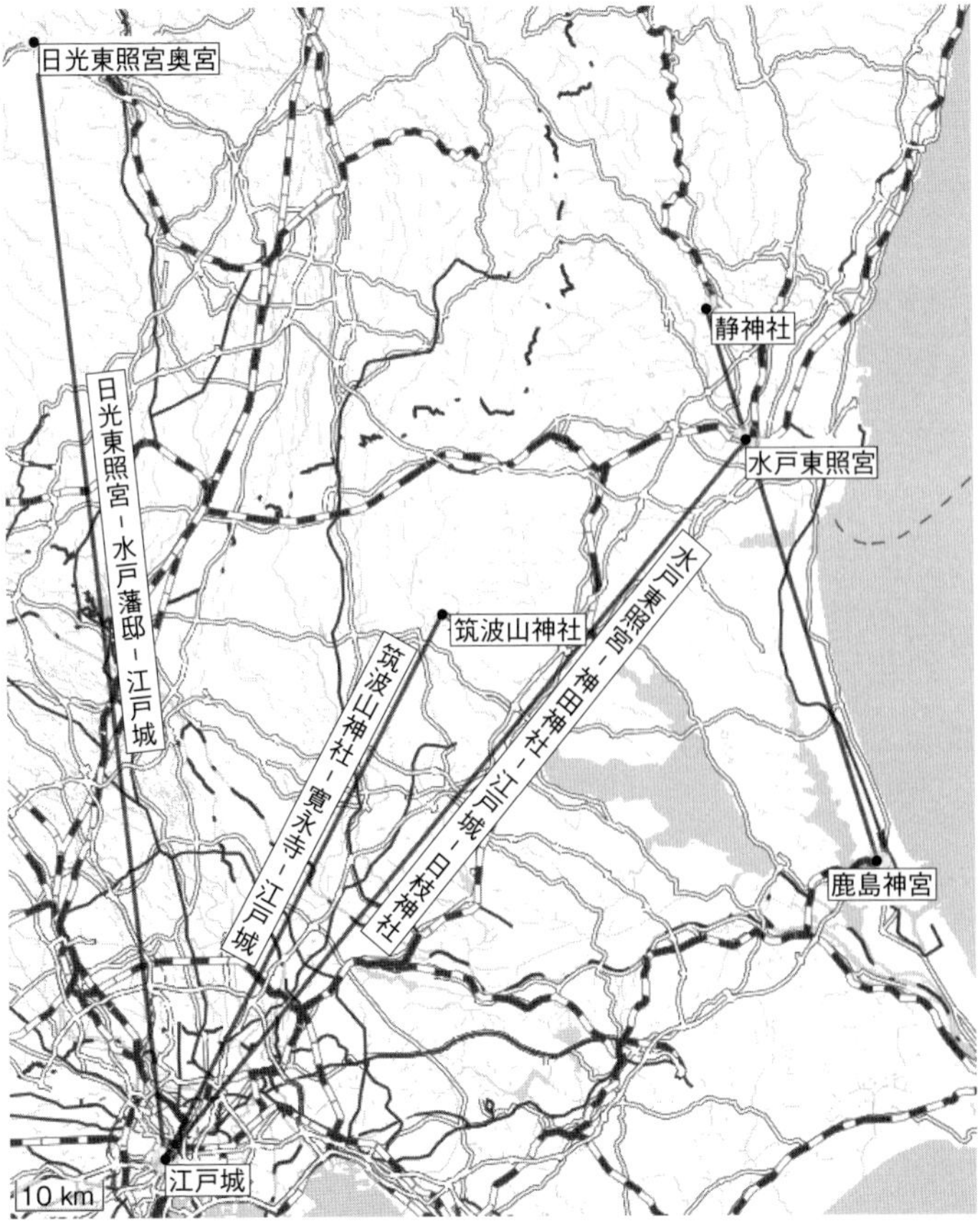

図 29　江戸の鬼門

出所：国土地理院「地理院地図 vector」を使用し，筆者作成。

知っていると思います。

人間の考えが正しいとしたのは「我れ思う故に我れあり」と唱えたデカルトの考えが広まって以降のことです。それとて、なぜ人間の考えが正しいのかを証明するには神が必要でした。神を不要にしたのはカント以降のことになります。人間の考え、人間理性を中心に物事を考えるようになってから、それほど時間は経っていないのです。

歴史におけるほとんどの時代は、神を基準にして物事をみていたのであり、そうだとして歴史的な物事をみていくといろいろな面がみえてくるのです。水戸の弘道館八卦堂を中心とした都市構造もそのような視点から発見したものです。

弘道館は江戸時代後期から末期にかけての建設であり、その時代の思想を背景としています。実は水戸の寺院は光圀死後の寺院改革により微妙に移動されており、その結果、中心点も微妙に変化しているのです。この寺院改革はどのような思想によって行われたのか、それを研究するのもおもしろいと思います。

江戸の都市構造と天海

また、江戸時代中期から後半にかけて水戸で醸成された思想と、江戸初期の思想は違います。江戸の都市構造は徳川家康の懐刀である天海が設計したと考えられています。天海は家康の死後、その処遇や日光東照宮の設置にも関係していました。家康は東照大権現として、天台宗系の神道、山王一実《さんのういちじつ》神道《しんとう》によって祀られています。仏教と神道が混合した宗教です。徳川家康が日光に祀られたのは非常に緻密に考えられた結果でしょう。実は寛永寺や水戸の東照宮の建設にも天海は関わっています。江戸城－江戸水戸藩邸－日光東照宮、江戸城－寛永寺－筑波山神社、江戸城－神田神社－水戸東照宮のラインはいずれも江戸の鬼門とされています。それらは山岳信仰を含めて非常に緻密な理論によって設計されているはずです。残念ながら筆者の知識では、これらの理論に思い当たるものはありません。おそらく、天海が関係した山王一実神道が絡んでいるのでしょうが、その他、陰陽師《おんみょうじ》系統の思想も影響していると予想されます。江戸を設計した理論やそれを可能にした測量技術などは今後の検討課題とさせていただきます。

それにしても不思議なもので、邪気が江戸に入るのを封じるため、鬼門とされる方向に日光東照宮や寛永寺、水戸藩を設置したのに、江戸幕府を滅亡させるきっかけを作った思想は、水戸で生み出された学問に起因するものであり、その思想は弘道館の建学理念ともなっています。寛永寺のある上野山は江戸における幕府軍と官軍との決戦地であり、水戸藩を壊滅に追いやった天狗党の乱は筑波山神社で旗揚げされています。最後の将軍徳川慶喜は水戸藩出身です。こじつけともいえますが、全部、鬼門が関わっています。不思議なものです。

第十三章　後期水戸学の思想――会沢正志斎を中心にして

前章では多くの日本の神が登場しました。それにしても日本の神様の名は長いですね。実を言うと、瓊瓊杵尊《ににぎのみこと》は『日本書紀』では正しくは天津彦彦火瓊瓊杵尊《あまつひこひこほのににぎのみこと》とされており、その親神は正哉吾勝勝速《まさかあかつかちはや》日天忍穂耳尊《ひあまのおしほみみのみこと》になります。この二柱の神様だけで二十一文字です。分かりにくい、難しいというグチもよくわかります。でも、戦前の教育を受けた人は多くの神様の名を憶えていたのです。それは神話が教育に組み込まれていたからですが、その遠因が『大日本史』であり、水戸学になります。前章で説明したように、弘道館は後期水戸学における学問の中心地であり、水戸藩を代表する神々の中心地でもありました。

弘道館がこのように水戸藩の重視する神々の中心に設置されたのはなぜか。当初は弘道館初代教授頭取であった会沢正志斎が絡んでいるとみていました。彼の著作にはしばしば五行神について触れられていたからです。そこで、もう少し会沢正志斎の思想を検討しようとした結果、今、正志斎の沼にはまり、なかなか抜け出せないでいます。実を言うと、最近、弘道館内の神社の立地について、水戸東照宮よりに建ててはどうかとの正志斎の意見書（封事）を見つけてしまいました。その封事は一八三九（天保十）年のものですが、その時点では正志斎も弘道館を神々の中心に位置づけようとしているとは知らなかったようです。これは薄々とは感じていたことなのですが、弘道館の立地については、様々な思想も絡み、密教的な秘伝の香りもします。筆者ひとりの力ではその解明は難しいかなと思っております。興味のある人はぜひ謎の解明にチャレンジしてください。

弘道館の立地について、正志斎がどれほど絡んでいるか分かりませんが、彼の思想は日本の神々を根底にしています。本章では弘道館教育において中心的な活躍をした会沢正志斎の思想を中心に、後期水戸学の思想について検討していくことにします。

会沢正志斎の著書

後期水戸学は第十一章で紹介したように、藤田幽谷に端を発しています。会沢正志斎は十才の時、その藤田幽谷に弟子入りをしました。時に幽谷、十八歳、まだまだ若造に思えるかもしれません。しかし、その年、幽谷は代表作「正名論」をすでに執筆しており、後期水戸学の萌芽をそこに見ることができます。幽谷が自らの学問を形成していく中で正志斎は彼の学問を吸収発展させ、水戸独自の学問として水戸学を確立したのです。

幽谷自身は政務に忙しく、あまり多くの著作を残していません。それに対して正志斎は学者肌の人物であり、代表作『新論』の他、「弘道館記」の解説書『退食間話《たいしょくかんわ》』、師の藤田幽谷の学問を祖述したとする『下学邇言《かがくじげん》』や、儒教経典に関する『読易日札《どくえきにっさつ》』『読書日札《どくしょにっさつ》』『典謨述義《てんぼじゅつぎ》』『洪範要義《こうはんようぎ》』『読《どく》周官《しゅかん》』『読論日札《どくろんにっさつ》』『中庸釈義《ちゅうようしゃくぎ》』『孝経考《こうきょうこう》』など数多くの著作を残しております。儒教経典に関する書物については出版されませんでしたが、『新論』やその他の著書を通して水戸の学問は全国に知れ渡ったのです。幽谷の学問は正志斎や息子の東湖がいなければ、それほど影響力を持たなかったかも知れません。正志斎は、東湖とともに後期水戸学を確立した人物だといえるのです。ちなみに東湖は、父と同様、政治家肌の人物であり、幕末の有名人、西郷隆盛や土佐藩主山内容堂《やまうちようどう》（豊信《とよしげ》）などと深く交流しており、容堂の号は東湖が発案したものになります。東湖は行動力によって水戸の学問を全国に轟かせたといえます。

正志斎の著作は数多くありますが、最も人々に影響を与えたのは『新論』だと言うことができるでしょう。第十一章でも紹介したように『新論』は一八二四（文政七）年に常陸国の大津浜にイギリス人が上陸した翌年に執筆されたものです。それは、外国の脅威を目の当たりにして、いかにして日本をまとめ外国と立ち向かうべきなのか、その方策を藩主徳川斉脩《なりのぶ》に上呈したものであり、そこに後期水戸学の強い思想性が窺えるのです。

そこで、まずは、『新論』から後期水戸学の思想を検討していくことにしましょう。

尊王攘夷と『新論』

「尊王攘夷」という言葉は、幕末の討幕運動のスローガンとなりましたが、それは藤田東湖が起草した「弘道館記」にはじめて登場した言葉です。第九章で紹介したように、その言葉は春秋学に由来するものであり、藤田東湖がオマージュしたものです。春秋学は『史記』を代表とする中国の歴史書の基礎にある学問であり、『大日本史』を編纂している水戸藩の学問にも大きな影響を与えていました。『大日本史』を編纂していく過程で「尊王攘夷」の思想が醸し出されて、「弘道館記」の中で熟語として使用されるに至ったのです。「尊王攘夷」という言葉が突然生み出されたのではなく、そのきっかけは、徳川光圀が『大日本史』編纂事業を始めたことにあります。そして、尊王攘夷思想の熟成を深めたのが東湖の父であり師でもある藤田幽谷といえましょう。『新論』には「尊王攘夷」という言葉は出てきませんが、尊王攘夷の思想によって執筆されています。むしろ、尊王攘夷に理論的根拠を与えているのが『新論』だともいえるのです。

では、『新論』はどのように尊王攘夷思想を語っているのかみていくことにしましょう。『新論』は「国体（上・中・下）」「形勢」「虜情」「守禦」「長計」の七篇からなっています。国体という言葉（国民体育大会ではありません。日本の政治体制を表す言葉です）はここがひとつの出典です。全篇を通して貫かれているのが、尊王攘夷の思想といえます。極簡単にいうと、天皇を中心にして日本がまとまり、外国を打ち払おうという考えです。

しかし、世は徳川将軍が絶大なる権力を持っていた時代です。そのような時代にあって、正志斎はどのような理論によって天皇中心の国家を築こうとしたのでしょうか。

『新論』における日本神話

『大日本史』は、天皇を頂点とした世界観によって編纂されています。日本は神武天皇以来、万世一系の天皇が支配していたとして歴史を編纂しているのです。『日本書紀』『古事記』においては、天皇は日本の最高神天照大神の子孫ということによって、その権威を根拠づけています。そのため、神武天皇以前の神話の時代について多くの言葉を費やしています。それに対して『大日本史』の場合、神話については本紀の「神武天皇」冒頭に神武天皇に至るまでの系譜が書かれているにすぎません。それは光圀の編纂方針であり、光圀は神話については史実としての根拠がなく、信憑性に欠けるとしていたからなのです。

しかし、正志斎は、この日本神話を根拠として自らの理論を構築します。皆さん、日本神話はご存知でしょうか。一九四五（昭和二十）年以前の教育で育った人は、皆日本神話を知っていました。それは、歴史の教科書に日本神話が組み込まれていたからなのです。戦前の日本は、天皇の絶対性を日本神話によって担保し、日本の歴史を教育していたのです。その根拠のひとつにあげられるのが正志斎の『新論』だともいえるのです。

当然、その部分は戦後、ＧＨＱの指導によって黒塗りにされています。皆さんも神話は授業では習っていませんよね。確かに日本神話は歴史ではありません。でも、日本人が語り継いできた神話として知っておいてもよいと思います。正志斎が主に根拠としているのは天孫降臨の部分です。

ざっと紹介しておきましょう。日本列島は伊弉諾尊《いざなぎのみこと》と伊弉冊尊《いざなみのみこと》の国生みによって生み出され、それとともに様々な神々も生み出されます。その中で最後に生まれたのが、天照大神、**月読尊**《つきよみのみこと》、そして**素戔嗚尊**《すさのおのみこと》になります。伊弉諾尊はまずは天照大神に天の高天原《たかまがはら》を治めさせます。ついで月読尊を天上界に送り、最後に素戔嗚尊を根の国に追いやりました。この三柱の神がどこを治めるのかは、『日本書紀』にも諸説があり、『古事記』も別説を記していますが、天照大神が高天原の主であることは同じです。いずれにしても、それ以降、天照大神が日本の最高神とされたのです。

しかし、天照大神はあくまでも天の高天原の支配者であり、地上の**葦原中国**《あしはらのなかつくに》（日本）は素戔嗚尊の子孫である**大己貴神**《おおあなむちのかみ》（**大国主**《おおくにぬし》）が支配していました。そこで、天照大神は自分の子（孫）を地上に降し、葦原中国の支配を図ります。その時に露払いとして派遣されたのが、鹿島神宮に祀られている**武甕槌神**《たけみかづちのかみ》になります。武甕槌神は大己貴神を降服させ、それによって天照大神の孫にあたる**瓊瓊杵**《ににぎの》**尊**《みこと》が多くの家来を連れて葦原中国に降り、以後彼の子孫が日本列島の支配者となったとされています。それが天孫降臨のお話です。詳しくは『日本書紀』ないしは『古事記』、もしくは、『日本神話』の該当部分を読むとよいでしょう。

科学と信仰

『日本書紀』『古事記』は、天皇が日本の支配者であることの根拠として、このような神話を組み込んでいたのです。今から見ると子供だましと思えるかもしれません。しかし、人間理性を根底とする科学が世界を席巻する以前は、世界を支える根拠を神話もしくは神にもとめることが一般的でした。

科学は、1＋1＝2のような数学的真理が当たり前だとして世界を証明していくものです。皆さんも子供の頃は、1＋1＝2に疑問を持ったかも知れませんが、大人になるにつれてそれに疑問を持つことはなくなったのではないでしょうか。でも、子供の頃のあの感覚は実際に正しいのであって、1＋1＝2を証明することはできません。このように科学はそれ以上証明することのできないものを定理として設定し、それを基本として世界を説明しています。

それにしても、なぜ人間の理性・数学的真理によって導かれたものが、正しいのでしょうか。これは信じるしかなかったのです。デカルトも、その証明として、人間の理性や数学的真理は神が自分に似せた能力、だから人間理性・数学的真理で導き出されたことは正しいとしました。神が必要だったのです。

現代科学では神はいなくなりましたが、それはカントが世界の認識を人間の能力の範囲内に納めたからです。人間の認識を越えた本当の世界、カントはそれを「物自体」と言いました。その「物自体」の認識は諦めてしまったのです。

確かに科学によって成り立つ現代社会はうまく機能しており、数学や物理学によって構築された世界は真実の世界を描き出しているともいえます。しかし、現代科学の粋を集めた原子力発電所が事故を起こしたり、科学によって発展した現代社会が地球温暖化をもたらしたり、科学に対する信頼は少し揺らいでいるともみえます。それでも科学に頼るのは、現代においても人間理性を信じている、信仰しているからだともいえなくもありません。

このように現代では人間理性が絶対的な地位を得ていますが、それ以前は、ヨーロッパでは聖書の世界、神の言葉が絶対であり、それを基本として物事を考えていたのです。

古代日本も同様に、人間の考えの根底には共同体が信じる神がいたのです。それが神話に描かれた神であり、そのため『日本書紀』『古事記』には自らの正当性を証明するために、神話を歴史の冒頭に組み込んでいたのです。

儒教の天

儒教思想において、神に当たるのは、天になります。儒教では、天が万物を生み出した根源者とされ、絶対的な存在として思考の根本に置かれていました。天が万物を生み出し、万物を支配し、人は天の支配に従って生きる存在とみなされていたのです。歴史の中に生起する人間社会の出来事も天による仕業と考えられていました。それに対して司馬遷は「天道是《てんどうぜ》か非《ひ》か」と伯夷列伝で疑問を投げかけています。しかし、それもまた天が支配者と考えられていたからこそなのです。

また、地上の支配者である皇帝は、天に認められることによって、はじめてその権威が生じるとされ、そのための儀式が天に対する祭祀である郊祀《こうし》でした。皇帝が郊祀の主宰者となって、天を祀ることによって、皇帝は地上の絶対的な支配者として世界を支配することが認められたのです。そのため、天に対する祭祀である郊祀は皇帝の最重要儀式とみなされていました。

このように皇帝の権力は天が担保したものであり、地上における天の代行者として民を統治したのです。そのため皇帝が悪政を行う、すなわち天の意に逆らうと、皇帝は天によって罰せられるともみなされていました。これを天譴思想《てんけんしそう》といいます。天の罰は自然災害や日食などの自然現象という形で現れるとされています。今でも、天罰とか、お天道様が見てますよ、とか、月に代わってお仕置きよ、などと言いますよね。それはその名残かもしれません。

そして、それでも皇帝が政治を改めないと、天は皇帝に愛想を尽かし、地上の支配者を別の家（姓）の者に命令するとされたのです。これが易姓革命でした。中国では、周の王室は姫《き》姓、秦は嬴《えい》姓、漢は劉《りゅう》姓、魏は曹《そう》姓であり、支配者の家（姓）は、王朝の交代毎に替わっています。これは天の命が革《あらた》まったためだとされていたのです。

このように中国では天が絶対的な支配者とされ、その地位は不変でした。しかし、天に対する考え方には大きな変化があったのです。儒教が国を治める教えとされた漢代から、唐代までは、天は外側から人を支配する人格神的な天とされていました。その考えが変化したのが宋の時代です。天が理（法則）として万物に内在化し、内側から万物をコントロールをするとされたのです。

この考え方を体系化したのが朱熹であり、その学問こそが朱子学なのです。朱子学では「性即理」というキーワードがありますね。覚えているでしょうか。それは『孟子』や『荀子』などで説かれている人に備わる性、性善説とか性悪説とかの性、それこそが、天が与えた理、すなわち天理なのですよ、という意味です。朱子学では、性、すなわち理は人の心に内在するとされ、人の行動を内側から制御しているとし、さらに人間社会も理によって形成されているものとみなします。そのため、学問においては自らに備わる性（理）の解明が第一だとされたのです。

この考え方の影響は今も残っています。物理とか心理とかは物の法則、心の法則を解明しようとする学問ですよね。明治の人が“Physics”“Psychology”の訳語にそれらを当てたのは朱子学的な思考があったからなのです。

『新論』における神儒一致

さて、会沢正志斎の思想に戻りましょう。正志斎は、『新論』において、天皇を中心として団結し、外国を打ち払おうということを基軸に論を立てています。徳川将軍の絶大なる権力があった世において、天皇のもとに集結しようと説いた根拠は、『日本書紀』『古事記』と同様に神話でした。神話に見られる神々の秩序こそが理想の秩序であり、その秩序に立ちかえることが彼の主張のベースにあるのです。

『大日本史』の編纂を始めた徳川光圀は、日本神話を史実とすることに対して疑念を持っていました。そのため、『大日本史』においては、日本神話は神武天皇の冒頭で僅かにふれる程度であり、積極的に天皇の絶対性の根拠に神話を置いていません。光圀は多くの史料を集めて、正確な歴史的事実を追究していたのであり、日本神話は歴史的事実としては承認できなかったのです。その点では合理的だったのです。

しかし、光圀は神道を重視しており、『神道集成』の編纂も命じていました。光圀は神道と儒教とは根底において一致しているとし、神儒一致を主張していました。そのため、神道によって父頼房を埋葬しようとしていたのですが、古式が不明であったため、朱熹の『家礼』に則り、儒教式で葬ったのです。光圀は神話は史実として疑念を持っていたのであり、神話は神話として重要視していたと思われます。

正志斎は、光圀が史実として疑念を抱いていた神話に依拠しつつも、光圀が主張した神儒一致の精神に即して自論を展開したのです。それは、本居宣長により『古事記』が解明されたことがその一因であるかもしれません。しかし、正志斎は宣長の考えをすべて受けいれた訳ではありません。正志斎は宣長が漢意《からごころ》として排した儒教の思想、特に天と祖先祭祀の理念によって神話を解釈して自論を構築しているのです。

すなわち、正志斎が否定することのできない絶対的な存在とみなしたのは、日本の最高神天照大神でした。その天照大神を彼は**天祖**（神道的に読めば、あまつみおや、儒教的に読めば、てんそ）としたのです。天祖という言葉はすでに『大日本史』で天照大神を指す言葉として使用されています。この言葉を利用し、彼は儒教の天と祖先祭祀の理念を天祖の中に組み込んだのです。

儒教では、天が万物の根源であり、天に対する祭祀が皇帝の最も重要な儀式でした。さらに、自らの根源として祖先に対する祭祀もそれに次ぐ重要な儀式であったのです。第四章で祖先祭祀について述べましたので、思い出してみてください。祖先祭祀は各家で行われ、家長が家族を率いて祖先に対して奉仕することによって、人々に祖先を敬い愛する精神を植えつけ、それを孝として人と人との関係の基礎を築くとともに、家長が祭祀の主宰者となることによって、その権威が祖先から認められるという機能を持っていました。家族の倫理を構築するには祖先祭祀は重要な儀式であり、皇帝も私的には家族の長として祖先祭祀を主宰する義務があったのです。儒教では、天に対する祭祀が冬至に行われる郊祀《こうし》であり、祖先に対する祭祀は、日常の儀礼の他に、春夏秋冬の季節ごとに行われ、それぞれの祭祀は礿《やく》・禘《てい》・嘗《しょう》・烝《じょう》とされ、夏の禘祭《ていさい》が最大規模の祖先祭祀でした。夏にお盆があり、春と秋にお彼岸があるのはその影響でしょう。いずれにしても、天と祖先の祭祀はそれぞれ別個に執り行われていたのです。

正志斎は儒教では別とされていた天と祖先を一体化して天祖とし自らの理論の根底に置いたのです。記紀神話によると天照大神は天皇の祖先とされており、さらにそれに儒教の絶対的な天の要素を組み合わせ、儒教と同様の論理で、天皇の権威は天祖を祀ることによってはじめて生じるとしました。しかし、日本では、天を祀る郊祀の習慣はありません。そこで、正志斎が中国における天の祭祀と祖先祭祀の機能をあわせ持つ祭祀として日本の歴史から見出したのは、天皇が即位した際に行われる**大嘗祭**《だいじょうさい》でした。大嘗祭は令和元年にも行われましたので覚えているのではないでしょうか。

正志斎は新天皇が大嘗祭を主宰し、天祖天照大神を祀ることによって、はじめて新天皇が天皇として権威を持つとしたのです。そして、それは日本における理想の秩序を世に知らしめる場として機能しているともみなされました。正志斎の想定する大嘗祭では、新天皇が群臣を従えて天祖天照大神を祀ります。祭祀に参加する群臣たちは、天孫降臨の際に天孫瓊瓊杵尊《ににぎのみこと》に従った神の子孫であり、祖先と同じ役割を担って大嘗祭に参列することによって、大嘗祭では天孫降臨の際の秩序が再現されているとみなされたのです。それこそが正志斎にとっての理想の秩序でした。

つまり、大嘗祭において、天皇が絶対的な存在である天祖天照大神を祀り奉仕することによって天照大神の権威を背負い、さらに、その天皇に群臣たちがそれぞれの職務に従って奉仕することによって天皇の絶対性と天皇に仕えるあり方が世に示されるとしたのです。それは、君に仕える忠、親に仕える孝、さらに父子の親、君臣の分が大嘗祭によって世に知らしめされるとしたものでした。

でも、大嘗祭は天皇の主宰する祭祀であり、今でこそその存在は知られていますが、江戸時代にあっては、一般の人はその祭祀の存在をどれだけの人が知っていたでしょうか。正志斎は、その昔は大嘗祭に奉ずる供物は国中から集められ、人々を大嘗祭のための仕事に従事させることによって、天に仕え、先祖を祀るという大嘗祭の意が世に知らしめられており、万民は天皇が天祖天照大神に仕える様を意識できていたとしたのです。

祖先祭祀と神社の祭祀の意義

正志斎は大嘗祭とは別に人々が天皇の権威を意識する場を想定しました。それが各家で行われる祖先祭祀、そして各地域に行われる神社の祭礼でした。

祖先祭祀は、家長が祖先を祀ることによって、子弟たちに敬愛、すなわち孝の精神を養い家族内秩序を示す機能の他に、家族が祖先の業績を偲ぶ場としても設定されました。日々の祖先祭祀は、今、自分があるのは祖先の活躍があってこそだと感謝する場でもあったのです。その際に日本の歴史を学び、祖先達がどのような時代にあって、どのような活躍をしたのかを確認するのですが、そこでも重視されたのが君臣の分でした。祖先は誰に仕えたのか、お殿様は誰だったのか、さらにはどの時代にあっても、日本に君臨していたのは天皇であったことをそこで確認するとされたのです。

さらに天皇の絶対性の確認は神社の祭礼の場でも行われるとしました。神社では、様々な神が祀られています。山の神、海の神などの自然神や、遠い昔に活躍した人物も神として祀られています。その神の多くは神話に登場する神であったり、天皇のもとにあって活躍した神です。神社に祀られる神を通して、天皇がいつの時代であっても日本の支配者であったことを確認し、自ら神社の祭礼に参加し、神を祀ることによって、間接的に天皇を崇めるとしたのです。

弘道館にも鹿島神社がありますが、その祭神の武甕槌神《たけみかづちのかみ》は天孫降臨に先だって日本を平定した神でした。また、静神社の祭神建葉槌命《たけはづちのみこと》は武甕槌神が討ち洩らした星神香香背男《かかせお》を倒した神であったし、吉田神社の祭神日本武尊《やまとたけるのみこと》も景行天皇の皇子であり、九州や東国の征伐に活躍した人物でした。皆、天照大神やその子孫である天皇に関係しているのです。弘道館が水戸藩領内の神社の中心に設定されている理由はこのあたりにあるのだと思います。

祭政一致の思想

このように正志斎は身近な祭祀によっても遠い天皇に思いを馳せ、人々に天皇を意識させることによって、天皇を中心とした国家を築こうとしたのです。彼の政治理念は祭祀を根本に置くものでした。そのような政治を**祭政一致**といいます。正志斎の説く祭政一致の祭祀は儒教的な祖先祭祀が想定されていました。そのため、この政治を実現させるには、各家で儒教的な祖先祭祀が行われている必要があります。水戸藩では光圀が父頼房の葬儀を儒教式で執り行って以来、藩主の葬礼は儒教式で挙行されていました。光圀は藩士たちの葬儀も儒教式を奨励したのですが、これは幕法により叶いませんでした。

すると祖先祭祀を根底に置く正志斎の理論は機能することはないはずです。しかし、仏教の葬祭儀礼はその多くを『家礼』によっています。それは第四章でも紹介しました。仏壇で意識しているのは、祖先の位牌ではないでしょうか。儒教に聖職者はいません。儒教は日々行われる儀礼がその役割を負っていたのです。人々は日々に行われる儀礼を通して、儒教の理念を身に付けたのでした。祖先祭祀によって身に付けた理念は、祖先に対する敬愛（孝）の精神であり、それに基づいた家族内の秩序のあり方などでした。儒教は祖先祭祀で養われるその理念を家族外にも推し広め、主君に対する敬愛（忠）、年長者に対する敬愛（序）とし、社会秩序を構築しようとしたのです。

仏教の葬祭儀礼は、仏教の教義で説明されていましたが、その形式、儀礼はほぼ『家礼』に従っていました。仏教の葬祭儀礼においても儒教的な儀礼を行っているがために、儒教の理念が仏教の葬祭儀礼を通して日本中に広まっていたとも考えられます。

このため正志斎の祭政一致の理論は、当時の日本人に受け容れられたのであり、『新論』によって人々に尊王の意識が広まったのです。

『新論』における攘夷思想

以上のように、『新論』では、日本は有史以来、天祖天照大神の子孫である天皇が君臨していたとし、大嘗祭や各家での祖先祭祀さらには神社の祭礼を通じて、いつの時代にあっても日本に君臨していた天皇を人々が意識することによって、天皇のもと日本をひとつにし、外国の脅威から日本を守っていこうと説いていました。『新論』は大津浜にイギリス人が上陸した翌年に書かれたものであり、執筆の主旨はいかにして国を守るべきなのか、すなわち攘夷だったのです。

国防（攘夷）のためには、日本をひとつにする必要がありました。当時は幕藩体制であり、幕府は諸大名に君臨していましたが、諸藩はそれぞれ独立した国であり、連合国家というような体制でした。諸藩の人々は、その藩の君主を戴いていたのであり、藩こそが国であって、日本をひとつの国として見る意識は薄いものでした。藩では外国に対抗することはできません。そこで、正志斎は日本をひとつにするための精神的支柱を天皇、およびその背後にある宗教的権威に求めたのです。光圀は『大日本史』編纂にあたって、神話を排除しましたが、『新論』ではより宗教色が強くなっているのはそのためだと考えられます。

水戸藩では、徳川光圀が『大日本史』の編纂を開始して以来、日本を日本全体として見る目、そして、日本秩序の頂点に位置づけられた天皇に対する尊敬の念が養われていました。当初、歴史上の理念にすぎなかった尊王思想が、外国の脅威を目の当たりにして、日本をひとつにするための現実政治の理念となり、「弘道館記」の「尊王攘夷」として結実していくのです。

正志斎は攘夷のために『新論』を執筆し、尊王を説きました。『新論』では、理念のみならず、現実的な方策にまで言及しています。彼は内政の改革、軍令の整備、経済力の強化、軍事力の分散配備、屯田兵、火器・海軍力の強化、通信の整備、軍事物資の備蓄など諸改革も説いたのです。これら正志斎の改革意見は、後に斉昭の藩政改革に影響を与え、さらに諸藩や幕府にも影響を与えていくことになります。

このように正志斎は強烈に尊王と攘夷を主張し、彼の主張に基づき様々な改革が実行されていきます。しかし、日本が開国をすると、彼は意外にも開国を認めているのです。これが水戸藩の新たな火種となっていくのですが、このことは終章で述べることにしましょう。

終　章　幕末志士への水戸学の影響と水戸藩の内部抗争

いよいよ終章になりますが、ここまでで何となくでも水戸学について理解していただけたでしょうか。途中、名分論とか正統論とか思想の部分がやや難しかったかもしれません。実を言うと、筆者もまだまだ勉強中で、完璧に理解している訳ではありません。文章が拙かったり、そもそも誤解したりしているかもしれません。これをきっかけにして自分で勉強して筆者の誤りを正していただければ幸いです。

本章では、これまで検討してきたように、徳川光圀の『大日本史』編纂事業に端を発し、様々な思想を吸収しつつ江戸時代を通じて醸成されてきた水戸学が、幕末の水戸藩および日本にどのような影響を与えたのか検討していきます。ご存知の通り、幕末にはドラマチックな出来事があまりに多く起こっています。しかし、残された紙幅はあまり多くありません。詳細は別の機会に検討するとして、本章では概要だけ紹介しておきます。

幕末の志士と水戸学

前章は会沢正志斎を中心に水戸学の思想を紹介しました。藤田幽谷に端を発する後期水戸学は、弟子の会沢正志斎や息子の藤田東湖によって大成されたと言えます。以前紹介したように藤田東湖は弘道館の設立理念を示した「弘道館記」の草稿を執筆し、「尊王攘夷」という言葉を世に広めました。さらに、その解説書である『弘道館《こうどうかん》記《き》述《じゅつ》義《ぎ》』も水戸学の理念を示す書として広く読まれました。『弘道館記述義』では「尊王攘夷」は、

尊王攘夷《そんのうじょうい》は実《じつ》に志士《しし》仁人《じんじん》の尽忠報国《じんちゅうほうこく》の大義《たいぎ》なり。（尊王攘夷はまことに志士仁人が忠を尽くし国に報いるために最もなすべき務めである）

と解説されています。『論語』憲問篇に由来する「志士仁人」は、『弘道館記述義』の文脈では成しがたい業績である尊王攘夷を実現した徳川家康を形容する言葉として使われています。しかし、この文章はやがて、自らが志士仁人の気概を持って尊王攘夷を実現しなくてはならない、と読み替えられ、危機的状況にあって主体的に行動を起こそうとする人々の指針となっていったのです。幕末にあって主体的に行動した人を志士と呼ぶのは、おそらくここに由来します。

東湖の『弘道館記述義』、正志斎の『新論』はともに幕末の志士達に強いインパクトを与えました。そのため、水戸には全国から多くの志士達がその学問を学びに来ていたのです。

その中で最も有名な人物が長州藩の吉田松陰になるでしょう。皆さんも名前くらいは知っていると思います。二〇一五（平成二十七）年のＮＨＫ大河ドラマ『花燃ゆ』でも活躍していた人です。その時も確か『新論』を携えている吉田松陰が描かれています。それは、吉田松陰が、『新論』に感激して脱藩までして水戸に来て学んだからです。それは一八五一（嘉永四）年十二月からひと月ほどの短い滞在でした。その際、藤田東湖には謹慎中で会えませんでしたが、会沢正志斎には直接会って教えを受けています。アイドルの追っかけをしていて、本人から握手をしてもらった感じでしょうか。当時の吉田松陰はまだまだ修行中の若造に過ぎないのに、正志斎は酒宴を設けるなど丁寧に対応をしました。その場所には記念碑が建っていますので、探してみて下さい。水戸の大町になります。

とにかく吉田松陰は熱狂的信者ともいえるほど水戸の学問の影響を強く受けていました。それは自分でも公言しています。つまり、**松下村塾**《しょうかそんじゅく》で吉田松陰は水戸学を教えていたともいえるのです。当然、松陰のバイアスはかかっていますが、長州藩の尊王攘夷はかなり水戸学の影響が強いものになっています。松下村塾では、久坂玄瑞《くさかげんずい》、吉田稔麿《よしだとしまろ》、高杉晋作や、初代総理大臣の**伊藤博文**《いとうひろぶみ》、第三・九代総理大臣**山県有朋**《やまがたありとも》も学んでいます。彼らは吉田松陰を通して、水戸の尊王攘夷思想の影響を受けて、幕末の討幕運動の中心として活躍し、最終的に明治政府を樹立し、天皇を頂点とする国家を築いたのです。水戸学の理想は彼らを通して現実のものとなったといえるでしょう。

ところで、彼らと相い対した幕府の最後の将軍徳川慶喜は、皆さんご存知のように水戸藩第九代藩主徳川斉昭の息子になります。慶喜の像も水戸市内にいくつかありますので、探してみて下さい。彼は幼年期、水戸で過ごしているのです。慶喜もまた弘道館で会沢正志斎から教育を受けていたのであり、水戸学の申し子ともいえる存在でした。

幕末最末期の攘夷思想

するとどうでしょう。幕末に敵対していたいずれもが、会沢正志斎の影響を受けていたのです。お互い水戸学に由来する尊王攘夷思想を持っていたのです。ちなみに、開国反対としての攘夷については、長州藩は当初は激烈に支持をしており、一八六三（文久三）年、下関を通過するアメリカ、フランス、オランダの船に対して砲撃をし、攘夷を実行に移すほどでした。しかし、翌年その報復としてアメリカ、フランス、オランダ、そしてイギリスを加えた四国の艦隊が下関を砲撃し、長州藩はコテンパンにやられてしまったのです。この時、長州藩は西洋列強の強さを実感し、攘夷が不可能であることを悟ります。それは、薩摩藩も同じでした。薩摩藩も一八六二（文久二）年にイギリス人を殺害した**生麦**《なまむぎ》**事件**《じけん》を起こし、その報復で鹿児島湾に侵入したイギリス艦隊に完敗し、攘夷を放棄していたのです。

実は『新論』で攘夷思想を広めた正志斎も、晩年に「**時務策**《じむさく》」を執筆し開国を唱えています。『新論』を執筆したのが一八二五（文政八）年、「時務策」は一八六二（文久二）年、正志斎は時勢の変化を読み取り、開国反対としての攘夷は現実的に不可能であることを悟っており、開国して国力を強めるべきだと主張したのです。「時務策」は慶喜に対して執筆されたとの説の他に、水戸藩内の尊王攘夷激派に対して書かれたとの説があり、定説はありません。ただ、慶喜は政治的に攘夷を主張しなくてはならない場面もあったのですが、最終的に開国に向けて動いています。当然、慶喜も政治的に攘夷が不可能であることは分かっていたのです。

ペリー艦隊が浦賀に来寇した一八五三（嘉永六）年当時は攘夷は実現可能なものとして多くの人々に受けいれられていたのですが、西洋列強の圧倒的な武力を実感するにつれて、攘夷が無謀であることは幕府側も倒幕側も上層部は知っていたのです。尊王攘夷の攘夷は最終的には、上層部においては単なるお題目になっていたのです。今の我々も当時の日本が攘夷を実行できるとは考えられないと思うはずです。しかし、当時の人はその現実になかなか気づけなかったのです。それが水戸藩の悲劇を生むことになります。

水戸藩における派閥対立

水戸藩では立原翠軒と藤田幽谷の対立以来、派閥争いが日常茶飯事に起きていました。その対立は幕末の日本全体の動きと連動し、より複雑に、より深刻になっていきます。この経緯について考えつつ、幕末の日本と水戸藩の動きを見ていくことにしましょう。

まず、水戸藩において対立のきっかけは、『大日本史』の編纂事業にあるともいえます。『大日本史』の編纂事業には、才能が優先されたため、中下級の武士やその他商人や農民の子弟も優秀であれば武士へと登用され、その事業に携わっていたのです。立原翠軒は中級武士の出身であり、藤田幽谷は古着屋の息子でした。赤水図として有名な『改正日本輿地路程全図』の作者であり、『大日本史』の地理志を担当した長久保赤水は農民出身です。『大日本史』編纂所である彰考館で出世するには何よりも才能が重要であったのです。幕末の日本に大きな影響を及ぼした水戸学はそのような雰囲気の中で醸成されたものであり、そこに示された理想を実現すべく行動を起こしたのは主にそこで生じた学問に影響された中下級の人々でした。彼らが幽谷の学問を戴き水戸藩の改革派の主体となって活躍したのです。彼らは水戸藩主に対して忠誠であり、天皇に対して忠誠でありました。

それに対して、藩政の重き役割を担っていたのは、代々水戸藩に仕える武士達が中心でした。水戸藩、紀州藩、尾張藩は、徳川家康の子が初代藩主となったいわゆる御三家になります。御三家は譜代の家臣がいなかったので、将軍の家臣が各藩に家臣として派遣され、藩政を担っていました。そのため重要な役職は彼らの家に代々世襲されていたのです。彼らは名目的には水戸藩主の家臣ですが、将軍の直属という意識もあったのです。特に附家老という役職の家はその傾向が強く出ており、藩主よりもむしろ幕府、将軍家に対して忠誠でした。政策決定は前例踏襲が重視され、考え方はおのずと保守的になります。この代々水戸藩に仕えた階層の武士達が中心となって門閥派を形成し、中下層中心の改革派と対立していたのです。

門閥派の人々も当然学問を修めていますが、彼らは藤田幽谷の学問の影響はそれほど受けてはいません。むしろ、立原翠軒に学んでいた者たちが多かったとされます。彼らの学問は幕藩体制を支えている伝統的な朱子学を基本とするものでした。幕末の水戸藩の藩士はすべてがすべて水戸学的思考、尊王攘夷的な考えを持っていたのではなかったのです。第八代藩主斉脩の後継者を将軍家から迎えようとしたのは門閥派でしたが、それにはこのような理由があったのです。

一八二九（文政十二）年に斉脩が亡くなると、彼の遺言に従い、弟の斉昭が水戸藩第九代藩主に就任します。すると、斉昭は保守的な門閥派を排して、藤田東湖、会沢正志斎、戸田忠太夫《とだちゅうだゆう》（忠敞《ただあきら》）など改革派を登用し、藩政改革を実行したのです。この改革は、軍制改革、財政改革、学校の設置、殖産興業、農村改革、寺社改革、定府制の廃止など多岐に渉るものでした。

しかし、斉昭の改革はあまりにも急進的なものでした。そのため、門閥派からの強い反感を買うことになります。彼らは様々な方面から斉昭の改革を潰そうとしたのです。彼らの活動が功を奏したのか、ついに斉昭は一八四四（天保十五）年、幕府からお咎めを受け、謹慎処分が命じられ強制的に隠居させられてしまいます。この時、改革派の藤田東湖や戸田忠太夫などにも幕府から謹慎処分がくだされました。

徳川斉昭が隠居し、新たな藩主はまだ十三歳であった長子の**徳川慶篤**《よしあつ》（順公）が就任しました。それにより門閥派の人々が藩政の実権を握り、水戸藩の天保の改革は頓挫してしまいます。斉昭の謹慎処分は半年ほどで解除されました。しかし、幕府は斉昭の藩政への関与は認めず、藩政は門閥派の手に握られたままでした。藤田・戸田は幽閉されたままであり、加えて会沢正志斎も弘道館教授頭取の職を解かれ、蟄居幽閉されてしまいます。

ペリー来寇と徳川斉昭の復権

しかし、一八五三（嘉永六）年のペリー来寇により事態は急変します。この時、幕府は国防についての造詣が深かった斉昭を海防参与として幕政に参加させることにしたのです。斉昭は完全に復権し、これに伴い改革派の処分も解除され、藩政にも参画することになりました。こうして、改革派は力を盛り返し、逆に、門閥派は首領であった結城朝道《ゆうきともみち》（寅寿《とらじゅ》）をはじめ、多くの者が幽閉処分にされたのです。

また、この時のアメリカの開国の要求に対して幕府は判断をしかねて、諸大名から開国の是非を問うという前代未聞のことをしました。幕政に関しては幕府の成立以来、有力な譜代大名が取り仕切っており、諸大名、特に外様大名にその判断を尋ねるようなことはなかったのです。ペリー来寇は諸大名の幕政に対する関与を深めさせ、諸大名や藩士達はこぞって日本の行く末に対して議論をしあったのでした。

この時に斉昭は、尊王攘夷の論客として活躍し、諸大名と深く交わり、それに従い、尊王攘夷の思想を持つ改革派も諸大名やその家臣達と深く交流を持つようになったのです。特に藤田東湖は土佐藩主山内容堂や、薩摩藩の西郷隆盛、長州藩の桂小五郎など幕末に活躍をした有力者と議論を交わし、水戸学の精神、尊王攘夷の精神を伝えていったのです。

このペリー来寇の混乱の最中、第十二代将軍家慶《いえよし》が死去し、長子の家定《いえさだ》が第十三代将軍に就任します。しかし、家定は生来病弱であり、このような重大な案件を決定できる能力はありません。この時の日米交渉は老中阿部正弘《あべまさひろ》の指導によって行われ、一八五四（嘉永七）年に日米和親条約が結ばれ、長崎以外に下田と函館に外国船の入港が認められたのです。これにより、一六三九（寛永十六）年からはじまった鎖国状態が終わり、日本は開国することになりました。

この数年はコロナ禍のためほぼ鎖国状態でした。その際は、はやくコロナ禍が収束し、外国と行き来できることを多くの人が願っていましたが、当時は開国し外国人が入ってくることを願わない人が多くいました。鎖国は守るべき祖法であり、外国人（夷狄）は追い払う（攘う）べきだったのです。その祖法をアメリカの武力にびびって、幕府は開国させられたのです。これを見た諸大名、志士たちはどう思ったのでしょうか。開国を歓迎したものはほとんどいません。多くの場合、幕府は何をやっているのか。神国日本に異人が入ってくることは許せん、などと思ったのです。そこで盛り上がったのが攘夷思想であり、幕府の権威は失墜しはじめたのです。

藤田東湖の死と派閥争いの深刻化

当然、尊王攘夷論者である斉昭は開国には反対でした。斉昭は幕府の首脳部と対立していたのです。それでも、幕府は斉昭の力に頼り、彼を軍制改革参与に任命し、幕政に関与させることを継続しました。この混乱した状況こそ、斉昭の力、水戸学の力の見せ所のはずでした。しかし、この時、不幸が起きたのです。一八五五（安政二）年、巨大地震が江戸を襲ったのです。いわゆる安政の大地震です。この地震によって藤田東湖、戸田忠太夫という改革派の有力者が死亡、斉昭は強力な後ろ盾を失ってしまったのです。

この藤田と戸田の死は水戸藩における門閥派と改革派の対立をさらに深刻なものに変容させていきます。藤田の死後、まもなくして幽閉処分にあった門閥派の首領結城朝道が死罪に処せられたのです。門閥派と改革派はそれぞれが実権を握っていたときは、対立する派のものを政治から遠ざけ、時に謹慎処分にしていました。斉昭や改革派が謹慎処分にあった時、門閥派の首領であったのは結城朝道であり、彼は改革派の人々を弾圧していたのです。しかし、斉昭が復権し、改革派が実権を握った時に、今度は彼が幽閉の処分になります。改革派の門閥派に対する怒りはすさまじいものがありました。しかし、それでも水戸藩の実力者である結城を死罪に処することは、他藩に対する聞こえもあり、できませんでした。それをさせなかったのが、改革派のリーダーともいえる東湖だったのです。それは結城も知っていました。お互いギリギリのところでせめぎ合っていたのです。しかし、東湖の死によって、そのたがが外れてしまったのです。こうして、水戸藩では両派の対立は殺し合いという形に変わっていくのです。

将軍継嗣問題

話を幕府に戻しましょう。江戸はペリーの来寇という外圧によって政治的に混乱した上に、巨大地震が襲い、大混乱に陥っていました。この混乱は諸大名、特に有力大名の幕政への参加の欲求を増大させたのです。これは将軍の継嗣問題という形で表面化します。将軍家定は病弱であり、後継者の男子を残す可能性はほぼありませんでした。そこで、誰を次期将軍にするのかで対立が生じたのです。薩摩藩の島津斉彬《なりあきら》、福井藩主松平慶永《よしなが》、宇和島藩主伊達宗城《むねなり》、土佐藩主山内容堂、そして徳川斉昭らの有力大名は幕政の改革の必要性を感じ、将軍の強力なリーダーシップでそれが行われることを望みました。そのため、聡明であり、年長者である一橋慶喜を将軍の後継者に推したのです。

それに対して幕府成立以来幕政の中枢を担っていた譜代大名は、外様大名や親藩が深く幕政に参画することをきらい、今までの体制の維持を目指しました。彼らにとって将軍はただの御神輿であって、能力は関係ありません。むしろ、無いほうがいいのです。そこで、将軍家の血筋に近いという理由から年少の紀州藩主**徳川慶福**《よしとみ》を次期将軍に推したのです。慶喜を推す大名は**一橋派**《ひとつばしは》、慶福を推す大名は**南紀派**《なんきは》と言われます。

通商条約に対する勅許の要求

さらにこの対立は複雑化します。アメリカ総領事のハリスが、幕府に対してさらなる開港と貿易の要求をし、通商条約の締結に向けて交渉がはじまったのです。幕府はこの時にも諸大名に対して意見をはかったのですが、一橋派、南紀派にはそれぞれ開国を支持する者と拒絶する者がいたのです。将軍の継嗣問題と開国問題で幕政はさらなる混乱に陥ったのでした。

この時の日米交渉の責任者であった老中筆頭**堀田正睦**《ほったまさよし》は、ハリスの要求に応じ、さらなる開港と貿易を認めることを決意します。しかし、反対派を押さえ込むことができません。そこで、彼は勅許を朝廷に求めたのです。鎖国をした際にも勅許はもらっていませんし、先の日米和親条約の際にも事後報告で済ませました。以前は幕府の判断は絶対でした。天皇に判断を仰ぐようなことはなかったのです。なのになぜそのようなことをしたのでしょうか。

それは水戸学や国学などによって尊王思想が普及し、日本の理念的な統治者は天皇であることが多くの人に意識されていたからにほかなりません。特に反対派の頭目である斉昭は尊王思想の旗頭であり、勅許がおりたといえば認めざるを得ません。他の大名も同様です。尊王思想はこの時深く日本人の意識に広まっていたのです。それこそが水戸学や国学の影響になります。

朝廷は南北朝の統一以来、政治に関与することはほぼなくなり、このような重大な案件を判断する能力はない、そのように幕府は思っていたのでしょう。しかし、時の天皇、孝明天皇は大の外国嫌いでした。天皇は条約に対する勅許を認めなかったのです。幕府は力で押し切り、さっさと条約を締結してしまえば傷口は浅くすんだかもしれませんが、事を面倒にさせてしまったのです。

安政の大獄と戊午の密勅

一八五八（安政五）年四月、幕府はこの状況を打開するために臨時の最高職である大老に井伊直弼を就任させます。すると事態は急展開します。六月には条約締結の事務的な責任者である岩瀬《いわせ》忠震《ただなり》に押し切られる形で井伊直弼は勅許のないまま日米修好通商条約の調印を認め、神奈川・新潟・兵庫・長崎での自由貿易を許可します。さらに同月には、将軍の後継者を慶福に決定し、それを将軍家定の名で発表、八月に家定が死去すると、慶福は家茂《いえもち》と改名して第十四代将軍に就任しました。直弼は諸問題を一気に解決したのです。

しかし、当然、この直弼の行動に対して、一橋派は激しく直弼を批判します。一橋派は朝廷を動かし、朝廷から将軍職には「英明・年長」の者を将軍継嗣にすべきとする勅書《ちょくしょ》（天皇の命令書）を引き出します。さらに一八五八（安政五）年九月には幕政改革と攘夷の実行を要求する勅書が水戸藩に下ったのです。この水戸藩に降った勅書を戊午《ぼご》の密勅《みっちょく》といいます。天皇は勤王のおぼえが高い水戸藩に対して攘夷の命令を降し、諸藩に伝達するよう指示を出したのです。

将軍継嗣の勅書は、幕府に下った勅書であり、幕府は継嗣決定後、すぐに家定がなくなり、勅書が間に合わなかったという形にしました。しかし、水戸藩に下った勅書は大問題でした。本来であれば、天皇の命令は将軍（征夷大将軍）に下るべきであり、そこから諸大名に命令が行き渡るものです。水戸藩藩主は将軍の家来に過ぎません。その水戸藩に天皇の命令が下るというのは、幕府が朝廷からないがしろにされたことになり、それが公にされるのは、幕府の権威失墜以外の何ものでもありません。幕府は水戸藩に対して、勅書の返納を強く求めたのです。

この時もまた水戸藩内では深刻な対立が生じました。勅書を返納する立場とそれを拒否する立場です。門閥派は幕府の要求ですから、当然、返納の立場です。しかし、改革派（尊王攘夷派）の中にも、返却と拒否の両派に分かれたのです。返却を強く主張したのはあの会沢正志斎です。

尊王の思想を持つ彼が何故返却を主張したのでしょうか。これはこの時に行われた井伊直弼による反対派の弾圧、いわゆる安政の大獄が絡んでいると考えられます。安政の大獄によって多くの者が処罰され、斉昭もまた永蟄居が命じられ、戊午の密勅に関係した者も処罰されました。この処遇に対して斉昭や水戸藩士達は猛烈に怒ったはずです。勅書の返却要求はその怒りにさらに油を注ぐようなものです。直弼は水戸藩の暴発を願っていたのです。水戸藩が幕府に対して反乱を起こせば、水戸藩を取り潰すまたとない口実になります。まだ幕府の力は圧倒的です。水戸藩などあっという間に取り潰されてしまいます。正志斎はそのことを憂慮していたのでしょう。

しかし、そればかりではありません。藤田幽谷、会沢正志斎の尊王思想は、あくまでも幕府のもとにあっての尊王思想でした。第十一章で紹介した「幕府《ばくふ》、皇室《こうしつ》を尊《とうと》べば、すなわち諸侯《しょこう》、幕府《ばくふ》を崇《とうと》び、諸侯《しょこう》、幕府《ばくふ》を崇《とうと》べば、すなわち卿大夫《けいたいふ》、諸侯《しょこう》を敬《けい》す。夫《そ》れ然《しか》る後《のち》に上下《じょうげ》相《あ》い保《たも》ち、万邦協和《ばんぽうきょうわ》す」が基本です。天皇－将軍－諸大名という名分が重視されており、命令はやはり天皇から幕府に降されるべきと考えられたのです。返却を拒絶するのは幕府の思うつぼだし、また名分論の観点からも命令は天皇から幕府へと伝わるべきなのです。さらに言うと、正志斎はさきほど述べたように攘夷が実行不可能であり、開国はやむをえないとみていました。だからこそ、正志斎は勅書返却を主張したのです。

正志斎の説得を受け、斉昭・慶篤は勅書を幕府に返却することを決定します。しかし、反対派は、今の茨城町長岡に集結し、それを阻止しようとしたのです。この長岡勢の扱いに対して藩は苦慮していたのですが、この時、正志斎は長岡に集結した者に積極的に兵を向けたのです。反対派は自ら解散し、戦闘は起きませんでしたが、ここに、正志斎は**尊王攘夷鎮派**《ちんぱ》の頭目とされ、かつてはひとつであった改革派も**尊王攘夷激派**と尊王攘夷鎮派に分かれて対立するという新たな事態が生じたのでした。

桜田門外の変・坂下門外の変と天狗党の乱

この勅書返却を拒否した金子教孝《のりたか》・高橋愛諸《ちかゆき》ら尊王攘夷激派のもっとも過激な集団が引き起こしたのが、桜田門外の変になります。彼らは罪が斉昭や慶篤に及ぶことを恐れて脱藩をして、一八六〇（安政七）年三月三日白昼堂々、幕府大老井伊直弼を暗殺したのです。

脱藩したとはいえ、もとの家臣達が引き起こした事件を聞いた斉昭の心情はいかばかりのものがあったのでしょうか。相当な苦労があったはずです。そのためか、この事件の五ヶ月後、斉昭は水戸城中で薨れ、亡くなってしまいました。

しかし、水戸脱藩浪士たちの活動はとまりません。井伊直弼が暗殺された後の幕府の実権は、直弼によって老中に引き立てられた安藤信正が引き継いでいました。勅書返納も安藤が強硬に主張したものでした。脱藩浪士たちは彼も暗殺の標的としたのです。彼らは長州藩の桂小五郎等とともに暗殺計画を練り、途中、長州藩がこの計画から脱退しても、安藤信正の暗殺を謀り、一八六二（文久二）年、ついに実行に移したのです。安藤は背中を刺されましたが、城内に逃げ難を免れました。しかし、このために老中の職を罷免されてしまいます。これを**坂下門外の変**《さかしたもんがい》といいます。

これらの事件がきっかけとなって、幕府の権威は失墜し、世の中は討幕運動へと進んでいきます。

そこに掲げられたのが「尊王攘夷」という水戸藩が発明した言葉でした。それは、本来、徳川将軍を覇者に見立てて、将軍が旗頭となり、諸大名を率いて天皇を尊び、夷狄を追い払うことを期待するものでした。その将軍が、夷狄の軍事力にひれ伏し、天皇の許しを得ずに条約を結び、外国との貿易を許可したのです。この行為によって、将軍はすでに覇者の役目を果たしていないと考えられたのです。このため、尊王攘夷は当初の理念からますます変容し、新たな覇者を求めての討幕運動の評語となっていくのです。

このように水戸藩の尊王攘夷激派の活動はますます過激になっていくのですが、その頂点に達したのが**天狗党《てんぐとう》の乱**になります。天狗党の乱によって尊王攘夷激派は壊滅的な打撃をうけるのです。明治維新で水戸藩出身者がほぼ活躍していないのは、この時に有為の人材を失ってしまったからともいえます。

天狗党の乱は、藤田東湖の息子である**藤田小四郎《ふじたこしろう》**が中心となって起こした争乱です。もとは、尊王攘夷激派およびそれに同調した関東の尊王攘夷の志士が、幕府に攘夷の実行を求めて、一八六四（元治元）年に筑波山にて挙兵したものでした。それが後に水戸藩内の尊王攘夷激派（天狗党）と、門閥派・諸生党との内戦状態に陥り、改革派と門閥派との対立が深刻な殺し合いへと展開してしまったのです。門閥派は幕府軍と合流し、那珂湊の戦いで天狗党を圧倒します。そこで、天狗党は京都にいる慶喜の庇護を求めて中山道を西上しました。しかし、頼みの慶喜が天狗党征討総督として京を発したことを聞き、進退を失い、敦賀にて降服したのでした。慶喜は天狗党の処分を田沼意尊《たぬまおきたか》に一任するのですが、彼の処分が残虐を極めます。なんと、降伏した者に対して、死罪三百五十二人、遠島百三十七人、追放百八十七人など、苛烈窮まりない罰を言いわたしたのです。

戊辰戦争および弘道館戦争

かくして、水戸の尊王攘夷の有力な志士達は、ほぼ死んでしまったのです。悲劇はこれだけに止まりません。一八六六（慶応二）年、将軍家茂が亡くなり、その後、慶喜が第十五代将軍に就任します。翌一八六七（慶応三）年、慶喜は朝廷に政権をお返しする（譲る）という大政奉還を実行しました。ここに名目的には幕府は滅びたのです。しかし、まだまだ圧倒的な軍事力を持っています。慶喜も長らく政治に携わっていなかった朝廷が政務を取り仕切ることができるとは思っていません。自らがリーダーとなって朝廷の政治に参画しようとしていたのです。

この慶喜の考えは、薩摩藩・長州藩・土佐藩が中心となり、天皇を戴く形で新政府軍を組織し、天皇の軍の証しとして、錦の旗を掲げて旧幕府軍に戦いを臨んだことで崩壊しました。この鳥羽伏見の戦いに端を発する新政府軍と旧幕府軍との一連の戦いを戊辰《ぼしん》戦争といいましたが、この戊辰戦争の端緒である鳥羽伏見の戦いで、錦の旗を見た慶喜は、戦意を喪失してしまったのです。深く尊王思想の影響を受けていた慶喜は、数の上では圧倒的な軍事力を持ちながら、天皇に弓を引くことはできなかったのです。慶喜はひそかに大坂から江戸にもどり、朝廷に対して絶対恭順の態度をとってしまいました。総大将を失った旧幕府軍は総崩れになり、新政府軍の西郷隆盛と旧幕府を代表する勝海舟の交渉によって、江戸城が無血開城され、新政府軍と旧幕府軍との戦いの行く末はほぼ決定します。水戸学の教えを受けていたからこそ、慶喜は天皇に政権をお返しできたのであるし、また、薩長の傀儡と知りつつも天皇の軍と戦うことができなかったのです。慶喜が織田信長的思考を持っていたら、そんなことにはならないはずです。慶喜は『大日本史』に描かれた理念の世界に生きていたのであり、幕府の瓦解は水戸学に起因するともいえます。

また、天狗党の乱の後、水戸藩内で実権を握っていたのは門閥派でした。しかし、天下の形勢は逆転してしまいました。朝廷は水戸藩の門閥派に対して追討令を出し、京で慶喜に仕えていた本圀寺《ほんこくじ》党やその他の地で生き延びていた改革派の人々が水戸へと帰藩します。門閥派の人々は、市川弘実《いちかわひろとみ》（三左衛門）に率いられ水戸を脱出し会津へ向かい、幕府側として会津戦争に参加しました。しかし、会津藩が新政府軍に降服すると、彼らは水戸へと再び戻り、水戸城を奪還しようとしたのです。こうして再び、水戸藩内での改革派と門閥派との戦争が起きたのです。これを弘道館戦争といいます。

この戦いは改革派が勝利しましたが、弘道館は正門、正庁・至善堂を残して焼失し、両派ともに多くの戦死者を出しました。門閥派はさらに逃れていましたが、結局、下総の八日市の戦い（松山戦争）で壊滅してしまいます。門閥派の首領である市川弘実はなお逃れ、東京に潜伏していましたが、後に捕縛され、水戸に連れ戻され逆礫《さかさはりつけ》という残忍な方法によって処刑されたのです。こうして、藩内の激しい殺し合いとなった両派の対立も終焉しました。しかし、この激しい対立によって水戸藩の人材は枯渇し、明治政府に人材を供給することはできなかったのです。

明治以降の水戸学

しかし、徳川光圀が起こした『大日本史』編纂事業で醸成された水戸の学問の精神は、明治政府に引き継がれます。明治政府によって、版籍奉還・廃藩置県が行われ、幕藩体制は解体、天皇を頂点とする中央集権国家が構築されたのです。光圀が『大日本史』の中に描いた天皇を頂点とする社会は形を変えて実現されたといえます。また、西洋文明を受容して、殖産興業を起こし、徴兵制によって軍事力を一元化し、日本を近代化したことによって、日本は外国からの干渉を受けず独立を保つことができました。主語は徳川ではありませんが、「弘道館記」の「撥乱反正、尊王攘夷」が実現されたといえるでしょう。このように、幕末から明治にかけて、時代を動かした原動力は水戸学であったといえるのです。

しかし、当初、国内の反乱を鎮めるために組織化された軍は、徐々にその性格を変えていきます。国内向けの軍から外国と対抗するための軍となり、遂にはその軍によって外国を侵略することになったのです。軍の最高指揮者である大元帥は天皇であるとされ、天皇の名のもとに、戦争が遂行され、将兵は天皇の手足となるよう強制されました。その思想的根拠を作りあげたのが皇国史観であり、水戸学がその源泉とみなされたのです。そして、日本は日清、日露戦争、満州事変、日中戦争、太平洋戦争と多くの戦争を起こし、国内外に多くの死者を出し、一九四五（昭和二十）年の敗戦を迎えます。その後、ＧＨＱの指令により、皇国史観は否定され、新たな歴史観のもと日本は再構築されることになりました。

そのため、戦後、皇国史観のもとになった水戸学は忌避されることになり、一時は研究の対象からも除外されていました。確かに水戸学は皇国史観のもとになった思想のひとつということができます。ただし、明治以降の水戸学は水戸人の手を離れており、西洋思想を含めて、様々な思想の影響によって変容しています。そもそも、水戸学は確固とした体系を備えた学問ではないのです。本書では『公羊伝』を起点とする春秋学と儒教の葬祭儀礼を軸として、水戸学の形成過程を検討してきましたが、水戸学の実体についてはまだまだ検討すべき点は数多く残されています。また、戦前の思想形成に水戸学がどのように影響を与えたのかも、あらためて検討する必要があります。水戸学はまだまだ謎だらけです。皆さんも何か疑問を見つけて、謎を解き明かしてみましょう。

おわりに

「はじめに」で書いたように本書は常磐大学総合講座教養科目「思想史」の授業がもとになっています。二〇二〇（令和二）年度は新型コロナウイルスの猛威により、多くの大学で遠隔授業が行われました。常磐大学では四月当初、対面授業を実施する方針でことを進めていましたが、四月末に、突然方針が変更され、遠隔で授業を行うことが決定されました。わずかな猶予期間が与えられ、その間に遠隔授業の準備をしなくてはなりません。もちろん、遠隔授業などやったことはないので、まさに手探り状態です。授業を映像にとって配布することも考えましたが、器材すらなく、学生のネット環境もわかりません。いろいろ考えたすえ、授業の内容を文字に起こして配布し、参考資料をつけて、課題を課すという授業形態にしました。

当初は、前半の七回のみ遠隔授業で八回以降は対面授業になる予定でした。担当授業のうち四コマが遠隔になったのですが、「まあ、なんとかなるだろう」と取り組んだ次第です。とはいえ、たいへんでした。コンピューターの前で朝から晩までひたすらキーボードを叩き続ける日々、学生たちも孤独の中、課題に取り組む日々でたいへんだったでしょうが、それは筆者も同様でした。そして、ようやく対面授業が再開され、苦難の日々から解放されたと思ったのもつかの間、コロナの第二波が起こり、すぐに遠隔授業にもどされてしまいました。あの時の絶望感は今もなんと表現していいか、わかりません。

ようやく気分を立て直し、春セメスター（前期）の授業が終わろうとしていた時、ミネルヴァ書房の水野安奈さんから「思想史」の授業の内容を単行本にしてみてはどうか、というお話を戴きました。「研究書も単著も出していない私にどうして」と思ったのですが、授業のシラバスを読んで、一般読者向けに水戸学の入門書を書いてはどうかとの提案でした。

「思想史」は二〇一八（平成三十）年度に、地元のことを知ってもらおうと水戸学を中心にした講義としてリニューアルしたものであり、まだ筆者も勉強中でした。とても出版というレベルにありません。最初は躊躇したのですが、授業用の原稿は作らなければならないのだし、対面授業の際に「このような時こそチャンスが転がっているんだ」などと、学生に偉そうなことを言っていた手前、この話を受けることにしました。

このような次第で本書は「思想史」の授業の講義録がもとになっています。「思想史」は教養科目として展開されている授業なので、大学の一年生から四年生までの学生がおり、様々なレベルの学生がいます。そこで、高校までの知識＋αということで授業を構成し、「何か聞いたことがある」「見たことがある」ということを手がかりに、「なるほど、そうだったのか」というように、毎回、新たな知見を得、また、少し疑問を残しておくというスタイルにこころがけて授業を展開しています。そのため、かなり広範な内容をざっくりとまとめ、重要なところは何度か繰り返しています。もう少し掘り下げて考えるべきところや、かなりかみ砕いた表現をしているところもあります。専門家が読むと怒り出すところもあるかもしれません。出版するにあたり付け加えたり、直したりしようとも思ったのですが、入門書という性質上、硬い表現は避け、理解しやすいものにしたかったため、基本的に当初のままにし、加筆と修正は最小限に留めました。その点は御了承いただきたいと思います。

一通り書き終わって、あらためて全体を眺めてみると、今まで自分がやってきた研究の大筋がこの授業に反映されていることがわかってきました。筆者は大学入学当初、地理歴史科の教員を目指して歴史（東洋史）を専攻していました。しかし、授業を受けてみても、どうもしっくりきません。特定の事象を深く探求することに興味が持てなかったのだと思います。その先生との興味が合わなかったともいえるかもしれません。「なんでそんなことやるの」という思いがもたげてきたのです。そんな折、堀池信夫先生の授業に感銘を受け、先生に相談したところ、「それならば中国哲学で史学思想をやれ」ということで、大学二年生の時に哲学専攻に移籍し、以来、先生の指導を受けることになりました。

卒業論文は「章学誠における『史』の思想」、修士論文は「清代浙東史学の展開」というタイトルで、史学思想についての研究に携わりました。それでも、史学思想についての理解が深まるどころか、謎が深まるばかりです。中国の史学思想を理解するためには、礼学、春秋学など儒教の経学思想を理解することは必要不可欠であり、宋代以降は朱子学の理解も欠かせません。こうして、脱出不可能なアリ地獄に落ちてしまい、様々な方面に研究の手を伸ばすことになってしまったのです。

水戸学については、浙東地方の余姚出身の朱舜水を扱ったことで興味を持つようになりました。本書の第四章で扱ったあたりです。本書は『公羊伝』をひとつの軸として構成していますが、実をいうと朱舜水が『公羊伝』をもとに自説を主張していたことから、『公羊伝』について興味を持ち、二、三年ひたすら『公羊伝』を読んでいた時期がありました。そのころ、中国の史学思想の根底には『公羊伝』があると気づいたのです。そのため、水戸学については、普通ならば朱子学影響下の学問から検討するのが定石ですが、『公羊伝』から攻略していくことになったのです。

さらに本書のもうひとつの軸は、葬祭儀礼を主とする儒教儀礼となっています。これは、修士論文で扱った清代の史学思想家万斯同《ばんしどう》が、廟制や禘《てい》祭祫《こう》祭などの祖先祭祀について多くの論を残しており、それについて研究したことが起点となっています。それによって葬祭や祖先祭祀の意義に気づき、光圀生母の合葬問題、『家礼』と仏教の葬祭儀礼との関係などを研究し、そして、水戸地方の葬祭儀礼の普及について、調査をしていたところ、弘道館聖域の八卦堂を中心とした水戸の都市構造を発見してしまったのです。そこから、会沢正志斎の研究にはまってしまったのは、本文で書いたとおりです。

あれやこれやと手を出し、いい加減に風呂敷を包もうと、覚悟を決め、先生と相談しようと思っていた矢先、二〇二〇（令和二）年の正月に先生の突然の訃報が届きました。先生からは何度も「早くまとめろ」と催促され、自分もようやくその気になったときのことでした。

本来ならば、これまでの研究をまとめ、研究書を出版すべきでした。しかし、二〇二〇（令和二）

年度以降、しばらく遠隔授業の準備とその後処理に忙殺されてしまいました。とはいえ、こうして入門書として一冊の著書をまとめることができました。これもまた先生の指導の賜物です。これまで指導してくださった堀池信夫先生に深甚なる感謝の意を捧げるとともに、筆者の怠惰のために生前に研究をまとめることができなかったことを心からお詫び申し上げます。

また、顔も出さず、文字ばかりの授業につきあっていただいた常磐大学の受講生の皆さま、そして、このような機会をくださったミネルヴァ書房の水野安奈さんにも心からの感謝を申し上げます。

なお、本書は、ＪＳＰＳ科研費・基盤研究（ｃ）「会沢正志斎の経学思想研究」（課題番号20K00058）（研究代表者：松﨑哲之）、および常磐大学課題研究（共同）「水戸弘道館聖域の空間構造に関する学際的研究」（研究代表者：松﨑哲之）の成果の一部になります。

二〇二二年十二月十日

松﨑哲之

主要参考文献

〈基本資料〉

欧陽脩『正統論』（『欧陽修全集』中華書局、二〇〇一、所収）
何休注・徐彦疏『春秋公羊伝注疏』（阮元校勘『十三経注疏』芸文印書館、二〇〇一、所収）
胡安国『春秋伝』（『四部叢刊　続編十』上海書店、一九八四、所収）
司馬光『資治通鑑』中華書局、一九五六
朱熹『資治通鑑綱目』（『朱子全書』第十一冊、上海古籍出版社、安徽教育出版社、二〇〇二）
朱熹『四書章句集注』（新編諸子集成）中華書局、一九八三
徳川斉昭『弘道館記』（今井宇三郎・瀬谷義彦・尾藤正英『水戸学』（日本思想大系五十三）、岩波書店、一九七三、所収）
藤田東湖『弘道館述義』（前掲『水戸学』、所収）
藤田幽谷『正名論』（前掲『水戸学』、所収）
三木之幹・宮田清貞等『桃源遺事』義公生誕三百年記念会、一九二八
岩本憲司『春秋公羊傳何休解詁』汲古書院、一九九三
宇野精一『孟子』（全釈漢文大系二）集英社、一九七三

宇野精一『小学』（新釈漢文大系三）明治書院、一九六七
小沢正夫校注・訳『古今和歌集』（日本古典文学全集七）小学館、一九七一
小島憲之等校注・訳『日本書紀二』（新編日本古典文学全集）小学館、二〇一五
水沢利忠『史記八（列伝一）』（新釈漢文大系八十八）明治書院、一九九〇
文部省『中学校・高等学校学習指導要領 社会科編Ⅲ（a）日本史（b）世界史（試案）改訂版』、一九五一（国立教育政策研究所 教育研究情報データベース、学習指導要領の一覧）（https://erid.nier.go.jp/files/COFS/s26jhs3/index.htm）
文部省『高等学校学習指導要領 社会科編三十一年度改訂版』、一九五六（国立教育政策研究所 教育研究情報データベース、学習指導要領の一覧）（https://erid.nier.go.jp/files/COFS/s31hs/index.htm）

〈図版〉
横山潤『五岳真形図集』（国会図書館デジタルコレクション）（https://dl.ndl.go.jp/info:ndljp/pid/2539652）
『正保年間江戸絵図』（国立公文書館デジタルアーカイブ）（https://www.digital.archives.go.jp/DAS/pickup/view/category/categoryArchives/0200000000/0201090000/00）

〈書籍・論文〉
池田秀三『自然宗教の力 儒教を中心に』岩波書店、一九九八
石原道博『朱舜水』吉川弘文館、一九六一
今井宇三郎・堀池信夫・間嶋潤一『易経 下』（新釈漢文大系六十三）、二〇〇八
岩本憲司『「義」から「事」へ――春秋学小史』汲古書院、二〇一七

稲葉一郎『中国史学史の研究』京都大学学術出版会、二〇〇六
貝塚茂樹『古代殷帝国』みすず書房、一九五七
垣内景子『朱子学入門』ミネルヴァ書房、二〇一五
梶山孝夫『安積澹泊のものがたり』錦正社、二〇一五
梶山孝夫『藤田幽谷のものがたり』錦正社、二〇一四
梶山孝夫『藤田幽谷のものがたりⅡ』錦正社、二〇一五
加地伸行『儒教とは何か　増補版』中央公論社、二〇一五
加地伸行訳注『論語』（講談社学術文庫）講談社、二〇〇四
勝田市史編さん委員会『勝田市史　中世編・近世編』一九七八
菊池章太『位牌の成立　儒教儀礼から仏教民俗へ』東洋大学出版会、二〇一八
菊池章太『葬儀と日本人　位牌の比較宗教史』ちくま新書、二〇一一
木村靖二・岸本美緒・小松久男『詳説世界史　改訂版』山川出版社、二〇二一
小林道夫『デカルト入門』筑摩書房、二〇〇六
小林義廣『欧陽脩　その生涯と宗族』創文社、二〇〇〇
小島毅『近代日本の陽明学』（講談社選書メチエ）講談社、二〇〇六
小島毅『志士から英霊へ――尊王攘夷と中華思想』晶文社、二〇一八
小島毅『朱子学と陽明学』筑摩書房、二〇一三
子安宣邦校注・平田篤胤著『霊の真柱』岩波書店、一九九八
齋木哲朗『後漢の儒学と『春秋』』汲古書院、二〇一八
齋木哲朗「欧陽脩『新五代史』の春秋学」（『鳴門教育大学研究紀要』鳴門教育大学編　二一、二〇〇六）

齊藤公太『「神国」の正統論　『神皇正統記』受容の近世・近代』ぺりかん社、二〇一九
齋藤新一郎『徳川頼房卿伝』水戸学振興会、一九四〇
相良亨『本居宣長』（講談社学術文庫）講談社、二〇一一
佐々木倫朗　千葉篤志編『戦国佐竹氏研究の最前線』山川出版、二〇二一
佐藤環編『日本の教育史』あいり出版、二〇一三
澤井啓一『山崎闇斎――天人唯一の妙、神明不思議の道』ミネルヴァ書房、二〇一四
ジョセフ・ニーダム著・吉川忠夫ほか訳『中国の科学と文明』第二巻思想史［上］、思索社、一九九一
鈴木暎一『藤田東湖』（人物叢書）吉川弘文館、一九九七
鈴木暎一『徳川光圀』（人物叢書）吉川弘文館、二〇〇六
鈴木暎一『水戸藩学問・教育史の研究』吉川弘文館、一九八七
武田泰淳『司馬遷』（東洋思想叢書）日本評論社、一九四三
田尻祐一郎『山崎闇斎の世界』ぺりかん社、二〇〇六
田尻祐一郎『江戸の思想史――人物・方法・連環』中央公論新社、二〇一一
田中康二『真淵と宣長――「松坂の一夜」の史実と真実』中央公論社、二〇一七
田中靖彦「欧陽脩の曹魏正統論とその撤回について」（『実践国文学』九五、二〇一九）
圭室諦成『葬式仏教』大法輪閣、一九六三
但野正弘『新版　佐々介三郎宗淳』錦正社、一九八八
土田健次郎『江戸の朱子学』筑摩書房、二〇一四
土田健次郎訳注『論語集注一～四』（東洋文庫）平凡社、二〇一三、二〇一四、二〇一四、二〇一五
徳川斉正・常陸太田市教育委員会編『常陸太田市遺跡調査報告書　水戸徳川家墓所』常陸太田市教育委員会、二一

〇〇七
所功・久禮旦雄・吉野健一『元号　年号から読み解く日本史』文藝春秋社、二〇一八
内藤湖南『支那史学史一、二』（東洋文庫五五七、五五九）平凡社、一九九二
中村彰彦『保科正之　徳川将軍家を支えた会津藩主』中央公論新社、一九九五
名越漠然『水戸弘道館大観』常陸書房、一九八一
野田文史『春秋　公羊伝と穀梁伝』研文出版、二〇〇八
野村朋弘『諡　天皇の呼び名』中央公論社、二〇一九
芳賀登『本居宣長　近世国学の成立』吉川弘文館、二〇一七
長谷川宏『ヘーゲルの歴史意識』（講談社学術文庫）講談社、一九九八
日原利國『春秋公羊伝の研究』創文社、一九七六
平川新『戦国日本と大航海時代　秀吉・家康・政宗の外交戦略』中央公論新社、二〇一八
廣松渉『今こそマルクスを読み返す』（講談社現代新書）講談社、一九九〇
R.K.ブルトマン著・中川秀恭訳『歴史と終末論』（岩波現代叢書）岩波書店、一九五九
ヘーゲル著・長谷川宏訳『歴史哲学講義　上・下』（岩波文庫）岩波書店、一九九四
堀口友一『今昔　水戸の地名』暁印書館、一九八一
前田勉『江戸の読書会　会読の思想史』（平凡社ライブラリー八七二）平凡社、二〇一八
松井圭介「寺社分布と機能からみた江戸の宗教空間」（『地学雑誌』一二三（四）、二〇一四）
松﨑哲之「会沢正志斎の祖先祭祀の思想」（『常磐大学人間科学部紀要　人間科学』第三十巻第一号、二〇一二）
松﨑哲之「会沢正志斎の祭天思想」（『常磐大学人間科学部紀要　人間科学』第三十巻第二号、二〇一三）
松﨑哲之「朱熹『家礼』における祠堂の機能」（『中国文化』第六十八号、二〇一〇）

松﨑哲之「徳川光圀生母の合葬問題と朱舜水」（『大久保隆郎教授退官記念論集』東方書店、二〇〇一）
松﨑哲之「近世日本における葬祭儀礼に関する一考察」（堀池信夫編『宋学西遷Ⅱ——中国イスラーム哲学の形勢』（平成二十年度～平成二十一年度科学研究費補助金（基盤研究（B））研究報告書、二〇一〇）
松﨑哲之「『春秋』の思想と水戸の学問」（増尾伸一郎・松﨑哲之編『知のユーラシア五　交錯する東方の知』、明治書院、二〇一四）
松﨑哲之「水戸のパワースポット——弘道館八卦堂の空間構造」（堀池信夫編『知のユーラシア』明治書院、二〇一一）
松﨑哲之「注疏における五行神と社稷神について」（『中国文化』第六十五号、二〇〇七）
溝口雄三・池田知久・小島毅『中国思想史』東京大学出版会、二〇〇七
水戸市編さん委員会編『水戸市史中巻（一）～（五）』水戸市役所、一九六八、一九六九、一九七六、一九八二、一九九〇
水上静夫『干支の漢字学』大修館書店、一九九八
水上静夫『暦の漢字学』雄山閣出版、二〇〇〇
宮本健次『江戸の陰陽師　天海のランドスケープデザイン』人文書院、二〇〇一
森茂岳雄・大友秀明・桐谷正信編『新社会科教育の世界　歴史・理論・実践』梓出版社、二〇一一
山本正身『伊藤仁斎の思想世界——仁斎学における「天人合一」の論理』慶應義塾大学三田哲学会、二〇一五
安見隆雄『会沢正志斎の生涯』（水戸の人物シリーズ十）錦正社、二〇一六
吉川幸次郎『論語　上・下』（朝日選書）朝日新聞社、一九九六
吉田俊純『水戸学と明治維新』（歴史文化ライブラリー百五十）吉川弘文館、二〇〇三
吉田俊純『水戸学の研究　明治維新史の再検討』明石書店、二〇一六

吉田真樹『平田篤胤――霊魂のゆくえ』講談社、二〇一七
渡邊二郎『歴史の哲学　現代の思想的状況』(講談社学術文庫)、講談社、一九九九
渡辺浩『近世日本社会と宋学　増補新訂版』東京大学出版会、二〇一〇
渡邉義浩『儒教と中国「二千年の正統思想」の起源』講談社、二〇一〇

朱子学入門　垣内景子著　四六判二三二頁　本体二五〇〇円

朱子学のおもてなし　垣内景子著　四六判二四〇頁　本体二二〇〇円

幕末維新英傑伝　菅野覚明著　四六判三一二頁　本体二四〇〇円

吉田松陰　海原徹著　四六判二八八頁　本体二五〇〇円

山崎闇斎　澤井啓一著　四六判四二四頁　本体三八〇〇円

伊藤仁斎　澤井啓一著　四六判四〇四頁　本体四〇〇〇円

ミネルヴァ書房

https://www.minervashobo.co.jp/

《著者紹介》

松﨑哲之（まつざき・てつゆき）

1971年　生まれ。

1994年　筑波大学第一学群人文学類卒業。

2003年　同大学大学院博士課程哲学・思想研究科哲学専攻単位取得退学。

現　在　常磐大学人間科学部准教授。

著　作　『交響する東方の知』（知のユーラシア５）編著，明治書院，2014年。

『はじめて学ぶ中国思想――思想家たちとの対話』共著，ミネルヴァ書房，2018年ほか。

水戸学事始

2023年４月20日　初版第１刷発行　〈検印省略〉

定価はカバーに
表示しています

著　者　松　﨑　哲　之

発行者　杉　田　啓　三

印刷者　坂　本　喜　杏

発行所　株式会社　ミネルヴァ書房

607-8494　京都市山科区日ノ岡堤谷町１
電話代表（075）581-5191
振替口座 01020-0-8076

©松﨑哲之，2023

冨山房インターナショナル・坂井製本

ISBN 978-4-623-09515-5
Printed in Japan

人名索引

あ 行

か 行

さ　行

た　行

な　行

事項索引

た　行

神名索引